PIERRE MARION

LE POUVOIR SANS VISAGE

Le complexe militaro-industriel

CALMANN-LÉVY

ISBN 2-7021-1845-3

Imprimé en France

SOMMAIRE

INTRODUCTION. – *Le complexe se dévoile* 13

Des questions urgentes; dimension économique, morale et politique des choix de défense – Eisenhower dénonce le complexe militaro-industriel – Comment mon expérience de jeune officier, puis mes fonctions à Air France et à Aérospatiale me font découvrir l'existence du complexe – La conjoncture internationale; la nécessaire remise en question des concepts politico-militaires – Le complexe militaro-industriel : une hypothèque sur l'avenir.

CHAPITRE PREMIER. – *L'aéronautique, un cas d'école* 23

Dassault ou l'arrogance du complexe militaro-industriel – Gloire et déboires de l'industrie aéronautique – La constitution de l'empire Dassault – De Gaulle et la priorité aéronautique – Les valses-hésitations coûteuses de la programmation – Le Rafale – Le dangereux refus de la coopération transnationale – Mes expériences à Air France des pressions du lobby – Airbus : plaidoyer pour la coopération européenne.

CHAPITRE 2. – *Le lobby nucléaire* 53

Naissance dans l'ambiguïté du nucléaire militaire – La politique sous influence du lobby nucléaire – Les leaders du lobby nucléaire – L'exemple américain – La course mondiale au surarmement et la dissémination internationale – De Gaulle et la dissuasion atomique – Les nucléocrates en conflit : la guerre des filières – Développement du programme militaire – La sécurité en cause, la désinformation et l'absence de débat – Three Mile Island, Tchernobyl : la mobilisation de l'opinion publique – Rigidité du lobby nucléaire français : la France à contre-courant.

CHAPITRE 3. – *Le mirage de la puissance navale* 75

Les Malouines ; les Anglais et les Français n'en tirent pas les mêmes conclusions – Histoire de la marine française depuis deux siècles – La supériorité navale anglaise : une leçon à méditer – Les fondements de l'infrastructure économique navale : mise en place d'un système militaro-pré-industriel – Comment les résultats ne sont jamais à la hauteur des efforts budgétaires multiples – L'inefficacité démontrée des moyens lourds ; l'absence de justification du porte-avions à propulsion nucléaire : un sacrifice coûteux – Le combat de la haute hiérarchie navale contre le Rafale – La marine, un ensemble militaro-industriel qui illustre les impasses d'un système clos.

CHAPITRE 4. – *Les services secrets et la haute hiérarchie militaire* 95

L'affaire Greenpeace : analyse d'un fiasco – Ma rencontre avec François Mitterrand à propos de ma nomination comme directeur général du SDECE – Ma prise de fonction : mon prédécesseur refuse de procéder à la passation de pouvoirs – Mon diagnostic sur le SDECE – Les militaires dans les Services Secrets – Le renseignement technologique, économique, et industriel – SDECE et réseaux concurrents (Foccart, SAC...) – La tradition française du renseignement : mépris et suspicion – La mainmise des militaires sur la DGSE – Brève histoire des principaux services secrets (États-Unis ; Grande-Bretagne ; URSS ; Japon ; Israël) – Les services secrets : organes indispensables à la défense d'une démocratie.

CHAPITRE 5. – *Au cœur du complexe* 117

L'étouffement de l'affaire Luchaire ou la puissance du complexe – Des chiffres sur le complexe – Les organes du complexe : la DGA . un pouvoir exorbitant ; les grands corps au service du complexe – la haute hiérarchie militaire : un club fermé. – Étoiles et pantouflage – Un réseau puissant : les industries d'armement auxiliaires et supplétifs, associations, intermédiaires,... – Des élus et le complexe – La presse : un statut discrétionnaire... – Le ministre de la Défense : meilleur avocat du complexe – Le contournement des circuits de décision – La stratocratie ou le dévoiement des processus démocratiques.

CHAPITRE 6. – *Le commerce de guerre* 143

Pieuses déclarations politiques et amnésie – L'âge d'or du commerce des armes – Nouvelle donne internationale : de la crise à la débâcle ? – Trafics « noirs », trafics « gris » – Les contraintes du système : compensation, troc,... – Les idées fausses : la contribution à la balance du commerce extérieur ; le soutien à l'emploi ; la réduction du coût des équipements des forces armées. – Les dangers du commerce de guerre : le prix pour la collectivité nationale, la corruption, le crédit de la France en baisse,... – La coopération internationale, seule voie d'avenir.

CHAPITRE 7. – *Technologie et stratégie* 159
En retard d'une guerre – Les grandes innovations historiques dans les systèmes d'armes (brève histoire des armes) – La stratégie à la traîne de la technologie : les boucheries de la Première Guerre mondiale, la débâcle de la Deuxième Guerre mondiale – Spécialisation nécessaire et stratégie spécifique – Naissance des complexes militaro-industriels dans les puissances expansionnistes – Technologie sans stratégie – Technologie de guerre : le mirage des retombées civiles – Les conséquences d'un monde clos.

CHAPITRE 8. – *Programmes et systèmes d'armes* 179
Les défauts du système – La force de dissuasion : un consensus dangereux – La pertinence des programmes aéronautiques (Rafale, Mirage...) ? – L'absence de réflexion stratégique en amont des choix : le char Leclerc, l'hélicoptère d'attaque,... – Les sous-marins nucléaires : SNLE et SNA – Conservatisme et conformisme – Une nouvelle donnée : le terrorisme – Repenser la stratégie.

CHAPITRE 9. – *L'économie des armes* 195
Dépenses militaires et développement économique – Le prix de l'expansionnisme militaire : analyse historique – Puissance militaire et pied d'argile économique : la prise de conscience des États-Unis et de l'URSS – Situation des pays du tiers-monde : achats massifs et sous-développement – L'environnement menacé – Perspectives de détente et allègement des charges militaires – L'indispensable rapprochement européen – Les clefs de l'avenir : reconversion, rentabilité et compétitivité – La nouvelle donne.

CHAPITRE 10. – *La diplomatie sous influence* 219
La politique étrangère bafouée : les vedettes de Cherbourg, les mirages lybiens... – Stratégie et politique, le prix de l'incohérence : analyse historique – La politique des armes : colonisation, décolonisation – Les séquelles de la décolonisation – La politique étrangère au service des exportations d'armes – Les contradictions de l'indépendance – Le trop lourd poids des armes.

CHAPITRE 11. – *La démocratie en question* 235
La carence législative : Dassault, ventes d'armes à l'Iran... – Les réseaux d'influence et les protections – Irangate, Boeing : le contre-exemple américain – La justice empêchée : le tout-puissant « secret-défense » – Les grands corps, nouveaux privilégiés – Les généraux et la République – La démocratie en danger.

CHAPITRE 12. – *Ordre international, militarisme et désarmement* 247
Contre le nouveau militarisme, une *perestroïka* militaire – Les relations internationales : un nouveau contexte – Pour un désarmement qualitatif.

ANNEXES 253

BIBLIOGRAPHIE 263

« Ce n'est pas dans l'armée qu'on peut rencontrer
le remède des vices de l'armée, mais dans le Pays. »

DE TOCQUEVILLE

INTRODUCTION

LE COMPLEXE SE DÉVOILE

2000 milliards de francs, c'est ce que la France va supporter comme dépenses militaires d'ici la fin du siècle si elle poursuit dans la voie du plan quinquennal en cours. Les aménagements engagés en 1989 ne modifient pas significativement ce constat, puisqu'il s'agit pour l'essentiel d'étalements de programmes qui ne feront qu'en augmenter le prix de revient. Il s'agit d'une très lourde charge obérant l'économie du pays au moment de l'entrée en vigueur du marché unique européen, et de l'accentuation de la concurrence internationale. Est-il opportun de continuer à miser sur le matériel lourd et les gros bataillons à l'heure où sont développées les armes légères ou intelligentes, et la techno-guérilla ? Le char Leclerc à 50 millions l'unité n'est-il pas remis en question par les nouveaux missiles anti-char Eryx à 20000 francs pièce ? Faut-il à la Marine l'armada du porte-avion à propulsion nucléaire qui peut coûter 40 milliards de francs, alors que la Marine britannique vient de l'abandonner ?

Mais les choix de défense ne soulèvent pas que des problèmes économiques. Ils comportent aussi des dimensions morales et politiques du plus haut degré. Ils peuvent altérer gravement la démocratie et la diplomatie. Les exportations d'armes qui coûtent à la communauté nationale, contrairement à l'idée reçue, ne ternissent-elles pas le crédit et l'image de la France ? Comment a-t-on pu vendre à la Libye une flotte de 110 Mirages, alors qu'elle alimentait le terrorisme international ? Est-il acceptable qu'on ait livré à l'Iran des armes illégales, alors que ce pays ensanglantait Paris par des attentats meurtriers ?

Ces interrogations présentent une acuité accrue à un moment

où le climat de détente et de réduction des armements créé par les événements survenus à l'Est en 1989 appelle un profond ré-examen de la politique de défense. Il ne s'agit bien évidemment pas de mettre en question la sécurité nationale, mais d'adapter à la nouvelle situation l'instrument militaire qui reste une nécessité. Il faut en particulier sauvegarder la qualité des hommes qui le composent, celles des officiers, sous-officiers et soldats de l'armée et de l'industrie dont la compétence et le dévouement constituent un capital précieux pour la collectivité nationale.

Ce ré-examen indispensable se heurte par contre aux responsables, à leurs intérêts et leurs crédos. Je pense à la haute hiérarchie militaire, aux décideurs techniques et aux dirigeants industriels qui sont animés par des préoccupations et des objectifs qui leur sont propres. La collectivité nationale doit s'interroger sur une situation qui contient des germes de graves dévoiements.

Voilà d'ailleurs presque 30 ans qu'une autre puissance — les États-Unis — connaît cette interrogation. Elle a été exprimée le 17 janvier 1961. Le président Eisenhower quitte la Maison Blanche au terme de ses deux mandats de quatre ans. Il adresse le traditionnel message d'adieu à la nation américaine *(Farewell Address) ;* plus du cinquième de son allocution[1] est consacré à un seul thème, le complexe militaro-industriel (« *the military-industrial complex* ») aux États-Unis. L'ancien généralissime de l'alliance occidentale sur le théâtre européen dénonce en termes vigoureux le danger que constitue pour la démocratie américaine la conjonction d'immenses forces armées et d'une très puissante industrie de l'armement. Il souligne son influence sur de nombreux secteurs de la société. Il alerte ses concitoyens sur les menaces que ce complexe fait peser sur le fonctionnement des mécanismes politiques et des processus démocratiques. Il exprime sa crainte de voir ainsi mises en péril les libertés. Et il conclut par un appel solennel à une opinion vigilante et informée (« *an alert and knowledgeable citizenry* ») pour qu'elle assure la coexistence de cette formidable machinerie de défense avec le maintien d'objectifs et de voies pacifiques, de manière que puissent progresser de concert la sécurité et la liberté.

Ce cri d'alarme — car c'était bien d'un cri d'alarme qu'il

1. Cf. Annexe I : texte complet de la partie du *Farewell Address* consacré au complexe.

s'agissait — est resté alors sans écho. Le complexe militaro-industriel n'est entré dans la conscience collective ni des Américains, ni des Européens. Il n'a été présent que dans les esprits et les actes de ceux qui savaient, de ceux qui lui devaient leur activité ou qui en bénéficiaient.

Il venait pourtant de l'homme qui avait assumé pendant huit ans la responsabilité suprême de la nation la plus puissante de la planète, du général qui avait acquis une grande gloire en menant à la victoire contre l'Allemagne nazie la plus large concentration armée de l'histoire, du stratège qui avait conduit les armées de la coalition aux débarquements de juin 1944 et aux offensives décisives du théâtre européen jusqu'en mai 1945. Les nombreux signes d'une modification radicale de son jugement entre 1948 et 1961 rendaient bien compte des différences de perception du politique et du militaire. Mais quelles pressions n'avait-il pas dû subir pendant sa présidence, lui pourtant orfèvre et issu du sérail, de la part du complexe qu'il dénonçait ? Quelles angoisses devait-il ressentir devant les menaces que faisait peser sur les mécanismes politiques cette puissante conjonction ?

Je me souviens avoir été interloqué à la lecture de cet appel au ton pathétique. Je lui trouvais une résonance étrange. J'étais surpris qu'il puisse émaner d'un homme qui avait suivi un tel cursus militaire et qui venait de diriger un gouvernement disposant de considérables pouvoirs. Je m'interrogeais sur la réalité de la menace qu'il prophétisait. Je ne trouvais pas de réponse satisfaisante et constatais la même surprise, je dirais la même incrédulité, de la part de ceux avec qui j'avais alors l'occasion d'en discuter. Nul doute que le citoyen français doit ressentir la même perplexité devant un phénomène dont il ne comprend pas l'étendue et les implications.

Mes fonctions à la direction d'Air France ne me mettaient certes que rarement en contact avec les organes de la Défense ; mes seules relations étaient alors avec l'armée de l'air où nous recrutions le personnel navigant que je dirigeais.

En 1940, polytechnicien de dix-neuf ans, j'avais été assommé par la défaite alors que je recevais ma formation d'officier du Génie. Ayant quitté Versailles le 12 juin 1940, c'est-à-dire la veille de l'entrée des Allemands, nous nous étions vu confier, mes camarades et moi, l'évacuation des chevaux jusqu'à Périgueux. Nous avions vécu la débâcle sur les routes de France inondées de civils et de voitures. Nous avions subi les assauts des Stukas. Nous nous étions formés en carré, après avoir passé la Loire à 2 heures du matin, pour affronter une colonne blindée allemande qui nous avait été annoncée ; mais nous avions dû nous résigner à rompre la formation lorsque nous avions constaté que les balles qu'on nous distribuait n'entraient pas dans nos fusils ! Nous avions terminé notre chevauchée en prenant soin, dans les derniers jours précédant l'armistice, de n'utiliser que des chemins vicinaux, et de vérifier avant de traverser une route nationale qu'elle ne contenait pas de colonnes motorisées allemandes qui caracolaient au sud de notre position. J'avais pu, pendant cette triste équipée, saisir le degré d'impréparation de notre armée, et mesurer le manque de combativité des officiers d'active qui nous encadraient.

J'avais reçu comme beaucoup d'autres l'énorme coup de massue sur la tête de l'armistice déshonorant. Et lorsque je repris mes études de l'X à Lyon, en novembre, j'étais, comme mes camarades, plongé dans un désarroi indescriptible. Nous avions le sentiment qu'on nous avait tiré le tapis sous les pieds. Mais qui ? Les politiciens qui pensaient que bavardage et tripatouillage étaient les deux mamelles de la démocratie ? Les responsables militaires, qui n'avaient pas su préparer et conduire la guerre ? L'incohérence entre leurs actions ? Le peuple, qui n'avait pas accepté les sacrifices nécessaires comme le répétaient à l'envi les chantres de la « révolution nationale » de Pétain ? Plus tard, en 1944, jeune cadre à Air France-Marignane, je constatai dans la Résistance de la région d'Aix-en-Provence l'abstention et la discrétion des militaires de carrière.

Autour de 1950, j'avais participé à la direction générale d'Air France aux côtés du président Hymans et du directeur général Ziegler à l'affrontement avec les ingénieurs de l'aéronautique qui voulaient nous imposer l'acquisition de matériels français non compétitifs et non rentables. Je m'étais alors félicité de la politique diversifiée de recrutement que pratiquait Air France, qui mettait l'entreprise à l'abri de la mainmise de ce corps. Nul doute que si des connivences entre producteurs et utilisateurs avaient abouti au choix de ces avions, la position internationale d'Air France eût été sérieusement affaiblie. Il est vrai que dix ans plus tard, la Caravelle devait rétablir la situation.

En 1953, le président d'Air France m'avait désigné pour participer à la sixième session de l'Institut des hautes études de défense nationale. J'y usais mes culottes pendant plusieurs mois à côté d'officiers généraux et supérieurs. J'étais surtout frappé par l'académisme qui y régnait, par le conformisme que chacun affichait vis-à-vis des doctrines en cours, et aussi par l'ambiance surréaliste. C'était la fin de la guerre d'Indochine et le choc de Diên Biên Phu, mais je ne me souviens pas qu'il en ait été discuté à l'Institut. Je fus quelque temps plus tard rappelé comme capitaine à l'état-major de la IXe région militaire. C'était le début de la guerre d'Algérie, et j'augurais mal de l'atmosphère qui y régnait.

Plus tard, dans les années 1970, après un séjour fort instructif de cinq ans au Japon comme délégué général, je me trouvais projeté à l'Aérospatiale, au cœur de l'industrie aéronautique. Comme directeur général adjoint, je pus observer le jeu de relations des ingénieurs de l'armement et les mécanismes de développement des programmes militaires. Je pris conscience des liens tissés dans le GIFAS[1] entre maîtres-d'œuvre, sous-traitants et fournisseurs. Je rencontrai la toute-puissance méprisante de Marcel Dassault qui réussissait à imposer ses choix contre les intérêts de la société nationale et de l'État. Je découvris les offices et officines d'exportation, leurs moyens d'action, leurs relations intimes avec les dirigeants industriels, et la hiérarchie militaire.

Puis, comme délégué général en Amérique du Nord, je me frottais au système américain, à son administration, à la puissance de ses industries d'armement. Je commençais à comprendre ce qu'avait voulu dire le président Eisenhower.

Mais c'est pendant la période où je fus directeur général de la DGSE que je pus en prendre la pleine mesure. Je trouvais les services secrets truffés d'officiers supérieurs en symbiose avec le haut commandement de défense. J'étais en contact fréquent avec les membres de la haute hiérarchie et pouvais observer le jeu de leurs influences. Je siégeais dans des réunions où je pouvais apprécier les manipulations auxquelles étaient soumis le ministre et son cabinet, prendre conscience des cheminements souterrains qui affectaient l'entourage direct du président et du

1. Groupement des industries françaises aéronautiques et spatiales.

Premier ministre. Je rencontrais les dirigeants industriels et me trouvais associé à certaines de leurs actions, en particulier à l'étranger. Je saisis alors tout ce que recouvrait le complexe militaro-industriel.

Lorsque, plus tard, éclatèrent en 1985 les affaires Greenpeace, Luchaire et SNPE en France, mais aussi les scandales Irangate aux États-Unis, Bofors en Suède, d'autres en Hollande, je n'eus aucune difficulté à reconstituer les mécanismes qui les avaient rendu possibles. Ces événements qui faisaient irruption sur le devant de la scène publique suggéraient aux citoyens l'existence d'un réseau puissant échappant au contrôle des responsables politiques; ils constituaient les émergences fugitives du large système souterrain de défense, les manifestations sensibles des processus occultes du complexe militaro-industriel.

De tout temps, les affaires militaires ont été entourées de secret. C'est souvent nécessaire, presque toujours excessif, parfois bien utile pour occulter des vérités. La puissance militaire a joué un rôle essentiel dans l'histoire de l'humanité en modelant la carte politique. Elle a pris appui sur les forces économiques en même temps qu'elle a accompagné ou parachevé les reclassements que cette dernière induisait dans la hiérarchie des groupes humains, en particulier des nations.

Après 1945 et surtout 1960, l'apparition des armes atomiques introduit dans les relations internationales le jeu nouveau de la dissuasion. Le développement sans précédent de la mobilité rétrécit le théâtre militaire mondial en même temps que les progrès des communications ramassent la scène politique et culturelle. Jamais la scène géopolitique n'a connu une évolution aussi rapide et aussi contrastée. Jamais n'a été aussi nécessaire une remise en question en profondeur des concepts politico-militaires.

Les États-Unis et l'Union soviétique accumulent au cours des décades suivantes de gigantesques moyens de destruction : plus de 24000 têtes nucléaires capables de pulvériser plusieurs fois la planète. Leurs forces armées peuvent intervenir partout dans le monde, ce qui leur confère une suprématie dans le jeu des relations internationales. Les autres pays industrialisés suivent, en développant leurs armements; la France et la Grande-Bretagne en particulier réussissent, au prix d'efforts technologiques et industriels importants, à se doter d'un armement nucléaire qui leur assure une apparente indépendance.

A l'autre extrémité de l'éventail des puissances, la diffusion des armements conçus et produits par les pays développés contribue d'abord à la décolonisation du tiers monde. Puis, à partir de 1960, les États industriels se lancent dans une concurrence échevelée de ventes d'armes ; ils prennent l'initiative et le risque de la dissémination d'armes sophistiquées, y compris chimiques, et aussi de technologies nucléaires. Ainsi des pays tiennent-ils en échec plus puissants qu'eux, la France et les États-Unis au Vietnam, l'Union soviétique en Afghanistan. Ainsi s'exacerbent, sous l'ombrelle atomique des deux superpuissances, des affrontements régionaux : 92 conflits dont 29 sérieux depuis 1945, qui auraient provoqué, d'après le World Institute américain, 17 millions de morts et d'énormes destructions de richesses.

Les dépenses militaires connaissent une progression spectaculaire, passant au plan mondial de 100 milliards de dollars en 1950 à 200 en 1970, et près de 350 en 1985[1]. La part des pays en dehors de l'OTAN et du Pacte de Varsovie, c'est-à-dire pour l'essentiel les pays en voie de développement, passe de 14 % en 1957 à 22 % en 1978. Les exportations d'armes, principalement par les pays développés, passent de 8 milliards pour la période 1961-1965 à près de 50 pour la période 1981-1985.

Ces dépenses correspondent en 1989 à 6 % de la production mondiale de biens et services, et mobilisent des ressources importantes, ainsi détournées des productions civiles. Elles affectent en profondeur l'économie de nombreux pays, même parmi les plus puissants. Elles distordent la compétition pacifique entre nations ; le Japon et la RFA, profitant de la faiblesse relative de leurs charges militaires, maximisent l'usage de leurs qualités psychosociologiques pour pousser leurs avantages dans un mouvement original qui induit une redistribution dans la hiérarchie des puissances, sans recours au conflit armé comme ce fut toujours le cas dans l'histoire.

Ces dépenses contribuent aussi largement à la prolongation du sous-développement et à l'endettement du tiers monde. Elles permettent l'accession et le maintien au pouvoir de régimes

1. Dollars constants 1970.

autoritaires ou totalitaires. Et les armes sophistiquées, meurtrières et faciles à mettre en œuvre, sont retournées contre les sociétés développées, en particulier par les actions subversives et terroristes qui se développent du fait de l'évolution divergente au Nord et au Sud de la démographie et de la richesse, ainsi que de la volonté d'émancipation de larges groupes ethniques soumis à la domination d'autorités centrales.

Après s'être livrées à une gigantesque course aux armements dans les années 1970 et au début des années 1980, les deux superpuissances s'efforcent depuis 1985 de trouver les assises d'une nouvelle sécurité internationale. Leurs élites politiques et économiques proclament les risques que font courir à leur société la poursuite d'un tel effort militaire. Elles entraînent dans cette recherche les deux coalitions, l'Alliance atlantique et le Pacte de Varsovie. Leur changement d'attitude induit un apaisement des conflits régionaux. On voit apparaître une nouvelle approche des relations internationales, en particulier entre les deux superpuissances qui semblent vouloir privilégier des solutions politiques et sociales et non plus militaires. L'ordre international nouveau qui pourrait en résulter s'appuierait sur la recherche de solutions négociées aux différends entre nations, sur une sécurité collective, coopérative et interdépendante, ainsi que sur le concept neuf, au moins au niveau des puissances, de la suffisance de défense.

Cette nouvelle donne s'accompagnerait d'un ordre économique différent. De profondes réorientations de la production sont déjà amorcées, en particulier en Union soviétique. La coopération s'élargirait au domaine des relations Est-Ouest. Le problème du sous-développement, qui porte en germe les plus graves menaces à l'horizon du XXIe siècle, pourrait commencer à trouver des solutions.

Sur le plan des sociétés et de leur culture, les voies ouvertes par la mondialisation des communications et l'accélération des voyages pourraient s'épanouir. Les hommes apprendraient à mieux se connaître et se respecter. Les affrontements idéologiques pourraient commencer à s'apaiser. Des actions communes pourraient être entreprises pour arrêter la dégradation de l'environnement, si porteuse de dangers.

Ce tableau peut paraître optimiste. Et il est vrai qu'existent de formidables obstacles de nature géostratégique, psychologique, idéologique et économique. Le doute subsiste notamment sur la capacité de l'équipe dirigeante soviétique à mener à son terme la politique de réformes engagée. Des signes de tensions apparaissent à l'Est, et en Union soviétique même. On peut aussi voir émerger des trouble-fête, une Allemagne réunifiée et puissante, un Japon réarmé redevenu impérialiste, des groupes de nations défavorisées poussés par le désir de modifier le partage des richesses, et mobilisés par les intégrismes.

Mais il est dès maintenant un autre obstacle à ces évolutions pleines de promesses. C'est celui des groupes d'hommes dont les credo, la puissance et les intérêts sont intimement liés à une lecture « militariste » de l'histoire. Ils sont implantés aussi bien dans les pays développés que dans ceux en voie de développement, dans les démocraties que dans les États totalitaires. Ils tirent l'essentiel de leur réussite ou de leur richesse de la tension internationale, de la production, du commerce et quelquefois de l'usage des armes. Ils entretiennent entre eux, par-dessus les frontières, souvent par des canaux occultes, des relations suivies.

Ces groupes constituent les complexes militaro-industriels. Le président Eisenhower les dénonçait en 1961 pour les États-Unis. Il en existe depuis Staline en Union soviétique, où ils bénéficient d'un statut privilégié et de priorités exorbitantes d'affectation de ressources. Ces deux complexes se sont considérablement renforcés depuis 1960 en même temps qu'ils s'étendaient aux autres puissances industrielles, grâce à la tension internationale, à la course aux armements et à la floraison des ventes d'armes aux pays tiers.

En France, pays qui se situe au troisième rang mondial pour les exportations d'armes, l'influence de la haute hiérarchie militaire et des gros industriels n'a pas attendu la Deuxième Guerre mondiale pour se faire sentir dans les choix de défense et de politique étrangère Mais c'est de 1961, c'est-à-dire curieusement de l'année même de la déclaration d'Eisenhower, que date la forme moderne du complexe militaro-industriel français qui n'a cessé de se renforcer depuis lors. Comme aux États-Unis, avec le développement du nucléaire et de l'aéronautique et grâce à des injections massives de crédits publics, comme en Union soviétique où la priorité leur a été également donnée dans les orientations de planification, les choix faits par de Gaulle en faveur de la force de frappe et les conséquences qui en ont résulté dans les lois de programmation militaire depuis 1961 ont privilégié les mêmes secteurs, conduisant à des efforts exceptionnels de recherche et de production financés par l'État. Comme aux USA et en URSS, la recherche militaire qui s'est ensuite étendue à l'électronique et à l'informatique a provoqué des développements technologiques à un rythme toujours accéléré. Comme chez les deux superpuissances, une redoutable communauté d'intérêt s'est créée entre responsables militaires, ingénieurs de la défense et industriels, communauté protégée par les dimensions de secret et de sécurité nationale qui lui sont attachées, communauté qui dispose de puissants moyens et d'efficaces canaux occultes d'influence.

Trop d'événements douloureux et dramatiques ont affecté la vie des peuples sans qu'ils puissent intervenir effectivement dans les choix de guerre. Il paraît maintenant indispensable que l'opinion soit informée, en particulier sur ces complexes dirigés par la stratocratie. Il faut, comme le souhaitait le président Eisenhower en 1961, que les citoyens soient alertés sur les menaces qu'ils recèlent. Il y va de la sauvegarde de la démocratie et des choix pouvant affecter profondément la vie des nations, en particulier de la France et de l'Europe.

J'ai pensé que les circonstances de ma vie professionnelle et ma position d'observateur indépendant devaient me permettre d'apporter une contribution dans ce sens, et je souhaite que cet essai puisse jouer un rôle utile à cet effet.

CHAPITRE PREMIER

L'AÉRONAUTIQUE, UN CAS D'ÉCOLE

Janvier 1977. Le Parlement enquête sur l'utilisation par Marcel Dassault des fonds publics qu'il reçoit au titre des programmes aéronautiques. La désignation de la commission Limouzy, du nom de son président, a déjà fait l'objet d'une manœuvre du RPR, dont l'industriel est membre en tant que député représentant une circonscription de l'Oise. Son groupe à l'Assemblée a en effet obtenu que l'investigation soit étendue aux « entreprises privées ou publiques de construction aéronautique », première étape vers le but visé : exonérer l'avionneur.

C'est qu'il vient d'arriver à Dassault un certain nombre d'aventures troublantes ou rocambolesques. Il a perdu la compétition pour le marché du siècle (350 avions) contre son concurrent américain. A cette occasion, il a eu un violent affrontement avec l'ancien chef d'état-major de l'armée de l'air, le général Stehlin (député comme lui et représentant de la firme américaine General' Dynamics qui fabrique le F-16 concurrent du Mirage !), qu'il a copieusement et publiquement humilié [1]. Son fidèle chef comptable de Vathaire a fait une fugue en emportant avec lui 8 millions de francs en liquide que la Banque Nationale de Paris n'a pas hésité à lui remettre tant elle est accoutumée à d'énormes retraits destinés d'ordinaire à d'autres usages [2]. Mais surtout, la rumeur s'est progressivement enflée à la suite d'une série de rapports de la Cour des comptes sur des avances de l'État rarement remboursées, sur l'emploi de fonds publics pour des

1. Le général Stehlin trouve la mort fin 1976 en tombant sous un autobus.
2. De Vathaire accusera Dassault d'énormes fraudes aux dépens de l'administration des Finances.

études très onéreuses ou des utilisations auxquelles ils n'étaient pas destinés, enfin sur de fantastiques profits à l'exportation obtenus grâce aux crédits de développement et aux aides à l'exportation qui lui sont accordés par les pouvoirs publics.

Marcel Dassault traite pourtant la commission avec hauteur et dérision. Bien que son entreprise ait bénéficié de copieuses aides en matière d'études et d'essais pour des programmes qui n'ont pas eu de suite, il déclare à un député qui l'interroge légitimement sur le milliard de francs dépensé pour l'avion à décollage vertical : « Il aurait été aussi un très bel avion. » Il ne répond pas non plus sur l'incompatibilité de son mandat parlementaire avec ses activités industrielles, sur le recrutement de hauts fonctionnaires en activité, sur les sous-traitances très défavorables aux sociétés nationales, sur le niveau des prix de fabrication, sur la destination de ses gigantesques profits. Il est puissamment aidé par le gouvernement, qui refuse les rapports ou les auditions de fonctionnaires sous prétexte de secret-défense. Finalement, la commission Limouzy produit un mémoire qui, sauf sur des aspects secondaires, blanchit l'industriel. Les députés socialistes eux-mêmes, qui marquent leur différence par une déclaration séparée, ne font que l'égratigner...

Il faut, pour comprendre la signification de cette incroyable comédie qui bafoue la représentation populaire et souligne la toute-puissance du citoyen Dassault, revenir en arrière par un rapide survol de l'histoire aéronautique.

La France s'y est distinguée très tôt avec des noms qui ont marqué la naissance de l'aviation : Montgolfier au XVIIIe siècle ; les frères Voisin en 1906, qui créent la première usine aéronautique ; Blériot, qui traverse la Manche en 1909 ; Guynemer et ses victoires légendaires en duels singuliers pendant la guerre de 1914 ; Mermoz, Guillaumet, et Daurat aux exploits légendaires , lors des débuts audacieux et risqués du transport dans les années 1920.

La décennie qui commence alors voit une floraison d'initiatives techniques, industrielles, commerciales. Ce sont les constructeurs français — Potez, Bréguet, DeWoitine, Bloch (qui deviendra Dassault) pour les cellules ; Gnome-Rhône, Hispano-Suiza pour les moteurs — qui produisent les meilleurs matériels de l'époque. C'est le début de la prodigieuse aventure du transport aérien où la France se taille déjà, grâce à l'audace d'une poignée de pionniers soutenus par des groupes financiers, une des premières places. Ce premier rang est conforté, en 1932, par la constitution d'Air France, né de la fusion des différentes sociétés exploitant longs, moyens et courts courriers. C'est aussi la mise en place des premières structures techniques avec la création de l'École supérieure de l'aéronautique qui forme des ingénieurs comme Henri Ziegler (qui deviendra successivement directeur général d'Air France, président de Bréguet, président fondateur d'Aérospatiale, premier administrateur gérant d'Airbus Industrie), Joseph Roos (plus tard délégué ministériel à l'Air, puis président d'Air France), ou Louis Bonté (le futur grand responsable des études et essais aéronautiques au ministère de l'Air).

Avec les années 1930 viennent les premiers nuages. Au plan militaire, contrairement aux Anglais, Allemands, Américains et même Italiens, la haute hiérarchie française ne pressent pas les potentialités de l'arme aérienne. Elle continue à raisonner à partir de la stratégie de la Première Guerre mondiale. Même de Gaulle qui prêche vigoureusement pour la constitution de grandes unités blindées ne saisit pas l'importance de l'aviation. Et pourtant, la guerre d'Espagne, à partir de 1936, souligne déjà la redoutable efficacité de cette arme, non seulement pour le bombardement d'objectifs civils (on parlera beaucoup de Guernica) qui préfigure les raids dévastateurs de la Deuxième Guerre mondiale, mais surtout par l'exécution de missions d'appui au sol et de destruction de convois dont on parlera très peu, au moins en France.

Sur le plan technique et industriel, les choses ne vont guère mieux malgré la création d'un ministère de l'Air et d'une direction technique de l'aéronautique, le début d'une planification et l'étoffement du corps des ingénieurs. Le gouvernement du Front populaire nationalise l'industrie aéronautique, ce qui introduit des incertitudes qui en affectent l'efficacité. C'est d'ailleurs la première occasion de bonnes affaires pour les industriels privés. Les deux compères, Henri Potez — qui est alors le plus important — et Marcel Bloch — Dassault reçoivent des indemnités considérables pour l'époque, respectivement 21 et 17 millions de francs. A peine nommés par le gouvernement directeurs généraux des sociétés nationales correspondantes, ils s'empressent de reconstituer des structures privées d'études et de fabrication, qu'ils contrôlent et font travailler en sous-traitance des entreprises publiques. C'est une démarche dans laquelle ils passeront maîtres : elle leur permettra d'engranger des fortunes grâce à l'ambiguïté de leur rôle. Le directeur général de Potez, qui est aussi son conseiller financier en même temps que celui de Bloch-Dassault jusqu'en 1945, n'est autre qu'Abel Chirac[1], père de celui qui deviendra président du RPR, conseiller influent de Pompidou, et Premier ministre de Valéry Giscard d'Estaing, puis de François Mitterrand.

En 1938, lorsque le gouvernement décide de lancer un vigoureux effort en faveur de l'aéronautique, il est déjà trop tard. La bataille décisive de 1940 est remportée par une armée allemande mettant en œuvre la stratégie de percée des *Panzerdivisionnen* dans laquelle les Stukas (bombardiers en piqué) remplacent l'artillerie traditionnelle et jouent un rôle clé. Ils agissent dans un ciel dont la maîtrise est assurée par la Luftwaffe allemande qui dispose d'une supériorité numérique écrasante (3 500 appareils contre 1 300). Les matériels français plus performants, en particulier le Dewoitine 520, sont encore, en mai 1940, à l'état de prototypes ou de débuts de série.

La suite du conflit mondial — bataille d'Angleterre de 1940, campagne de Russie de 1941-1942, guerre du Pacifique de 1942-1945, batailles d'Europe et écrasement du Japon en 1944-1945 — confirme la puissance de l'aviation comme arme stratégique, instrument de rupture tactique et outil de destruction du potentiel industriel.

La défaite française et l'Occupation entraînent la mise en sommeil de l'industrie aéronautique qui poursuit de maigres recherches clandestines et travaille à contrecœur pour les Allemands. L'armée de l'air est profondément divisée entre ceux qui choisissent le gouvernement de Vichy, et les autres, qui ont rejoint la France libre, et participent en petit nombre au combat. Air France réussit d'abord à maintenir quelques liaisons sur la Méditerranée, mais elles sont interrompues après l'occupation de la zone Sud par les Allemands en novembre 1942.

Après la Libération, en 1944, l'ensemble du secteur aéronautique se trouve dans une situation très affaiblie. Seul le transport aérien se relève très rapidement par la mise en œuvre d'une

1. Il changera de prénom en juillet 1940 pour prendre celui de François.

stratégie cohérente et dynamique s'appuyant sur l'emploi de matériels de fabrication américaine (DC-3, DC-4, Constellation, Super Constellation). Air France se taille vite une des premières places dans le monde. Son développement fulgurant (doublement tous les cinq ans) est le fait d'hommes venus d'horizons très variés, de formation diversifiée, et n'ayant que très peu de points communs ou de contacts avec les autres composantes du secteur aéronautique.

De 1944 à 1950, l'industrie aéronautique traverse une crise profonde. Les sociétés nationales, confirmées par une ordonnance de 1945[1], emploient 60 000 personnes. La politisation qu'impose le ministre communiste Tillon provoque un relâchement de la rigueur de leur gestion et une chute des qualités de fabrication. Elles se lancent dans des tentatives désordonnées de diversification qui tourneront au fiasco. Des sociétés privées renaissent[2], certaines à partir des sociétés de sous-traitance maintenues après la nationalisation de 1936. Elles entretiennent déjà d'étroites relations avec les services techniques du ministère et reçoivent, même sous Tillon et malgré les restrictions budgétaires, des commandes de l'État.

L'armée de l'air traverse elle aussi des moments difficiles. Ses missions se limitent à la chasse et à l'appui au sol, à l'exclusion de toute capacité stratégique. Ses effectifs en font le parent pauvre des forces armées : 10 % des effectifs de la défense, contre 20 % pour les États-Unis et 23 % pour la Grande-Bretagne. Les moyens aériens et logistiques sont disparates et insuffisants. Son commandement ne fait pas le poids face aux généraux Juin, de Lattre de Tassigny, Leclerc. Elle reste marquée par la division qu'a créée la coupure de 1940-1945. Les officiers souffrent d'un sentiment de frustration devant le manque de reconnaissance de l'importance que l'arme aérienne a acquise dans les opérations de la Deuxième Guerre mondiale. Ceux qui en deviendront, quinze ans plus tard, les hauts responsables se tournent vers les ingénieurs et les industriels dont ils attendent les instruments leur permettant d'affirmer leur rang. Ce sont les prémisses du groupe de

1. SNCAN, SNCAS, SNCASE, SNCASO pour les cellules, SNECMA pour les propulseurs.
2. Potez, Dassault, Bréguet, Fouga, Morane-Saulnier, Hurel-Dubois pour les cellules, Turbomeca, Hispano-Suiza pour les propulseurs.

pression aéronautique que nous verrons à l'œuvre dans les décennies suivantes.

Les bombardiers à long rayon d'action (en particulier le B-17 puis le B-29 américains) modifient en effet radicalement les conditions de la grande stratégie. La place prise par l'arme aérienne aux États-Unis est consacrée par la création en 1946 du Strategic Air Command (SAC), puis, en 1947, de l'United States Air Force (USAF), les forces aériennes ayant jusque-là relevé du commandement de l'armée de terre. Une réforme profonde de l'organisation de défense américaine est mise en place par la création d'un ministère *(department)* de la Défense, d'un comité des quatre chefs d'état-major et d'organes de décision en matière de technologies et d'industries d'armement.

A la même époque, les initiatives soviétiques pour constituer un empire derrière le rideau de fer révèlent brutalement le retour à une volonté d'hégémonie. L'URSS sera confortée en 1949 par la possession de la bombe atomique. La réponse des États-Unis est sans ambiguïté et elle entraîne l'adhésion des démocraties occidentales : doctrine Truman de mars 1947 rompant pour la première fois avec la doctrine Monroe de 1833 qui limitait en temps de paix les intérêts stratégiques des États-Unis aux continents américains Nord et Sud, traité de Bruxelles (mars 1948), traité de l'Atlantique Nord (avril 1949). L'affrontement Est-Ouest atteint son paroxysme avec le déclenchement en juin 1950 de la guerre de Corée qui fait craindre une Troisième Guerre mondiale.

Cette nouvelle situation internationale a de profondes répercussions en France. Ayant exclu les ministres communistes en mai 1947, le gouvernement Ramadier choisit le camp de l'Ouest. Les orientations de la défense française, en particulier sur le plan aéronautique, sont profondément modifiées.

L'armée de l'air connaît alors un rapide renforcement de son rôle, de son organisation et de ses moyens. Sa modernisation, déjà amorcée par les accords franco-anglais de fin 1945 (qui lui avaient permis un premier accès à l'équipement à réaction), est essentiellement le fait de l'aide américaine (*Mutual Defense Assistance Act* d'octobre 1950) : formation des personnels navigants et au sol aux techniques modernes, livraison d'appareils à réaction, construction d'une infrastructure d'aérodromes, création de réseaux de communication. Pour la seule année 1950, les crédits américains se montent à ce titre à plus d'un milliard de dollars pour l'ensemble des pays européens, et la France en est la principale bénéficiaire. L'armée de l'air voit ses missions étendues et diversifiées, ses effectifs passent de 68 000 en 1949 à 91 000 en 1951, ses personnels acquièrent des qualifications de haut niveau, son organisation est restructurée avec des organes horizontaux (régions aériennes) et verticaux (divisions aériennes, défense aérienne du territoire, groupement des moyens militaires de transport). Elle se renforce ainsi grâce à la mise en œuvre de matériels et de techniques de pointe nécessitant des qualifications élevées. Mais elle reste une arme secondaire, contrairement à ses homologues américains, anglais et soviétiques.

L'industrie aéronautique renaît également de ses cendres. Plusieurs commissions d'enquête parlementaires mettent en évidence les carences graves de la période sous autorité communiste, tant au niveau des organes centraux de tutelle — DTI [1] en particulier — qu'à celui de la direction des sociétés nationales (la plus critique étant la SNECMA) qui ont cumulé les échecs techniques, les insuffisances dans l'organisation et la gestion, l'inflation des effectifs, la faillite des essais de diversification et la déconfiture financière Un comité de réorganisation du secteur nationalisé prépare la loi d'août 1949 qui prévoit un plan notamment de restructuration, la préparation d'un programme quinquennal, la prise en charge par l'État des déficits passés.

Le secteur privé, lui, évolue de manière contrastée suivant l'efficacité des dirigeants et des bureaux d'étude, ainsi qu'en fonction des relations qu'entretiennent ces derniers avec les services d'État. Seuls survivent comme maîtres-d'œuvre Dassault et Bréguet, les autres étant progressivement relégués au rôle de sous-traitants. Une tentative originale de Leduc sur un avion à statoréacteur restera sans lendemain, mais préfigurera l'utilisation de ce type de propulsion sur les missiles de croisière français.

Dassault prend alors le virage de la réaction. Il le doit au talent de son président, à la qualité de son bureau d'étude, mais aussi, et sans doute surtout, à l'aide que lui apportent les services techniques officiels. Son premier avion à réaction, le TD-150

1. DTI : Direction technique et industrielle.

Ouragan, qui prépare la série des Mystère, est directement inspiré de la conception du F-80 Shooting Star américain dont le dossier complet, obtenu par la Mission technique de l'armement (MTA) auprès de l'ambassade de France à Washington, est remis à la société privée. On prête à ce sujet au président du Conseil Ramadier une remarque cinglante sur Dassault. C'est le début de la réussite technique et financière de l'avionneur, qui noue désormais des relations intimes avec les services officiels. C'est aussi le début de sa lune de miel avec l'armée de l'air.

Les sociétés nationales de cellule réalisent les premiers hélicoptères. Certaines d'entre elles profitent de l'expérience allemande en employant des ingénieurs, en particulier de la firme Fockewulf. Les premiers turbomoteurs qui les équipent sont mis au point par la firme privée Turbomeca, avec là aussi une participation d'ingénieurs et de techniciens allemands qui vont devenir ses collaborateurs permanents.

Dans un domaine connexe à l'aéronautique, c'est aussi grâce à la technologie allemande que la SCAN met au point les premiers engins tactiques qui donneront naissance à une famille d'armes appelée plus tard à de grands succès. Des ingénieurs allemands de la base de Peenemunde (bombes volantes V-1 et V-2) qui ont été répartis entre les États-Unis, la Grande-Bretagne, l'Union soviétique et la France (cette dernière n'ayant d'ailleurs que la portion congrue) seront aussi à l'origine des premiers concepts de lanceurs balistiques.

Ainsi en 1950, alors que la situation internationale connaît une extrême tension avec la guerre de Corée et que la France s'embourbe dans la guerre d'Indochine, l'aéronautique française, qui a déjà atteint un niveau compétitif dans le transport aérien, commence à disposer de structures et de programmes industriels et militaires. Le gouvernement engage, avec la loi de réarmement de janvier 1951, un effort budgétaire important au profit des activités aéronautiques qui commencent à prendre une place de choix dans les orientations gouvernementales.

L'armée de l'air se développe ; ses effectifs passent à 138 000 en 1955. La qualification de ses personnels se poursuit, en particulier par des stages aux États-Unis et au Canada. Son équipement est constitué de matériels américains. Elle connaît des problèmes d'adaptation, surtout au plan de l'encadrement, du fait de la rapidité de son évolution. Son engagement en

Indochine reste mineur et largement subordonné à l'armée de terre dont le soutien et l'appui constituent l'essentiel de ses missions. Elle y agit d'ailleurs sous le contrôle étroit de l'organisme militaire américain d'assistance à Saigon (MAAG), et ne joue qu'un rôle annexe dans la bataille de Diên Biên Phu, en particulier dans le bombardement. En Europe, sa contribution à l'effort de défense occidental dans le cadre de l'OTAN reste secondaire. Mais la participation de ses officiers supérieurs aux états-majors intégrés de l'Alliance les conforte dans la conscience de son rôle et les familiarise avec les techniques, doctrines d'emploi et tactiques anglo-américaines.

L'activité de l'industrie aéronautique est assurée principalement par les commandes américaines dites « *off shore* » (passées au titre de l'assistance militaire des États-Unis). Elle reçoit près de 50 % du total, ce qui permet la fabrication de plus de 500 avions, presque tous français, la moitié sont des Mystère V. Son chiffre d'affaires et ses effectifs se renforcent.

Les efforts de recherche et de développement connaissent leurs premiers résultats. Après l'Ouragan, Dassault fait voler successivement le Mystère et le Super-Mystère. La SNCAN réalise l'avion cargo Nord Atlas et les premiers engins tactiques opérationnels SS10 et 11. La SNCASE démarre les premiers programmes civils à réaction avec la Caravelle qui fait son premier vol en 1955. Bréguet construit le gros porteur BR-890 (Deux-Ponts) et Fouga l'appareil d'entraînement CM-170 (Fouga Magister). On voit apparaître également les premiers signes de renaissance de l'industrie des propulseurs avec la SNECMA (ATAR-101, ATAR-9 qui équipent les appareils militaires Mirage III) et Turbomeca (Palourde, Artouste, Marboré, installés sur les hélicoptères Alouette III). L'industrie des équipements, point le plus faible du dispositif national, connait alors ses premiers développements.

Cette période est celle des premières affaires à l'exportation. Le gouvernement crée en 1955 le Comité national pour l'expansion de l'industrie aéronautique.

Ainsi, dès 1955, se dessinent les structures et les orientations du secteur aéronautique. Grâce aux apports technologiques américains, allemands et anglais, grâce aux commandes des États-Unis, à la formation des personnels par les Américains, l'armée de l'air et l'industrie aéronautique ont rattrapé la majeure partie du retard accumulé pendant la guerre et atteint un niveau technologique leur permettant de prétendre à un rôle national et même international jamais obtenu auparavant. Les affectations budgétaires, en particulier au titre de la Défense, amorcent une évolution qui va en faire un secteur privilégié.

L'aéronautique présente un visage nouveau. Les utilisateurs de l'armée de l'air reçoivent une formation de haute technicité, complétée par des qualifications sur types d'avion et prolongée par des perfectionnements périodiques. L'industrie développe ses moyens d'études et d'essais dans les technologies avancées, perfectionne ses structures de production. Le transport aérien suit la même évolution, tant pour l'exploitation que pour les services techniques. L'aéronautique dispose alors des caractères distinctifs d'un système moderne.

Les événements internationaux vont accélérer ce processus. C'est d'abord, en juin 1954, le retrait français d'Indochine après la défaite de Diên Biên Phu. Si les forces armées en ressortent humiliées, dans l'armée de l'air c'est l'amertume qui domine, à cause de l'incapacité où elle s'est trouvée de jouer un rôle significatif. La défense française va maintenant pouvoir poursuivre et amplifier sa modernisation. Les affaires d'Indochine ont aussi été l'objet de scandales financiers qui éclaboussent le gouvernement et contribuent à l'affaiblissement de la IVe République. L'autorisation de rapatriement des gros profits qui y ont été réalisés par des intérêts privés aura d'ailleurs une incidence sur l'industrie aéronautique : Sylvain Floirat, qui s'est enrichi dans le transport aérien, prendra à cette occasion le contrôle de Bréguet avant de créer Matra.

L'année 1954 voit aussi le rejet du projet de communauté européenne de défense (CED) par le Parlement français qui ouvre la voie à un effort purement national. Mais c'est surtout l'échec de l'intervention franco-anglo-israélienne contre l'Égypte, en 1956, qui marque un tournant décisif. Cette opération militaire conjointe qui fait suite à la nationalisation par l'Égypte du canal de Suez, se situe pour la France dans le contexte de la difficile guerre menée maintenant en Algérie contre le FLN auquel Nasser accorde son aide. Elle est exécutée sous commandement britannique, les généraux français n'intervenant qu'en position d'adjoints. L'aviation engagée du côté français comprend du matériel américain, à la seule exception des Nord Atlas qui participent aux parachutages. Les opérations débutent par des succès alliés, notamment grâce à la maîtrise de l'air et aux opérations aéroportées qui prennent à revers les Égyptiens. Mais la victoire à portée de main est brutalement stoppée par les interventions parallèles des États-Unis et de l'Union soviétique qui exigent l'arrêt des combats, la seconde brandissant une menace voilée d'emploi de l'arme atomique.

Ces événements de la période 1954-1956 provoquent une révision radicale des politiques de défense dans les domaines aéronautique et nucléaire. Le gouvernement s'oriente vers l'indépendance de la défense. Il rompt avec les positions antérieures, y compris celles du président du Conseil Guy Mollet qui avait encore, au cours de la campagne électorale du début de 1956, écarté toute éventualité d'arme atomique. Ce sont les premiers pas d'une évolution décisive dans le domaine aéronautique.

L'armée de l'air voit se profiler pour elle le rôle d'instrument privilégié de force stratégique. Elle atteint un niveau d'effectifs et de qualifications qui la prépare à ses nouvelles missions. Ses responsables ont eu l'occasion, tant par des stages aux États-Unis que par les relations nouées dans les organes de commandement de l'OTAN, de se familiariser avec les méthodes et stratégies anglo-américaines issues des opérations de la Deuxième Guerre mondiale. Ils ont pris la mesure du rôle et de la place de l'armée de l'air aux États-Unis et en Grande-Bretagne. Ils ressentent un vif sentiment de frustration à la suite des opérations sur Suez.

L'industrie aéronautique de son côté s'est maintenant relevée de son retard pendant la guerre, et de ses échecs pendant la période 1945-1950, elle a acquis une capacité de développement en matière de vols à réaction. Dassault et la SNCASO ont progressé dans le développement des avions supersoniques. La SNCASE a réalisé les premiers vols d'essai de Caravelle, commandée par Air France en 1956 à douze exemplaires (parallèlement à dix Boeing 707), ce qui va lui permettre de poursuivre son expansion et de conforter sa compétitivité. Les fabricants de propulseurs ont acquis une maîtrise suffisante des réacteurs pour l'équipement des avions légers et des hélicoptères.

Le gouvernement décide en 1957 de procéder à des regroupements dans le secteur nationalisé, SNCASE et SNCASO fusionnent pour constituer Sud-Aviation, à qui sont confiés les avions civils (Caravelle) et les hélicoptères, SNCAN et SNCAC sont regroupées pour former Nord-Aviation, spécialisé dans les avions cargo (Nord Atlas) et les engins tactiques. Dans le secteur privé, à côté de Dassault et Bréguet, apparaît Matra qui se consacre aux engins tactiques, SNECMA et Turbomeca restent les deux producteurs de propulseurs. Toutes les autres entreprises sont soit orientées vers les équipements (qui prennent une importance croissante), soit cantonnées dans le rôle de sous-traitants.

Mais la décision la plus lourde de conséquences concerne le choix du maître-d'œuvre de l'avion supersonique, vecteur futur de la force de frappe et instrument de la maîtrise de l'air. Dassault est évidemment bien placé avec l'expérience qu'il a acquise à partir de l'Ouragan, dans le domaine de l'avion à réaction. Il a déjà amorcé le développement du Mirage III chasseur-bombardier supersonique sur des crédits du budget de la défense. Mais la SNCASO a également acquis une expérience précieuse avec le Super Vautour, le Leduc 022 et le Trident II. La réalisation de Concorde dans les années 1960, réussite technique incontestable (bien qu'elle ne soit pas suivie de succès commercial) — en dépit des difficultés dues à la combinaison d'une vitesse supersonique (Mach 2,2), d'une taille et d'un poids importants, ainsi que d'un long rayon d'action — confirmera que le bureau d'étude et les services d'essai de Sud-Aviation étaient tout à fait capables de relever le défi et de développer un avion de combat supersonique.

Le gouvernement prend pourtant, en 1957, la décision de confier la réalisation des appareils militaires de pointe à des firmes privées — essentiellement Dassault et, à un degré moindre, Bréguet — et d'orienter l'activité des sociétés nationales, en particulier Sud-Aviation, vers des productions civiles. Ce choix s'accompagne de la décision de répartir les fabrications militaires entre plusieurs constructeurs, en vue d'amortir les effets sur le plan de charge de l'abandon de leurs propres programmes. Dassault est désigné comme maître-d'œuvre, c'est-à-dire qu'il se voit confier les tâches de conception, d'essais et d'assemblage final — tâches nobles et rémunératrices qui ne correspondent qu'à 15 % du plan de charge de fabrication —

ainsi que le monopole de la commercialisation. Commence ainsi à prendre forme un marché international auquel il s'intéresse déjà avec l'encouragement et le soutien des services officiels. Les sociétés nationales sont, elles, cantonnées dans le rôle auxiliaire de sous-traitants. Leur rentabilité sera même affectée par le prix de transferts des sous-ensembles, contrôlés par les services d'État, qui seront toujours favorables à Dassault. Ce dernier en tirera de confortables bénéfices supplémentaires, et sera protégé des aléas et des à-coups de la conjoncture répercutés sur les sociétés sous-traitantes.

Il s'agit d'une véritable inversion des rôles entre sociétés nationales et sociétés privées. C'est la voie royale que souhaitait Dassault, celle qu'il avait déjà empruntée à la fin des années 1940, celle qui va lui permettre de conforter considérablement sa puissance, sa richesse et son influence. Elle inaugure son monopole dans la fabrication des avions de combat, parachevé en 1967 avec le contrôle de Bréguet.

Cette décision se matérialise en particulier par une commande de 100 Mirage III et par le lancement du prototype du Mirage IV, qui fait l'objet, à l'Assemblée nationale, le 28 février 1958, d'un débat escamoté comme souvent. La déclaration prononcée au nom du gouvernement par le secrétaire d'État aux forces armées est on ne peut plus significative :

> L'appareil retenu a été le Mirage III parce qu'il répondait le mieux aux besoins de l'armée de l'air par l'étendue de ses possibilités d'utilisation, notamment pour les missions d'interception et d'appui tactique ; ses aléas de mise au point étaient des plus réduits alors que l'urgence de la fourniture d'avions nouveaux à l'armée de l'air venait de s'accroître en raison de la réduction du nombre de Super Mystère B-2.

Dassault obtient ainsi l'inscription au budget du Mirage III, malgré les hésitations du ministère, et en particulier de l'armée de l'air, et bien que l'appareil concerne des missions qui n'intéressent pas le domaine stratégique prioritaire.

Le choix de Dassault comme maître-d'œuvre des avions de

combat confirme ses qualités de concepteur et d'industriel. Mais l'avenir montrera qu'elles existent tout autant à Sud-Aviation. La préférence donnée à Dassault est due à l'étendue de son pouvoir et de son influence sur les décideurs politiques et techniques, toile patiemment tissée depuis 1945. La puissance financière qui en résultera va lui permettre d'élargir encore cette influence et de se soustraire largement à la réalité de la tutelle des organes du gouvernement, en particulier de la Défense. Ce choix en fait le constructeur aéronautique privilégié de l'armée de l'air, dont le sort va désormais se trouver lié au sien. Il crée une convergence d'intérêt avec les officiers pilotes militaires, qui se confortera par leurs nombreux passages au service de Dassault. Rien, dans les trente années à venir, ne viendra contrarier cet intime rapprochement.

Lorsque le général de Gaulle revient aux affaires en juin 1958, il trouve les premiers instruments aéronautiques de sa politique d'indépendance. Il confirme le lancement du programme Mirage IV qui constitue le premier vecteur de l'arme stratégique et dont le développement est accéléré. Il remanie profondément le ministère de la Défense en créant auprès du ministre trois postes de délégués ministériels. Celui de l'air est confié à l'ingénieur général de l'Aéronautique Joseph Roos, forte personnalité à l'expérience prestigieuse.

La première loi de programmation militaire (1960-1964) est votée par le Parlement en 1960. Elle redéfinit les missions des forces armées, accorde la priorité à la création de la force nucléaire stratégique (FNS) dont le budget d'autorisation de programme souligne l'importance en recevant 54 % du budget total. Le plan comporte également le démarrage des programmes spatiaux qui font écho aux premiers succès américains et soviétiques. Ce sont d'abord les recherches et essais de la série « Pierres précieuses », de poids et de poussée croissants, à propulsion d'abord liquide, puis à poudre. Ils préparent la réalisation, dans les années 1970, des fusées balistiques des deux autres composantes de la dissuasion : sol-sol et mer-sol. Mais ils relèvent, comme les engins tactiques, d'un domaine connexe à l'aéronautique dont le développement sortirait du cadre de ce chapitre.

La loi de programmation accorde une place de choix à l'industrie aéronautique, les principales bénéficiaires en sont les deux sociétés privées, et plus particulièrement Dassault. Car l'aéronautique hors force de frappe est également largement dotée puisqu'elle reçoit 57 % du budget total restant. Il s'agit pour l'essentiel du chasseur Mirage III de Dassault, du chasseur Étendard et du patrouilleur Atlantic de Bréguet. On est frappé par l'importance accordée à l'avion de combat Mirage III qui reçoit 40 % du budget aéronautique — presque le double de l'avion Mirage IV — dans une loi de programmation accordant en principe la priorité à la force stratégique. Ceci fait l'affaire de Dassault, d'autant que les caractéristiques de cet avion de combat vont se révéler particulièrement bien adaptées au marché de l'exportation. Cette loi de programmation consacre le monopole des sociétés privées Dassault et Bréguet dans le domaine des avions de combat, et la réduction au rôle auxiliaire de sous-traitants des sociétés nationales.

A l'issue d'une intense lutte d'influence, l'armée de l'air obtient le rôle essentiel dans la première phase de la force stratégique puisqu'elle se voit confier la mise en œuvre de deux de ses trois composantes : le vecteur piloté et la fusée balistique sol-sol. Il est toutefois précisé, en particulier par des déclarations du ministre Messmer, que le Mirage IV aura un rôle intérimaire jusqu'à ce que les missiles balistiques sol-sol et mer-sol soient devenus opérationnels. Nous verrons que cette position restera sans suite. L'organisation de l'armée de l'air est adaptée aux nouvelles missions. Elle prend dès le début des années 1960 la forme qu'elle conservera sans modifications jusqu'à aujourd'hui. Elle s'appuie sur une structure duale : géographique (bases aériennes) et fonctionnelle (Force aérienne stratégique FAS, Force aérienne tactique FATAC, Défense aérienne DAT, transport aérien militaire COTAM, et services).

L'architecture militaro-industrielle est couronnée par la réorganisation du ministère de la Défense, qui prend effet en avril 1961. Les délégués ministériels par arme de 1959 sont supprimés. Deux instances sont créées auprès du ministre pour assurer des fonctions de premier plan : le chef d'état-major interarmes (CEMA) et la délégation ministérielle pour l'armement (DMA), qui deviendra plus tard la délégation générale à l'armement (DGA). Si cette dernière s'applique à l'ensemble des armements, il est clair qu'en 1961 elle vise essentiellement le domaine aéronautique et spatial. C'est pour lui que l'organisation est originellement conçue. Ce sont les ingénieurs du corps de l'aéronautique qui occupent la plupart des postes de responsabilité. C'est plus de 50 % de ses programmes qui intéressent le secteur aéronautique et spatial. C'est à eux qu'elle portera l'essentiel de son attention tant au plan national qu'international.

Car la DMA joue dès sa création un rôle essentiel dans les exportations d'armes, en particulier de matériels aéronautiques sous la conduite de l'ingénieur de l'Aéronautique De l'Étoile (qui, après un passage comme directeur général de l'Industrie, deviendra directeur général adjoint de Dassault). Elle appuie très activement, grâce aux moyens et aux aides dont elle dispose, les actions de promotion et de commercialisation. Celles-ci font intervenir, parallèlement aux directions commerciales des firmes, deux offices spécialisés : l'un privé (l'Office général de l'air, OGA), l'autre public (l'Office d'exportation de matériel aéronautique, OFEMA), qui se partagent les pays sur une base géographique. Ils constituent des points de passage obligés pour les actions plus ou moins occultes sur les organes de décision des pays acheteurs et manipulent à cet effet des commissions importantes (les fameux « FCE » versées à des agents d'influence, des intermédiaires et des auxiliaires, parfois douteux). Ils disposent ainsi d'une puissance souterraine dont les effets se font sentir non seulement dans les pays où ils opèrent, mais également en France.

En décembre 1967, le système est complété par la création du corps de l'armement regroupant 6 corps d'ingénieurs d'État, dont celui de l'aéronautique. Ces derniers se taillent la part du lion, tant par leur nombre que par les positions qu'ils occupent au sein de la DMA et dans les sociétés aéronautiques.

A partir de 1964, les différentes firmes aérospatiales se groupent dans un syndicat patronal, le Groupement des industries françaises, aéronautiques et spatiales (GIFAS). Ses différentes instances réunissent les dirigeants du secteur nationalisé, du secteur privé et des entreprises d'équipements et de soustraitance, ce qui donne aux relations entre maîtres-d'œuvre et fournisseurs un tour assez particulier et assure à ces derniers une permanence de commandes en l'absence presque générale de concurrence. Le GIFAS joue dès lors un rôle croissant de groupe de pression, intervenant dans les moments difficiles aux niveaux les plus élevés de l'appareil d'État pour protéger l'ensemble de l'industrie aéronautique contre les aléas et les retournements de la conjoncture. Il veille constamment à ce que les programmes et les aides de l'État assurent aux entreprises nationales ou privées — maître-d'œuvre, équipementier ou sous-traitant — des conditions satisfaisantes de financement et de charge. Il est responsable de l'organisation, tous les deux ans, du salon du Bourget, grande kermesse à la fois populaire et commerciale destinée à exalter l'image de fleuron et de fierté nationale, et l'occasion privilégiée de négociations commerciales avec les nombreuses délégations étrangères. Le moment fort du salon est le déjeuner du dernier samedi où le Premier ministre officie en lisant un discours lénifiant préparé en liaison étroite avec le GIFAS.

Dès lors se trouve mis en place un système étatico-militaro-industriel qui ne subira dans les vingt-cinq années suivantes que quelques modifications qui n'en altéreront pas l'architecture. Sud-Aviation, Nord-Aviation et la SEREB sont regroupés en 1970 pour constituer l'Aérospatiale, à l'effectif de 40 000 personnes, comprenant quatre divisions principales : avions, hélicoptères, engins tactiques, systèmes balistiques et spatiaux. En 1967, Dassault prend le contrôle de Bréguet pour constituer le groupe Avions Marcel Dassault-Bréguet Aviation (AMD-BA). Il accepte, contrairement à ses habitudes, de payer le prix fort, tant il attache d'importance à consolider ainsi son fructueux monopole des avions de combat. L'industrie des équipements, en particulier électroniques, est fortement développée. Ceux-ci viendront représenter jusqu'à 50 % de la valeur ajoutée de l'avion de combat qui constituera un système d'armes complexe. Sont aussi adjointes au secteur aérospatial de nouvelles entreprises comme Thomson-CSF, ou Électronique-Marcel (puis Serge) Dassault.

Ce survol de l'histoire de l'aéronautique française vise à montrer comment s'est constitué ce système qui atteint sa maturité dans les années 1960, à l'époque où le général Eisenhower en dénonçait le danger aux États-Unis. Car ce secteur représente dans les deux pays, mais aussi en Union soviétique et en Grande-Bretagne, l'aile marchante du complexe militaro-industriel moderne. C'est en son sein que sont conçus et réalisés les équipements les plus avancés et les plus coûteux, là que sont engagés les frais de développement les plus élevés, là que se réalise la conjonction des technologies avancées, des industries de pointe, et des utilisateurs de haute technicité. Ces éléments si caractéristiques du complexe moderne le différencient du système militaro-industriel du XIXe et du début du XXe siècle.

Ce survol permet aussi de saisir la spécificité du complexe français. L'absence de concurrence entraîne la création de poids lourds technologico-industriels qui imposent leur solution. Les connivences qui se créent entre firmes d'une part, ingénieurs d'État et officiers d'autre part, constituent un réseau occulte détournant les processus de décision. La dialectique entre technologie et stratégie se trouve faussée, le jeu des influences remplace les mécanismes d'élaboration des politiques de programmes, la représentation populaire est empêchée de jouer son rôle de contrepoids et de contrôle de l'exécutif et de la technocratie.

Sans poursuivre ce rappel historique, ni prétendre d'ailleurs à un examen exhaustif des choix et des orientations, des échecs et des réussites, nous allons maintenant observer, dans les trente années qui ont suivi, certaines réalisations susceptibles d'éclairer notre propos.

Il faut d'abord noter que si les instruments aéronautiques de la politique de défense arrêtée en 1959 sont effectivement mis en place, c'est au prix de sacrifices et d'insuffisances. La composante pilotée de la force de frappe devient bien opérationnelle avec le Mirage IV en 1965, mais elle a exigé des dépassements importants dans les budgets de développement et d'équipement : 70 % pour la période 1961-1965, de 30 % à 50 % pour les périodes suivantes. L'indépendance stratégique n'est atteinte qu'en apparence puisque ces avions s'avèrent, à cause des poussées insuffisantes des réacteurs SNECMA, incapables de remplir leur mission sur l'Union soviétique sans un ravitaillement en vol, lequel exige le recours au KC-135 acheté aux États-Unis et seul capable d'effectuer cette opération.

Dans le domaine de la force de frappe, un aspect important des choix de programmes est largement occulté depuis plus de vingt ans, celui qui concerne le débat entre vecteurs pilote et balistique. On se souvient qu'à l'occasion de la première loi de programme, au début des années 1960, le Mirage IV avait été présenté comme provisoire en attendant l'apparition des deux autres composantes de la triade, devenues opérationnelles en 1971 pour les missiles sol-sol du plateau d'Albion, en 1974 pour les missiles mer-sol des sous-marins. On fait ensuite comme si le maintien des trois composantes allait de soi. Or rien n'est moins évident. Les Mirages IV sont devenus très vulnérables aux missiles. Leurs bases de départ peuvent être détruites par une frappe d'une précision de 150 mètres par les fusées soviétiques mises en place depuis le début des années 1980. Par contre, les vecteurs balistiques des MSBS et SSBS sont difficiles à intercepter, notamment du fait de leur vitesse d'approche (14 fois la vitesse du son). Et les sous-marins indétectables, dans l'état actuel de la technologie, conserveront sans doute cet avantage pendant de nombreuses années. Bien sûr les défenseurs de l'avion soulignent le supplément de crédibilité apporté par les trois composantes. Mais à un prix et à un coût-efficacité que peut seule se permettre une superpuissance ! Surtout lorsqu'on connaît le coût croissant de l'entretien des Mirage IV dont certains ont plus de vingt-cinq ans d'âge. On verra d'ailleurs cet argument s'évanouir en fumée lorsqu'ils devront être retirés du service... sauf si l'on veut justifier un nouveau programme pour Dassault. Mais il est facile d'imaginer entre-temps la formidable résistance qu'oppose à ce réexamen l'action combinée des pilotes de l'armée de l'air, des ingénieurs et de Dassault.

Les autres avions de combat soulèvent aussi de sérieuses questions. Les priorités dans les types de missions pour lesquels ils sont prévus ont fait l'objet d'une longue valse-hésitation : elles ont changé six fois de 1962 à 1978. Et, chaque fois, un programme de développement a été lancé à grands frais, puis arrêté après des études et essais fort onéreux. Ce sont, successivement : en 1962, survie et Mirage à décollage vertical, abandonnés en 1966 ; en 1964, pénétration offensive à basse altitude et Mirage F-2, abandonnés en 1966 ; en 1966, interception à haute altitude et Mirage F-2 et F-3, abandonnés en 1967 et 1969 ; en 1968, polyvalence et Mirage géométrie variable G-4, abandonné en 1972 ; en 1972, avion de combat futur et Mirage ACF, abandonné en 1975 ; en 1974, interception et supériorité aérienne (avec pour objectif l'exportation) et Mirage G-8-A, abandonnés en 1975. Au cours de la même période, Dassault développe aussi, sur fonds publics, le Mirage F1-M-53, qui ne correspond à aucun programme de l'armée de l'air française, mais que celle-ci devra acheter pour servir de caution à l'exportation.

Finalement, à partir de 1975, priorité est donnée aux missions d'interception et de pénétration offensive. Mais les tenants du mono et du biréacteur s'affrontent. L'affaire sera finalement tranchée suivant un processus étrange qui souligne l'incapacité du ministère de la Défense et illustre bien les effets d'influence. Marcel Dassault va directement proposer au président Giscard d'Estaing de retenir deux programmes : le Mirage 2000 monoréacteur et le Mirage 4000 biréacteur, le premier étant financé par Dassault lui-même, le second par l'État. Le président inversera l'ordre et finalement deux avions seront développés : le Mirage 2000 sur budget public, le Mirage 4000 sur fonds Dassault provenant des profits réalisés précédemment par la firme privée. Seul le premier sera poursuivi.

Ces longues variations illustrent bien les doutes existant sur la pertinence stratégique de systèmes d'armes aériennes qui donnent la priorité à l'interception et à la pénétration offensive. Certes, ces fonctions correspondent depuis Guynemer à l'identité de l'armée de l'air et à l'accomplissement des pilotes. Mais à l'ère des missiles sol-sol et sol-air de haute précision leur rapport coût-efficacité mérite d'être examiné. Dans le cas de l'emploi du Mirage III comme plate-forme de lancement du missile ASMP dans un tir de dernier avertissement, on se demande même pourquoi cette mission ne serait pas confiée, pour un coût beaucoup plus faible, à un missile du plateau d'Albion. En vérité, tout porte à penser que cet emploi concocté entre ingénieurs et officiers vise à satisfaire à la fois pilotes et constructeurs, ce qui fournit encore un bel exemple de complicité militaro-industrielle.

Cette valse-hésitation poursuivie sur plus de quinze ans se traduira par de coûteux développements en études, vols d'essais, mises au point de prototypes successifs du Mirage qui seront envoyés à la casse. Au total, près de 4 milliards de francs, qui ne se traduiront par aucune concrétisation mais auront gonflé l'activité du bureau d'étude et des services d'essais... ainsi que les profits de la firme Dassault. Voilà un des problèmes sur lesquels la Commission parlementaire de 1977 devait tenter de faire la lumière... avec le succès que l'on sait.

L'histoire se répétera encore à la fin des années 1980. En mai 1988, le Premier ministre Chirac décide quelques semaines avant l'élection présidentielle, et malgré les réserves du ministre de la Défense Giraud, de consacrer une première tranche de 13 milliards de francs au développement du Rafale. Cette procédure singulière révèle l'influence, même posthume, de Marcel Dassault. Il faut savoir que le prix très élevé du Rafale (sans doute supérieur à 300 millions de francs l'unité) limiterait considérablement le nombre d'appareils que pourrait commander l'armée de l'air française. La réalisation d'une version navale se heurterait à des difficultés techniques et aérodynamiques probablement insurmontables, sauf peut-être au prix de modifications exorbitantes ; elle fera d'ailleurs l'objet en 1989 d'un violent affrontement public entre la marine et Dassault à l'occasion du remplacement des « crusaders ». Les qualités de « furtivité » du Rafale, caractéristique désormais considérée comme importante, sont douteuses. Sa pertinence stratégique est sujette à caution, face au développement d'efficaces missiles d'interception et de pénétration. Sa commercialisation à l'étranger est hautement aléatoire du fait de son prix et de ses performances, surtout en présence de concurrents américain et européen (ce dernier a été développé par un consortium anglo-allemand après l'échec, en 1986, de pourparlers sur la définition d'un appareil européen). Enfin, plusieurs États européens ont refusé de participer à son financement. Bref, la viabilité et la rentabilité de l'opération présentent une haute probabilité d'échec.

La comparaison des prix de vente et des quantités produites dans les types successifs — Mirage III, Mirage F-1 et Mirage 2000 — est d'ailleurs fort instructive. Les premiers connaissent une progression rapide d'un type à l'autre, les secondes enregistrent une chute corrélative non moins rapide... L'extrapolation de la tendance au Rafale laisse songeur.

Les avions de transport militaire ont en revanche été largement négligés dans les plans successifs malgré les besoins évidents de projection et d'intervention rapide qui seraient conformes aux missions lointaines et à l'existence de moyens mobiles d'intervention (FAR). Démarche bien étonnante pour un pays qui clame son indépendance en matière de défense... Mais il est vrai qu'il s'agit d'un matériel relevant de la compétence d'Aérospatiale et n'intéressant donc pas Dassault.

Une autre manifestation de l'influence de ce dernier apparaît dans le choix, en 1976, de l'avion d'entraînement : l'Alfajet de Dassault est préféré à l'Eurotrainer d'Aérospatiale. Le président de la firme nationale, Jacques Mitterrand, dénonce ainsi ce favoritisme devant la commission Limouzy :

> Le choix était possible. Or, il se trouvait que dans le domaine des avions école, nous étions les héritiers du savoir-faire puisque nous étions les héritiers de Fouga. Dans ce cas, la pratique n'a pas joué. Il en a été de même de l'usage des liens traditionnels. Je ne peux en dire plus.

Lorsqu'on connaît la prudence et le sens de la litote de Jacques Mitterrand, on devine la véhémence de ses sentiments.

On se souvient d'ailleurs de la désignation rocambolesque, en 1987, du président de AMD-BA, à la suite de la reprivatisation effectuée par Jacques Chirac en 1986 (après la nationalisation de 1982, où Dassault avait rejoué ses coups de 1936 et 1945 en vendant très cher à l'État un patrimoine construit grâce aux profits financés essentiellement par l'argent public). A la mort de Marcel, son fils Serge est porté à la présidence contre la volonté du ministre de la Défense Giraud grâce à la voix de M. Falcoz (par ailleurs intime de l'ancien ministre Hernu et inculpé depuis dans une affaire de fausses factures). Falcoz avait voté au conseil d'administration en ignorant le mandat qu'il avait reçu de Giraud. Encore l'influence posthume de Marcel !

Je ne dirai que quelques mots des hélicoptères de l'Aérospatiale, qui font partie du domaine aéronautique. C'est qu'il s'agit d'un matériel très spécifique, aux prix de revient élevés de fabrication et d'exploitation, et qui risque d'être sérieusement affecté par sa vulnérabilité aux missiles. Ce domaine est peu représentatif du système militaro-industriel puisque l'emploi de ces appareils est de la responsabilité de l'armée de terre, très éloignée des ingénieurs et des industriels de l'aéronautique.

On retrouve également l'influence du lobby dans l'exportation de matériels aéronautiques militaires. Les ventes à l'étranger connaissent leurs premiers succès dès le début des années 1960.

Elles se développent ensuite rapidement jusqu'en 1985. Elles intéressent les hélicoptères d'Aérospatiale, mais surtout les avions de Dassault dont elles ont représenté jusqu'à 70 % du chiffre d'affaires, constituant une énorme source d'enrichissement.

Il faut savoir qu'elles font l'objet d'une attention particulière du ministère, en particulier de la DGA, qui leur octroie non seulement une large panoplie d'aides, d'assurances, d'avances remboursables, d'assistance à la commercialisation, mais aussi le financement de versions d'avions uniquement destinés à l'exportation. C'est en particulier le cas des Mirage F-1, dont les achats par l'Irak assurent en 1989 la survie de Dassault. L'armée de l'air française sera même contrainte d'en acquérir contre son gré (ils ne correspondent pas à ses spécifications) pour servir de caution à l'exportation. Elle apporte d'ailleurs elle aussi un appui aux ventes à l'étranger, en prélevant sur ses stocks, en acceptant des reports de livraison, en assurant la formation des personnels. Elle est même allée en 1984, dans le cas de la location de Super-Étendard à l'Irak, jusqu'à fournir une assistance dans la conduite des opérations de guerre, se plaçant ainsi dans une situation de quasi belligérance.

La chute des ventes à l'étranger amorcée en 1986, et que la conjoncture internationale peut accentuer durablement, ouvre néanmoins une période de crise grave pour les exportations aéronautiques militaires, et crée pour les firmes, surtout pour Dassault, une situation critique.

En ce qui concerne la coopération transnationale dans les programmes militaires, l'exportation révèle une grande incohérence entre les différentes firmes. Pour ses avions de transport, ses missiles et ses hélicoptères, l'Aérospatiale mène depuis vingt ans une politique de collaboration européenne (Angleterre, Allemagne), de vente de licences et de participation à des sociétés étrangères (Brésil, Indonésie...). Bréguet s'était engagé avant son rachat par Dassault dans une coproduction avec les Anglais (Jaguar).

En revanche, dans le domaine important des propulseurs dont la disponibilité constitue un facteur décisif pour la définition d'un programme aéronautique, c'est une tout autre politique qui a été mise en œuvre. Si Turbomeca a fait cavalier seul, la SNECMA a décidé de coopérer avec la société américaine

General Electric pour les moteurs CFM. Ce choix a induit un rapprochement des industries anglaises (Rolls-Royce) non seulement avec des firmes américaines et japonaises, mais surtout avec des intérêts allemands qui apportent le financement. La cohésion anglo-allemande a déjà joué, en 1985, au détriment du Rafale. On peut craindre pour l'avenir la constitution d'un pôle européen sans la France et une disqualification durable au plan européen des motoristes français dans le domaine des réacteurs de forte puissance, ce qui hypothéquerait sérieusement la compétitivité de l'industrie française.

Dassault s'est, lui, toujours farouchement opposé à la coopération transnationale, sauf évidemment en sous-traitance sous son contrôle. Il met en avant la difficulté et le coût de programmes impliquant plusieurs firmes responsables. Nous verrons, dans le cas des programmes civils, le caractère particulièrement spécieux de cette argumentation. En vérité, ce refus de coproduire relève à la fois de l'égocentrisme technique, de la volonté de contrôler seul le cycle complet de fabrication, et surtout du désir de protéger ses sources d'énormes profits.

Ce manque de cohérence souligne l'incapacité de la DGA à faire prévaloir une politique internationale cohérente face à des firmes aéronautiques qui réagissent en fonction d'intérêts particuliers et, dans certains cas, à courte vue. Il affecte l'industrie des avions de combat, en particulier au moment où l'évolution vers l'Europe économique et technologique s'accélère. Cela peut avoir les conséquences les plus graves sur les firmes aéronautiques. La détente Est-Ouest et l'apaisement de tensions régionales ont toutes chances d'amplifier encore ce phénomène. Seule une coopération européenne est susceptible d'en pallier les effets. Elle permettrait de trouver dans les besoins des douze partenaires une échelle suffisante pour assurer la rentabilité des programmes en même temps qu'elle faciliterait l'interopérabilité entre leurs armées. Le moins qu'on puisse dire est que la politique menée ces dernières vingt-cinq années, en particulier par Dassault, n'a rien fait pour préparer l'avenir.

Je voudrais ici évoquer certains faits peu connus de l'histoire de l'aéronautique civile à même d'apporter un instructif contrepoint. A la fin des années 1940, la direction générale d'Air France fut soumise à une pression très vive des pouvoirs publics et notamment de la Direction technique de l'air pour acquérir le quadrimoteur Armagnac, de fabrication française, au lieu des appareils américains DC-4 et Constellation. Son manque de compétitivité et son prix de revient trop élevé étaient pourtant bien connus. Il fallut toute la combativité du président Hymans et du directeur général Ziegler — dont j'étais l'adjoint —, s'appuyant sur l'encadrement de la compagnie, pour résister. Si Air France avait été truffée d'ingénieurs de l'Aéronautique, j'ai l'intime conviction que les effets d'influence et de connivence nous auraient contraints à exploiter l'Armagnac. Et je n'hésite pas à dire que dans une telle occurrence, la position internationale d'Air France aurait été sévèrement et durablement affectée, surtout sur les long-courriers.

La même situation se reproduisit au début des années 1950 avec le Bréguet 940 Deux-Ponts au sujet duquel nous eûmes des séances homériques avec le ministre Buron. Mais il s'agissait d'une situation moins critique car c'était un court-courrier que nous pouvions exploiter sur les lignes moins compétitives de Méditerranée. Nous acceptâmes finalement, moyennant une subvention, ce qui veut dire que l'État finançait à la fois la fabrication et l'exploitation.

Nous fûmes à nouveau, à la fin des années 1960, soumis à la pression conjuguée des pouvoirs publics et de Dassault pour l'avion Mercure. Nos évaluations faisaient à nouveau ressortir son inadaptabilité et sa non-rentabilité. Je me souviens des réunions où les dirigeants d'AMD — qui avaient spécialement recruté à cet effet un directeur général adjoint d'Air France comme ils le faisaient pour les ingénieurs d'État et les militaires — montraient surprise et irritation croissantes devant notre résistance. A quelles interventions de haut niveau ne nous sommes-nous trouvés soumis ! Nous réussîmes à ne pas acquérir l'avion, mais Air Inter, qui n'avait pas le même poids que nous, fut obligé de l'exploiter, là aussi avec une subvention. On sait que, finalement, le Mercure ne fut construit qu'à dix exemplaires, échec qui signa la disparition de Dassault du marché des avions de transport aérien.

L'expérience la plus instructive concerne cependant Caravelle, Concorde et Airbus. Le premier appareil, dont l'initiative est due à un président de Sud-Aviation, Hereil, commerçant et non technicien, a connu un succès commercial malheureusement limité puisqu'il en fut vendu 290 exemplaires. C'est qu'il lui a manqué ce que les constructeurs américains ont toujours assuré, l'évolution continue du matériel, la constitution d'une famille d'avions. Lorsque la question s'est posée, au début des années 1960, d'en développer des versions successives, celles-ci se sont trouvées en compétition, au plan du financement, avec le projet du supersonique commercial Concorde, préféré au Super-Caravelle dont la commercialisation fut dès lors interrompue.

Le projet Concorde avait tout pour plaire au gouvernement du début des années 1960 : le gaullisme triomphant venait de mettre en route la force de dissuasion, le paquebot *France,* le plan Calcul. Ces éléphants blancs, qui retiennent l'attention des pouvoirs en mal de grandeur, présentent aussi de grandes vertus, tant pour les ingénieurs dont ils satisfont l'égo technique, que pour les pilotes dont ils assurent la gloire éphémère. La conjonction de l'autoritarisme politique et du triomphalisme technologique fit son œuvre. Peu importait que le coût du développement fût sous-estimé — il allait être multiplié par 17 ! Peu importait que ses performances fussent insuffisantes — sa capacité d'emport et son rayon d'action seraient significativement inférieurs à la prévision ! Peu importait que sa fabrication présentât de nombreux aléas — son prix de revient, grevé par l'existence de deux chaînes, l'anglaise et la française, fut beaucoup plus élevé que prévu ! Peu importait même qu'il soulevât de très sérieux problèmes d'environnement — l'organisation internationale de l'aviation civile (OACI) interdit, à cause des effets du bang sonique d'un appareil de cette taille, tout survol supersonique des régions habitées, ce qui limite de façon drastique et définitive son champ d'exploitation.

Peu importait surtout qu'Air France fût, dès l'abord, très réservé. Ses dirigeants firent tout de suite part au gouvernement des plus expresses réserves. Il nous apparaissait que l'utilisation du Concorde ne cadrait pas avec la stratégie de l'entreprise, qu'il ne permettrait que des dessertes de superpremière classe sur des routes aériennes très limitées, alors que le trafic connaissait une démocratisation croissante avec les bas tarifs et les charters.

Concorde constitue effectivement une anomalie historique, car il est le premier et le seul avion nouveau dont le prix au siège-kilomètre — c'est le paramètre économique significatif — accusait une augmentation marquée. Tous les appareils conçus depuis 1920 abaissaient le prix de revient d'exploitation, permettant des réductions du prix des places et entraînant donc la généralisation et la démocratisation des voyages aériens. Concorde cassait cette logique essentielle. Mais la logique est têtue et la sanction ne s'est pas fait longtemps attendre. L'exploitation, prévue à l'origine avec l'Amérique du Nord et du Sud, fut rapidement limitée à Paris-New York, où le Concorde transporte toujours la même clientèle, celle qui peut payer un surtarif considérable. Seuls huit exemplaires en ont été fabriqués, dont les frais ont été supportés par la collectivité nationale qui subventionne aussi leur exploitation. Concorde restera une remarquable réussite technique, mais un retentissant échec économique et commercial. S'il avait été en revanche conçu comme un gros bombardier supersonique, l'absence de sanction économique n'aurait pas permis de dénoncer son inadaptation. Sa fabrication aurait été poursuivie et un concert de louanges se serait élevé dans les rangs de l'armée de l'air. Je ne peux m'empêcher de sourire quand j'entends parler de Super-Concorde : il faudrait d'abord régler le problème du survol supersonique des terres habitées. Il faudrait aussi réaliser un moteur économique d'une poussée suffisante, ce qui exigerait un gigantesque investissement dont la rentabilité serait hautement aléatoire.

Le rapprochement avec ce qui s'est passé aux États-Unis souligne combien de « grands programmes » comme Concorde relèvent d'un mal français. Son équivalent américain, le « *supersonic transport* » (SST), était, en 1970, énergiquement poussé par l'administration Nixon alors au faîte de sa puissance, vigoureusement supportée par le lobby de l'industrie aéronautique, en particulier par Boeing. Si les organisations écologistes ont protesté, c'est en définitive le Congrès américain qui a tué le programme en refusant, pour des motifs exclusivement économiques, d'en voter les crédits de développement. Bel exemple de catastrophe qu'un contrôle démocratique peut éviter en s'opposant au pouvoir exécutif actionné... ou manipulé, par les ingénieurs et les industriels.

Quel abîme sépare Concorde d'Airbus ! Ce dernier est conçu, en 1967, sous l'impulsion d'Henri Ziegler, qui sera le premier administrateur gérant d'Airbus Industrie en même temps que le président d'Aérospatiale. L'Airbus vise à répondre à la stratégie et aux besoins de développement du transport aérien. Il est réalisé dans le cadre d'une coopération européenne entre six pays, pour laquelle est constitué le GIE Airbus Industrie, chargé de la coordination et de la commercialisation et dans lequel Français et Allemands détiennent à parité 78 %. Les erreurs de Caravelle ne sont pas répétées, puisque Airbus-Industrie va développer une famille de versions successives qui maintiennent le produit à la pointe de la technologie commerciale. Il en est ainsi vendu fin 1989 près de 1 500 exemplaires, et tout indique que le carnet de commande continuera de se remplir. Il a cassé le monopole de fait que les Américains — Boeing et McDonnell-Douglas — étaient en train de s'assurer. Son succès sur un marché très concurrentiel souligne le caractère fallacieux de l'argument fondé sur la non-compétitivité d'avions fabriqués en coopération.

Le rapprochement des expériences de Caravelle, de Concorde et d'Airbus est fort instructif. Il souligne combien, en l'absence de sanctions économiques ou stratégiques, de coûteux programmes peuvent être entrepris et poursuivis. Il montre l'impasse à laquelle peuvent mener des projets mal adaptés dont les charges de développement et de réalisation obèrent l'économie nationale au détriment d'autres projets qui assureraient au contraire les bases de son essor. Ce parallèle constitue un modèle qui fait comprendre une des raisons du retard économique français. Et ce constat s'applique avec une grande pertinence à des programmes militaires dont le manque d'efficacité stratégique ne justifie pas les coûts de développement et d'acquisition.

Ce rapprochement délivre un autre enseignement essentiel. Airbus a lié entre eux les partenaires européens, en particulier l'Allemagne et la France, ainsi engagées dans une réalisation couronnée de succès. Concorde constituait au contraire un cul-de-sac coûteux qui écartait les Français et les Anglais de la recherche d'un prolongement. Il me paraît très vraisemblable qu'en l'absence d'Airbus, l'Allemagne se serait lancée dans une politique autonome et impérieuse de construction aéronautique civile. Le succès d'un Airbus en coopération l'en dissuade. On mesure ici la force du lien qui peut nouer une démarche réussie de coopération. On prend conscience que la multiplication de telles solutions aurait pu contribuer à la construction de l'Europe économique, à celle des industries d'armement et donc, en définitive, à l'intégration politique et de défense.

Ces développements sur l'aéronautique civile me fournissent

l'occasion d'une digression sur l'idée reçue qui veut que les développements technologiques militaires aient des retombées civiles, thèse proclamée et largement diffusée par les chantres du complexe militaro-industriel.

Il n'est pas question de nier qu'il existe des plages de recouvrement entre technologies aéronautique, militaire et civile. Certaines études théoriques et certains essais, en particulier dans le domaine aérodynamique, leur sont communs et confiés en France à un organisme public, l'ONERA. Le cas des propulseurs peut aussi être cité. Ils conditionnent la définition et les performances d'un programme d'avion, encore que les plages de puissance pour avions civils et militaires soient rarement communes. Le cas des hélicoptères mérite aussi d'être noté. Le marché civil en reste toutefois très limité, à la seule exception du secteur étroit des plates-formes off-shore.

Mais il n'existe que très peu de points communs dans la définition des avions civils et militaires. Les axes d'étude et de développement de Dassault et d'Aérospatiale ne se recoupent pratiquement pas. Les deux bureaux d'étude s'ignorent presque complètement, leurs inspirations techniques procèdent de cheminements tout à fait étrangers l'un à l'autre. L'expérience acquise par Dassault dans les petits supersoniques militaires n'a pratiquement été d'aucune utilité pour le développement par Aérospatiale de Concorde. Si Dassault a réussi dans la gamme des avions de la famille Mystère, l'entreprise a par contre subi un échec cuisant lorsqu'elle a tenté de s'introduire sur le marché civil avec Mercure. Même dans le domaine des équipements — électroniques ou conduite de vol, en particulier — les besoins et les performances nécessaires des matériels civils et militaires sont trop différents pour qu'il existe des rapprochements significatifs.

L'aéronautique constitue bien un cas d'école pour l'objet de cet essai. Elle forme un système clos où se côtoient et interagissent utilisateurs de haute technicité, concepteurs de technologies avancées et industriels de pointe. L'importance des stratégies et des intérêts en jeu y a créé un type nouveau de relations entre les acteurs de la défense. C'est aussi dans le domaine aéronautique que s'est affirmé, d'abord aux États-Unis, le complexe militaro-industriel dénoncé par le président Eisenhower. Mais l'influence des ingénieurs de l'aéronautique, l'absence de concurrence, le monopole conféré à des sociétés privées, les nombreux passages du secteur public aux firmes, donnent à la version française son caractère spécifique. Les problèmes sont traités et les décisions prises grâce à de nombreux circuits informels et feutrés, où comptent principalement les effets d'influence et de connivence, et qui imposent leurs options au pouvoir politique.

La dialectique entre stratégie et technologie est fréquemment faussée soit par la prééminence des concepteurs, soit par l'influence des industriels, soit enfin par leur connivence avec les utilisateurs. L'autorité de l'exécutif est souvent mise en défaut ou même détournée. Le contrôle de la branche législative est inopérant ; celui du judiciaire inexistant. Chaque entreprise jouit d'un monopole dans son secteur. La concurrence est remplacée par le jeu des actions occultes et des liens tissés entre différents acteurs. Les coûts pour l'État sont considérables. Les profits qu'en retirent les intérêts privés sont exorbitants, et financés par la collectivité nationale qui supporte aussi tous les risques techniques, commerciaux et financiers.

Si depuis 1950 les réalisations ont pu être facilitées par ces caractéristiques de l'organisation militaro-industrielle, les risques de dévoiement et d'échec sont maintenant à la mesure des puissances que ces succès ont induites. Le temps est venu, dans ce domaine, d'introduire des systèmes de décision et de contrôle qui fassent éclater les habitudes d'une machine trop bien rodée.

CHAPITRE 2

LE LOBBY NUCLÉAIRE

Noël 1954, Pierre Mendès France, président du Conseil, convoque au Quai d'Orsay — car il est aussi ministre des Affaires étrangères — une réunion pour examiner la question d'une éventuelle bombe atomique française. Toute la technocratie compétente est là, en particulier Francis Perrin, haut-commissaire et Pierre Guillaumat, administrateur général du Commissariat à l'énergie atomique, entourés des hauts fonctionnaires de cet organisme. Le CEA a été créé par de Gaulle en octobre 1945, moins de trois mois après Hiroshima. Mendès France considère le problème de l'armement nucléaire comme de la plus haute essence politique. Il souhaite se faire une opinion sur ce sujet et veut entendre à cet effet les hommes les plus compétents.

Cela fait d'ailleurs quelques mois qu'il s'est fait communiquer des indications techniques. Il a déjà tenu une première réunion deux semaines plus tôt avec les mêmes hommes, à qui il a demandé que lui soient précisé quels axes de recherche atomique répondent à des objectifs exclusivement militaires. Curieusement, les trois personnes représentant le CEA, Guillaumat, Perrin et Goldschmidt, veulent quelques instants pour se concerter. Après avoir discuté à voix basse dans un coin de la salle de réunion, ils reviennent et affirment que le CEA procède bien au développement de réacteurs au plutonium mais ne conduit aucune recherche de nature militaire. Mendès France comprend qu'il existe une distinction nette entre les réacteurs au plutonium « pacifiques » et le développement de la bombe atomique. On omet de lui préciser que ces réacteurs produisent la matière fissible qu'il suffit ensuite de placer dans une enveloppe conventionnelle pour fabriquer la bombe.

Le 25 décembre, le président du Conseil revient à la charge ; il veut savoir si la France peut ou non se doter d'un armement nucléaire. Il presse le groupe de questions. La réunion se termine fort tard. Ses conclusions seront fort diversement interprétées. Alain Peyrefitte, alors ministre de la Recherche, parlera de « décision sous hypnose » ! Mendès France, interrogé quelques années plus tard, niera énergiquement avoir pris ce jour-là, ou plus tard, la décision de fabriquer la bombe. Il affirmera qu'il s'est alors borné à ne pas écarter la possibilité d'une décision ultérieure. Il a en conséquence prié le CEA de poursuivre les recherches fondamentales qui pourraient se révéler utiles. En tout cas, aucun procès-verbal, aucune directive écrite ne manifeste d'orientation dans ce sens sur un sujet intéressant au plus haut niveau la sécurité nationale.

Pourtant, Guillaumat interprète la réaction de Mendès France : les documents d'archives du CEA notent que la réunion a non seulement conclu sur les orientations de recherche, mais qu'elle a autorisé la « préparation d'un prototype nucléaire ». Il constitue sans délai au sein du CEA, et dans le plus grand secret, le « bureau des études générales », à la tête duquel il nomme, en accord avec le ministre de la Défense, un officier parachutiste alors en poste en Algérie, le général Buchalet. Et il y affecte le seul scientifique de haut niveau favorable à la bombe, Yves Rocard — le père de Michel —, contournant ainsi l'opposition qu'il sait exister dans le groupe des savants atomistes réunis autour de Francis Perrin.

Immédiatement après la chute de Mendès France, en février 1955, et avant même que son successeur Edgar Faure — qui n'est pas favorable à la bombe atomique — ne soit installé, Guillaumat multiplie les initiatives. Il obtient secrètement du nouveau ministre de la Défense Koenig, et du ministre délégué à l'énergie atomique Palewski, un transfert confidentiel de crédits du ministère de la Défense au CEA, dont le budget se trouve ainsi doublé pour la réalisation du troisième réacteur au plutonium. Cela n'empêche pas le président du Conseil de déclarer en juin à l'Assemblée nationale que le gouvernement n'a pas l'intention de se doter d'un armement atomique, ni même d'engager des études à cet effet. Pendant toute cette période, Guillaumat tient le général de Gaulle régulièrement informé par l'intermédiaire d'Olivier Guichard, attaché à la direction du CEA. Il en reçoit de vifs encouragements, « j'ai besoin de la bombe pour m'asseoir à la table des grands », lui transmet de Gaulle.

Après les élections de février 1956, une nouvelle majorité de Front républicain amène à la tête du gouvernement le socialiste Guy Mollet. Il sera assisté un temps par Mendès France comme vice-président. Le leader socialiste a fait campagne contre la bombe atomique et souhaite d'abord mettre un terme aux travaux du CEA. Il en est empêché par une menace du groupe gaulliste dont le soutien lui est nécessaire, et avec qui il doit composer. Puis, après le choc de l'accueil reçu en Algérie et surtout après le traumatisme, en septembre, consécutif à l'humiliation de Suez, Guy Mollet bascule. Il a été préparé à ce retournement par les présentations qui lui ont été faites en mars et juillet 1956 par le général Gallois, lequel expose les mêmes éléments à de Gaulle en avril. Guy Mollet autorise un nouveau protocole entre le ministère de la Défense et le CEA. Il crée, en décembre 1956, un comité des applications militaires de l'énergie atomique composé de hauts responsables de la Défense et du CEA. Les objectifs et les attributions sont arrêtés, le programme, maintenant clairement militaire, est sur les rails. Il fera finalement l'objet d'une décision formelle, prise en avril 1958 par le dernier président du Conseil de la IVe République, Félix Gaillard qui, alors mis en minorité à l'Assemblée, expédie les affaires courantes. Dès lors se trouve engagé le processus qui mènera à l'explosion de la première bombe au Sahara en février 1960. Le haut-commissaire Francis Perrin refusera d'y assister, dénonçant ainsi la manipulation dont les scientifiques du CEA ont été victimes.

Cet aboutissement, qui illustre le caractère prégaullien de la IVe République, n'est pas le fruit du hasard. Il a pourtant suscité l'indifférence et souvent l'hostilité de la quasi-totalité des hauts responsables militaires, à l'exception de quelques généraux hétérodoxes, comme Gallois, Beaufre, Ailleret ou l'amiral Castex. Il est le résultat de l'action déterminée du groupe de direction du CEA composé depuis 1951, après l'élimination du haut-commissaire Frédéric Joliot-Curie, d'ingénieurs administrateurs qui en ont pris le contrôle sous le leadership de Pierre Guillaumat.

Ce groupe est, dès l'origine, motivé par une double conviction : la nécessité pour la France de disposer d'un armement nucléaire, et la certitude de l'avènement d'une nouvelle ère, énergétique sinon économique, dominée par la puissance de l'atome. Le CEA s'engage donc vigoureusement, dès son premier plan quinquennal, dans la réalisation de deux réacteurs de forte puissance pour lesquels a été choisi le plutonium. Les réacteurs permettent la production en quantité suffisante de la matière fissible nécessaire à la fabrication de la bombe. Certains ingénieurs reconnaîtront plus tard que cette possibilité « occupe les esprits dès l'origine ». Le groupe a progressivement marginalisé les scientifiques qui, autour de Joliot d'abord, de Perrin ensuite, sont hostiles ou seulement réservés sur les applications militaires. Il a profité de la paralysie de décision des gouvernements de la IVe République, déchirés par le régime des partis, pour pousser, avec le soutien secret des dirigeants du Parti gaulliste et à l'insu des instances politiques et militaires responsables, les préparatifs de la bombe atomique.

C'est d'avril 1955 que date la création par arrêté de la commission consultative pour la production d'électricité nucléaire, plus brièvement désignée par les quatre initiales PEON. Elle est chargée de « donner son avis sur l'étude, la réalisation et l'exploitation des moyens de production d'électricité d'origine nucléaire ». De fait, elle va constituer le lieu où s'élaboreront toutes les décisions importantes sur les applications civiles de l'atome. Elle constitue une structure originale où siègent de concert des hauts fonctionnaires représentant les ministres de l'Industrie, du Commerce, de la Défense (le délégué ministériel puis général à l'Armement à partir de 1962) de l'Économie et des Finances (après 1967), les dirigeants du CEA et d'EDF, mais aussi les patrons des grosses firmes intéressées par le nucléaire. Ainsi se trouve créé un lien étroit entre secteur public et intérêts privés. La symbiose des domaines civils et militaires du nucléaire, étroitement associés tout au long des décades suivantes, est institutionnalisée.

A la même époque (juillet 1956), et dans le cadre du mouvement vers la construction européenne qui a déjà donné naissance au CEA et qui conduira au traité de Rome de 1957, est discutée à l'Assemblée nationale la création de l'EURATOM, organisation qui doit regrouper six pays européens pour mener des recherches à partir de moyens financiers conjoints. Dans une procédure exceptionnelle, deux hauts fonctionnaires sont appelés à s'exprimer pour rassurer les députés. Il s'agit du haut-commissaire Francis Perrin et de Louis Armand, président du comité d'équipement industriel qui jouit d'une grande autorité morale dans les sphères de la haute technocratie. Curieusement, leurs discours ne convergent pas. Perrin plaide pour l'indépendance technologique qui évitera de devoir acheter des brevets extérieurs, c'est-à-dire américains, Armand souligne l'économie d'échelle que permettra le cadre européen fécondé par le génie inventif français. Tous deux sont préoccupés par l'acquisition de la maîtrise technologique, mais ils en tirent des conséquences divergeantes ; le premier souhaite une « Europe minimum », l'autre une « Europe maximum ». C'est le heurt de deux logiques qui se sont déjà opposées au sein du CEA et que nous verrons s'affronter à nouveau en matière nucléaire. Les événements des décades suivantes montreront le caractère illusoire de ce débat. La coopération européenne ne débouchera en définitive que sur le CERN (Centre européen de recherche nucléaire) dont les recherches de haut niveau aboutiront à un accélérateur géant de particules (LEM), inauguré en 1989. Ses quatre départements seront dirigés par des scientifiques, curieusement deux Américains et deux Italiens !

Ainsi s'installe, dans les dernières années de la IVe République, le groupe qui va régner sur les affaires nucléaires. Il s'agit pour l'essentiel d'un petit nombre d'hommes, une trentaine en tout, formant un groupe stable, capable d'influencer de façon décisive les responsables politiques et militaires sur les orientations en matière atomique. Ils sont tous membres de deux confréries : le corps des Mines et le corps des Ponts-et-Chaussées. Leur père spirituel est Louis Armand.

Le noyau central est formé d'ingénieurs des Mines, les forts en thème de l'élite polytechnicienne, le produit le plus sophistiqué de la technocratie à la française. Leur ambition est de servir l'État mais, forts de leurs capacités, en lui imposant leurs solutions. Le terrain vierge du nucléaire se prête merveilleusement à l'affirmation de leur foi et de leur supériorité scientifique et technique. Il va leur permettre pensent-ils, de modeler une nouvelle politique économique et de défense fondée sur la toute-puissance de l'atome.

Pierre Guillaumat est leur chef de file. Nous l'avons déjà vu à l'œuvre à la tête du CEA. Il deviendra ministre de la Défense du général de Gaulle de 1958 à 1960, avant d'être nommé président de la SNPA, puis d'ELF-ERAP où sa carrière se terminera sur l'épisode peu glorieux des avions renifleurs. Le groupe comprend à l'origine des hauts fonctionnaires et des dirigeants d'entreprise publique (Charbonnages de France, ELF-ERAP...), tous ingénieurs des Mines, mais aussi des cadres supérieurs du CEA (Taranger, l'homme de confiance de Guillaumat; Horowitz, grand maître de la technologie; Goldschmitt). Il s'y ajoutera plus tard des personnalités ayant les mêmes attaches, en particulier Marcel Boiteux, président d'EDF, agrégé de mathématiques, mais que ses activités antérieures assimilent à un ingénieur des Mines honoraire.

Le deuxième noyau est composé d'ingénieurs des Ponts-et-Chaussées également issus de Polytechnique, mais frères ennemis des Mines. Il comprend en particulier les plus importantes personnalités du corps des Ponts, ainsi que les dirigeants d'EDF devenue citadelle de ce corps, certains disent un État dans l'État. Le lobby compte enfin de grands patrons du secteur privé, eux aussi ingénieurs des Mines et des Ponts.

La bombe A américaine qui a clos la Deuxième Guerre mondiale à Hiroshima et Nagasaki était l'aboutissement d'un effort exceptionnel des États-Unis, appuyé par un budget de recherche de 10 milliards de dollars et doté d'une structure exceptionnelle, le Manhattan Project. L'entreprise avait été suivie de près par les plus hautes instances, en particulier le président Roosevelt, et mené dans le plus grand secret. Elle avait été dirigée par le général Groves, qui avait dû arbitrer entre plusieurs technologies (on dira plus tard des filières) développées par des organismes de recherche séparés. La décision que prend Truman, fin juillet 1945, d'employer, sitôt qu'elle serait prête, la bombe A sur le Japon avait déjà rencontré les réticences de certains savants, en particulier quant aux conditions d'emploi. Mais l'homme que les hasards de l'histoire ont porté à la magistrature suprême de la première puissance mondiale n'est pas un président en peau de lapin. Il ne se laisse pas influencer et n'a, semble-t-il, pas de mal à retenir la solution qui, pour lui, va abréger la guerre dans le Pacifique et sauver de nombreuses vies américaines.

Une fois le conflit terminé, Truman est troublé. Il s'entoure d'instances chargées de l'aider à élaborer la politique atomique. Le Congrès se saisit aussi du problème du contrôle de l'énergie nucléaire à l'intérieur des États-Unis et dans le monde. Il s'agit de savoir si le stock nucléaire sera laissé aux militaires ou s'il sera placé sous contrôle civil. Il faut également déterminer l'attitude des États-Unis en matière de coopération internationale. En août 1946, la loi MacMahon est la première législation à régir la politique des États-Unis dans ce domaine. Elle restera le symbole du contrôle civil sur l'atome et créera un embargo sur la dissémination d'informations, même vis-à-vis de l'allié privilégié, la Grande-Bretagne. Les dirigeants américains, Truman en tête, sont alors convaincus qu'ils détiennent pour plusieurs décades au moins le monopole de l'arme nucléaire.

Le déclenchement de la guerre froide en 1947 et, surtout, la première explosion atomique soviétique en août 1949 mettent à bas cet optimisme. Les Russes ont réussi contre toute prévision occidentale. Ils ont élaboré le cocktail auquel ils auront constamment recours pour leur développement technologique, en particulier dans le domaine des armements : concentration exceptionnelle de moyens techniques et industriels (le programme nucléaire est confié à Beria, le grand patron du KGB et du goulag, et conduit par un puissant ingénieur, Boris Vannikov, pendant du général Groves), espionnage industriel (affaires Fuchs et Rosenberg), transfert occulte de technologie, recrutement de savants atomistes allemands, exploitation systématique des sources occidentales de renseignements (en particulier du rapport Smith que les Américains ont cru devoir publier en août 1945 pour informer l'opinion publique, et qui contient des indications inestimables pour l'Union soviétique).

Parallèlement, deux autres pays ont progressé dans la voie des procédés atomiques. La Grande-Bretagne fait éclater une première bombe A expérimentale en 1952, non sans qu'un débat secret ait opposé des scientifiques aux politiques et aux militaires. Sa réalisation est le fait de hauts fonctionnaires agissant dans le secret des procédures de l'administration anglaise. Le Canada, qui a participé dès 1943 à l'effort américain, développe une technologie originale de réacteur à eau lourde.

L'Amérique est réveillée brutalement par l'explosion expérimentale soviétique. Elle connaissait déjà certaines des interrogations qui avaient agité Truman et provoqué l'intervention du Congrès. Le président américain semble avoir été tourmenté par l'idée de prendre, seul, des décisions relatives à l'atome. Cela donne à refléchir lorsqu'on se souvient quel animal de décision était Truman.

La question se pose de la réalisation d'une bombe H thermonucléaire fondée sur la fusion des isotopes de l'hydrogène. Pour les militaires, elle est dans la logique de la stratégie des bombardements d'anéantissement qui s'est imposée à la fin de la Deuxième Guerre mondiale. Le CEA américain est divisé : ses scientifiques y sont hostiles. Un des principaux conseillers du président, le Pr Lilienthal, démissionne avec éclat. Finalement, Truman prend la décision, fin janvier 1950, cinq mois avant le déclenchement de la guerre de Corée, de développer la bombe H. Une chasse aux sorcières s'engage aux États-Unis contre les savants qui manifestent des états d'âme ; elle n'épargne même pas Oppenheimer, le principal inventeur de la bombe A.

La première bombe H expérimentale américaine explose en 1951. Elle sera suivie deux ans plus tard de l'explosion soviétique. Le monde s'engage dans la voie du surarmement nucléaire qui va amener les deux superpuissances à la constitution de stocks et de vecteurs capables de détruire plusieurs fois la planète.

Porté à la présidence en 1952, Eisenhower, particulièrement préoccupé des conséquences de cette course à l'abîme, prend l'initiative, en décembre 1953, de proposer la création d'un « pool atomique international ». L'idée ne se matérialisera jamais et n'annoncera pas le désarmement atomique, comme semble l'avoir espéré Eisenhower, mais elle provoque deux grandes conférences internationales, en 1955 et 1958, sur les utilisations non militaires de l'atome. Les participants discutent des risques liés à la production d'énergie nucléaire, mais c'est pour affirmer leur capacité à les surmonter. Il en résulte une flambée d'enthousiasme dans le monde. Les Nations unies créent une organisation spécifique — l'Agence internationale de l'Énergie atomique (IAEA). L'Allemagne, le Japon, la Belgique, l'Italie, l'Espagne, le Brésil, l'Argentine et l'Inde se dotent d'un CEA venant s'ajouter à ceux existant déjà aux États-Unis, au Canada, en Grande-Bretagne, en France et en Union soviétique. Dans tous ces États, les affaires atomiques sont prises en main, sous couverture gouvernementale, par des groupes de structure variée, en général animés par de fortes personnalités à formation scientifique et technique. Ces différents lobbys nucléaires nouent entre eux des relations suivies à l'occasion de conférences internationales et de contacts de coopération.

Les États-Unis, capitalisant les succès de ces conférences, s'engagent dans la voie d'un vigoureux soutien à l'exportation de réacteurs nucléaires. Les deux firmes américaines — Westinghouse et General Electric — ont développé deux filières coucurrentes, PWR et BWR[1], dont elles promeuvent la vente aussi bien à l'exportation que sur le marché américain. Elles engagent d'abord une grande offensive commerciale aux États-Unis en prenant d'énormes risques financiers, au moyen de contrats clés en main passés à perte. A la fin de la décennie 1960, le rythme de vingt commandes annuelles est atteint. Puis les deux firmes étendent leur action à l'exportation en utilisant les mêmes méthodes.

Les Soviétiques, qui ont participé de manière relativement ouverte aux deux conférences internationales, mènent dans les pays socialistes une politique de dissémination nucléaire beaucoup plus prudente puisqu'ils prévoient des clauses de contrôle, en particulier des matières fissibles. A une énorme exception près : la Chine, qu'ils font bénéficier d'un transfert incroyable de technologies nucléaires. Ils iront même jusqu'à envisager de lui livrer une bombe atomique. En 1960, Khrouchtchev décide de tout arrêter et de rapatrier sans délai les experts soviétiques. Cela constitue à la fois une des principales causes et la plus frappante manifestation de la fracture intervenue entre les deux puissances communistes.

Ainsi s'engagent de nombreuses initiatives d'utilisation pacifique de l'atome et de dissémination nucléaire. Les lobbies nucléaires prononcent ainsi un acte de foi collectif sur les capacités de production énergétique, y compris dans les pays en voie de développement qui ne disposent pourtant pas d'un niveau technologique suffisant pour assurer une exploitation fiable, et dont les structures économiques sont totalement inadaptées à cette forme d'énergie (certains d'entre eux, comme

1. PWR : Pressure Water Reactor ; BWR : Boiling Water Reactor.

l'Inde, en feront la cuisante expérience). La communauté nucléaire internationale ignore ou minimise les risques de sécurité, et les menaces de prolifération.

La France est particulièrement active dans ce mouvement. Les derniers gouvernements de la IVe République, manipulés par le lobby, n'ont pas seulement amorcé la préparation de la bombe et des programmes électro-nucléaires français. Ils sont aussi l'un des acteurs les plus déterminés de la prolifération, en amorçant des transferts de technologies à l'étranger, y compris celles touchant aux applications militaires. C'est d'abord, en 1957, l'accord passé en grand secret entre Bourgès-Maunoury[1] et Adenauer, prévoyant la réalisation conjointe franco-allemande d'armes nucléaires. Il sera dénoncé par de Gaulle dès juin 1958. C'est ensuite l'assistance — tout aussi secrète — à Israël, pour la réalisation à Dimona, dans le désert du Sinaï, d'un réacteur plutonogène qui trouvera, quinze ans plus tard, son équivalent dans la cession du réacteur irakien Osirak.

Sur le plan de la production d'énergie, le lobby nucléaire engage la France, avant même la conférence internationale de 1955, dans la voie de la production d'énergie nucléaire. Un accord passé en 1952 entre Gaspard, alors président d'EDF, et Guillaumat définit les frontières de compétences entre les deux organismes : au CEA, les études de développement et des prototypes, à EDF, l'industrialisation et l'exploitation. Il s'agit curieusement d'une sorte de traité de puissance à puissance ignorant les pouvoirs publics, illustration de l'incapacité du gouvernement à gérer le domaine nucléaire laissé aux décisions des technocrates. Les travaux de la commission PEON s'en trouvent alors facilités. Ses membres n'ont aucune difficulté à se mettre d'accord sur les objectifs de réalisation et de production ainsi que sur les ambitions d'exportation de centrales. Le CEA peut tourner à plein régime. Son deuxième plan quinquennal, arrêté en 1957, intègre sans le dire l'option militaire. Il prévoit la poursuite de l'exploitation des deux centrales au plutonium, la réalisation de l'usine d'enrichissement de Pierrelatte, et la construction à Chinon des réacteurs EDF de technologie française dite graphite-gaz.

1. Bourgès-Maunoury est ministre de la Défense du gouvernement Guy Mollet de février 1956 à juin 1957, puis président du Conseil jusqu'en novembre 1957.

Bien entendu, l'arrivée au pouvoir du général de Gaulle comble les vœux du lobby, car il connaît déjà, du fait d'une longue pratique secrète, les orientations politiques, militaires, et économiques du nouveau président. Les hommes du lobby savent qu'à l'ombre de son prestige, dans la voie de sa volonté d'indépendance, ils vont pouvoir matérialiser leurs ambitions technologiques et leur rêve d'une nouvelle assise pour la France, tant au plan de la défense, que dans les domaines de l'énergie et de l'économie.

Leur attente ne sera pas déçue. Sitôt aux affaires, de Gaulle ne laisse aucun doute sur la politique de défense qu'il entend suivre. Il affirme l'indépendance nationale, se dégage progressivement des organes intégrés de l'OTAN et adopte une politique de défense ayant comme clé de voûte la force de dissuasion basée sur la bombe atomique et les vecteurs nécessaires. Il confirme le programme d'essais de la bombe déjà en route, qui débouchera sur la première explosion expérimentale en 1960. La première loi quinquennale de défense, préparée dès 1958 sur la base des actions déjà engagées au cours des années 1950, essentiellement en matière nucléaire et aéronautique, précise les étapes de mise en place de la force de dissuasion qui sera opérationnelle dès 1965 avec la bombe atomique et le Mirage IV.

C'est, on le voit, un programme très ambitieux qui prend place dans ce mouvement de nationalisme exacerbé et de triomphalisme technologique caractéristique des premières années de la Ve République, avec Concorde, le paquebot *France,* le plan Calcul...

Le lobby nucléaire semble en passe d'atteindre ses objectifs. Il a contourné les instances politiques de la IVe République, et mis en marche les recherches et essais débouchant sur l'atome civil et militaire. Il a imposé ses orientations aux responsables militaires, a pris l'initiative d'ambitieux programmes civils, a fait preuve d'activisme dans la dissémination internationale, et, enfin, a ignoré ou dissimulé les risques que recelaient ces entreprises. Le général de Gaulle a embrassé toutes ses vues. Il l'a même couronné en nommant son chef de file, Pierre Guillaumat, ministre de la Défense.

Mais les années 1960 voient les premiers nuages accompagner les premières réalisations, Louis Armand, chantre de l'indépendance technologique en 1955, avait signé en 1957, avec ses associés allemands et italiens d'Euratom, un rapport qui prônait « une étroite association entre les États de l'Euratom... » qui, « pour obtenir dès le départ des progrès rapides... », devaient « soit acheter certains réacteurs aux États-Unis, soit les construire sous licence ». Pensait-il déjà à la présidence de Westinghouse France, à laquelle il accédera quelques années plus tard ?

C'est de 1960 que date le divorce entre le CEA et EDF, dont la commission Peon sera le théâtre. La lune de miel a duré huit ans, mais elle ne résiste pas au heurt des intérêts des deux entreprises et des analyses stratégiques de leurs dirigeants. Le CEA préfère une progression plus lente et la collaboration intime avec les industriels ; EDF souhaite des sauts techniques plus rapides, le passage aux grosses puissances et la mise en concurrence des fournisseurs. Le CEA privilégie la technologie, EDF l'économie. Le premier bénéficie d'un statut exorbitant qui lui ouvre l'accès aux plus hautes instances politiques ; la seconde réagit en industrielle et en commerçante. Et puis, il y a l'affrontement des volontés de puissance de deux organismes forts et autonomes, exacerbé par les ambitions de deux corps concurrents : les Mines et les Ponts.

Ce conflit s'envenime avec le problème du choix des filières et devient de plus en plus violent à mesure que s'intensifie la pression de la concurrence internationale, initiée par les firmes américaines. Le CEA défend évidemment la filière française, dite graphite-gaz, dans le droit fil du discours Perrin-Armand-Guillaumat des années 1950 sur l'indépendance technologique. Il espère aussi s'en servir pour étayer une politique d'exportation de centrales et de licences. EDF souhaite l'adoption de la filière PWR de Westinghouse, qu'elle considère comme plus rentable et dont elle constate le succès sur le marché mondial. Elle espère réaliser ainsi des économies d'échelle, et diminuer les coûts d'acquisition et d'exploitation.

Le gouvernement est longtemps incapable d'arbitrer le différend. Il est singulièrement désarmé face aux techniciens des deux bords qui pratiquent à son égard la même rétention d'informations et d'évaluations que sous la IVe République. Cela montre à nouveau où se situe le vrai pouvoir de décision. En 1967, le général de Gaulle, sur la lancée de sa politique de grandeur et sous l'influence des technocrates du CEA, tranche en confirmant le choix de la filière française. Mais en même temps, sur l'insistance de Michel Debré, il décide de rompre le tête-à-tête conflictuel des nucléocrates en faisant entrer à la commission Peon deux représentants du ministère des Finances. Cette modification dans la composition de la commission oblige rapidement à une remise en cause des éléments d'évaluation.

Dès 1968, un rapport de la commission Peon fait apparaître un avantage marqué de rentabilité et de compétitivité de la filière américaine PWR sur la filière française. Sitôt de Gaulle parti, après le référendum d'avril 1969, il faut se rendre à l'évidence : la filière française conduit à une impasse technico-économique dénoncée publiquement en octobre 1969 par le président d'EDF, Marcel Boiteux. La décision prise dès lors de l'abandonner et de passer à un premier programme de centrales PWR signe l'échec de la politique menée depuis quinze ans à l'initiative du CEA. Dans le même temps, celui-ci passe de la tutelle du Premier ministre à celle du ministre de l'Industrie. Ce retournement illustre le mirage du discours des grands prêtres du lobby nucléaire sur la priorité de l'indépendance technologique et la primauté à donner à la matière grise nationale.

Cette décision débloque une situation que le conflit CEA-EDF avait gelée pendant dix ans. Dès 1970, un premier plan avec centrales PWR est arrêté : 2 tranches à Fursenheim en 1970, 3 autres à Bugey en 1972. Puis le programme électronucléaire s'amplifie, aiguillonné par le choc pétrolier en 1973 : en 1974, engagement de 13 tranches pour 1974 et 1975 ; à partir de 1976, 5 tranches par an avec un objectif d'un potentiel électro-nucléaire très ambitieux pour 1985.

L'organisation de l'industrie nucléaire s'en trouve profondément bouleversée. Les entreprises de la période 1950-1970 cèdent la place aux groupes travaillant sous licence américaine : Framatome (filiale de Creusot-Loire et du Groupe Empain-Schneider), qui détient la licence PWR de Westinghouse ; Alsthom-Atlantique du groupe CGE, qui dispose de la licence BWR de General Electric et ne reçoit de ce fait qu'une faible partie du marché total. La réaction, en 1976, de la COGEMA (Compagnie générale des matières nucléaires), filiale à 100 % du CEA, permet à ce dernier de contrôler l'ensemble du cycle du combustible. Ainsi l'industrie nucléaire française présente-t-elle, au début des années 1980, un très fort degré de concentration, avec une large participation directe du CEA.

Parallèlement à cette évolution, dans la technologie, les programmes et les structures, apparaissent de nouveaux responsables venus rejoindre le lobby nucléaire : André Giraud, polytechnique, Mines, administrateur général du CEA, devient chef de file du lobby (il sera ministre de l'Industrie de 1976 à 1980, puis ministre de la Défense de 1986 à 1988) ; des dirigeants d'entreprises privées dont Ambroise Roux, polytechnique, Ponts-et-Chaussées, président de la CGE ; le général Buchalet, P-DG de Framatome, ancien directeur des applications militaires du CEA (son cas illustre bien, dans le domaine atomique, le mélange de genres que nous retrouverons entre secteur public et intérêts privés au sein du complexe militaro-industriel).

Le programme militaire est en route depuis l'explosion du Sahara en 1960. La France expérimente des bombes A de puissance croissante au cours d'explosions qui sont maintenant organisées à Mururoa dans le Pacifique. A la suite d'une décision prise par de Gaulle en 1963, il est également procédé aux développements qui débouchent en 1969 sur la première bombe expérimentale à hydrogène, devenue opérationnelle en 1975. Aux véhicules pilotes Mirage IV s'ajoutent, à partir de 1970 les missiles sol-sol (SSBS) basés sur le plateau d'Albion : les S-1, modernisés en 1981 avec les S-3 à têtes multiples.

En ce qui concerne la composante océanique, une tentative infructueuse en 1960 va jusqu'à la réalisation d'une énorme coque sous-marine, nécessaire aux réacteurs de filière française. Il faut s'en remettre à la technologie américaine PWR pour construire le sous-marin nucléaire lanceur d'engin (SNLE)... Nouveau pied de nez à l'indépendance technologique... et accroc dans l'autonomie stratégique, puisque l'uranium est d'abord fourni par les États-Unis avec des clauses de contrôle quant à son utilisation. L'opération est conduite par un organe exceptionnel et autonome, entouré du plus grand secret, installé dans les locaux de la direction des applications militaires du CEA et commandé par l'ingénieur de l'armement Chevalier (qui deviendra délégué général à l'armement) sous le contrôle du général Buchalet. On construit d'abord le système M-1, comportant 84 missiles, modernisé en 1983, pour devenir le M-4 à têtes multiples.

Ce que l'opinion publique ignore, c'est que la réalisation des bombes et des vecteurs n'a cessé de faire l'objet d'une coopération secrète avec les États-Unis. Préparée par les contacts dans les états-majors de l'OTAN, cette collaboration a commencé dès la fin des années 1950, lorsque des scientifiques — par exemple Yves Rocard — se rendaient auprès du CEA américain. Ils revenaient avec de précieux renseignements, en particulier sur les matériaux et la géométrie de l'enveloppe de la bombe. Elle s'organise, à partir de 1971, à l'initiative de Georges Pompidou, avant d'être confirmée et étendue par Valéry Giscard d'Estaing. Elle porte sur la miniaturisation des têtes, les techniques de réalisation d'ogives multiples, la sécurité du stockage, en même temps que sur les systèmes de propulsion et de guidage des missiles. Les contacts systématiques sont confiés aux ingénieurs, en particulier André Giraud, alors administrateur général du CEA, et Jean-Laurens Delpech, délégué général de la DGA. La coopération sera étendue après 1981 par François Mitterrand au domaine stratégique et opérationnel.

Les années 1970 apportent de sérieuses déconvenues. Au plan international, la France continue de faire cavalier seul. Elle refuse de signer le traité de 1963 restreignant les expérimentations aux essais souterrains et celui de 1967 sur la non-prolifération. Elle poursuit, sans d'ailleurs beaucoup de succès, une politique d'exportation. Les deux seuls contrats décrochés sont particulièrement dangereux dans leurs conséquences possibles : l'Afrique du Sud en 1972 et l'Irak en 1975. Le réacteur Osirak sera d'ailleurs détruit en 1981 par un bombardement de l'aviation israélienne, décidé par le Premier ministre Begin devant la menace d'armement atomique d'un pays arabe. On reste confondu devant la non-prise en compte des menaces que recèlent ces opérations nucléaires dans des zones particulièrement sensibles.

L'utilisation pacifique de l'atome connaît, après un bref feu de paille consécutif au premier choc pétrolier de 1973, une crise qui démarre en 1975, et que les nucléophiles appellent la seconde période glaciaire (la première, beaucoup moins sérieuse, s'était produite à la fin des années 1960, et avait surtout affecté l'Union soviétique). Les causes en sont multiples : récession économique entraînant une brusque réduction de la consommation électrique, constat que l'énergie d'origine nucléaire est 20 à 25 % plus chère que celle des centrales à charbon, brusque hausse du prix de l'uranium, inadaptation radicale à la forme des économies et à la structure de production des pays du tiers monde, renforcement des oppositions provoquant un resserrement des réglementations et, surtout, apparition de nombreux incidents mettant en cause la sécurité.

Il en résulte un ralentissement considérable des commandes de réacteurs, et même de nombreuses annulations : les fournisseurs américains, durement touchés, changent de politique. La cinquième conférence internationale se tient à Salzbourg dans un climat de crise profonde.

Seules la France et, momentanément, l'Union soviétique persistent. Le programme d'équipement d'EDF double après le premier choc pétrolier, prévoyant que 30 % de la production d'électricité sera d'origine nucléaire en 1985. Il sera certes révisé à la baisse en 1977 du fait des contraintes de financement imposées par le ministère des Finances, mais il restera très élevé et les responsables d'EDF et du CEA continueront de privilégier un ambitieux plan d'équipement. D'où une surcapacité de production qui apparaît dès 1981 et ne cesse de s'aggraver depuis, obligeant à une réduction en catastrophe des mises en service à partir de 1983. EDF, suréquipée et surendettée, envisage en 1989 d'arrêter son programme d'équipement électronucléaire.

Ce sont surtout les problèmes de sécurité qui, à partir de la fin de la décennie 1970, vont bouleverser le paysage atomique et bousculer l'optimisme des nucléocrates. Ils ne peuvent pourtant ignorer les effets dévastateurs de la radioactivité.

Sans remonter jusqu'à la période antérieure à la Deuxième Guerre mondiale, qui a déjà eu ses martyrs atomiques (Pierre et Marie Curie et leur fille sont morts de leucémie causée par une exposition prolongée aux rayons X), des alertes sérieuses se sont déjà produites. Puis, c'est Hiroshima et Nagasaki en 1945. En 1953, de larges régions du Nevada et de l'Utah sont contaminées à la suite de la septième explosion américaine à Los Alamos, ce qui conduit les États-Unis à transférer leurs expériences aux îles Marshall, dans le Pacifique. En 1954, une sévère contamination des populations indigènes des îles Marshall et des marins d'un thonier japonais se produit après la deuxième explosion à hydrogène sur l'atoll de Bikini. En 1957, c'est l'accident du réacteur britannique de Windscale. En 1958, l'accident du réacteur soviétique de Kylchym provoque la première prise de conscience des responsables soviétiques, au premier rang desquels le père de leur bombe H, Andrei Sakharov (il s'engage dès lors dans la voie qui le mènera à la dissidence politique), et sera à l'origine de l'acceptation par l'URSS du traité de 1963. En 1963, la disparition dans l'Atlantique du sous-marin nucléaire américain *Thresher* restera inexpliquée. En 1969, l'incendie de l'usine de plutonium de Rocky Flats, dans le Colorado, aux États-Unis, contamine toute la région environnante. En 1973, une fuite de fûts de déchets atomiques a lieu à Hartford.

L'attitude des lobbies nucléaires avait toujours été, jusqu'à la fin des années 1970, de sous-estimer les risques de contamination, puis de désinformer l'opinion publique, voire les dirigeants politiques eux-mêmes. L'analyse des incidents et accidents, ou même les résultats des mesures et observations scientifiques, ont été soit occultés, soit volontairement déformés dans le sens de l'apaisement. Les experts en proie à des troubles de conscience étaient marginalisés et exclus. Aucun débat libre et ouvert n'était tenu, même au sein de la communauté atomique internationale. Aux États-Unis, le pays du « Freedom of Information Act », le gouvernement publiait encore, en 1974, une étude sur la sécurité des réacteurs qui minimisait les risques pour la population, risques qualifiés d'inférieurs à ceux provoqués par les accidents de la route ou le tabac. Ce n'est qu'en 1976 qu'on assiste aux premières prises de position significatives, à des démissions en série au sein de la commission de réglementation nucléaire américaine.

Il existait bien un certain nombre de groupes, dans les pays occidentaux, qui s'efforçaient d'éveiller l'attention sur le risque nucléaire. Mais ils restent, jusqu'à la fin des années 1970, sans réelle influence et sont souvent discrédités par l'étiquette de « paracommuniste » et de « pacifiste ». A partir du milieu de la décennie 1970, ces groupes antinucléaires se renforcent, leurs analyses s'affinent ; des relations internationales s'établissent. Les premières manifestations de masse ont lieu en République fédérale allemande en 1975, à la suite de quoi est décidé l'arrêt de la construction de la centrale de Whyl en Rhénanie. En 1977, 2000 Américains occupent le chantier d'une autre centrale en construction à Seabrook, dans l'État du New Hampshire, juste au nord de Boston.

Il y avait eu aussi, parmi les responsables politiques ou scientifiques occidentaux, des voix pour dire leur inquiétude et proposer des actions de sauvegarde. Un savant de réputation mondiale, Niels Bohr proposa, dès 1944, un contrôle international. Le président Truman se préoccupa en 1946 d'un contrôle des armements atomiques. Il nomma un comité pour étudier les moyens d'empêcher l'utilisation de l'énergie atomique à des fins destructrices et promouvoir son exploitation à des fins pacifiques. Le président Eisenhower lança son plan « Atome pour la paix ». La Grande-Bretagne connut, elle aussi à cette époque, des « objecteurs nucléaires » tel le Pr Blackett, membre du comité consultatif sur l'énergie atomique de Sa Gracieuse Majesté.

Ces démarches, qui se situaient dans la période du monopole américain, n'ont pas résisté à la guerre froide et à l'accession de l'Union soviétique au nucléaire. Elles n'en étaient pas moins significatives des troubles de conscience que connaissaient alors les responsables américains et en disent long sur les conflits personnels qui tourmentaient Harry Truman et l'ancien général Eisenhower. Mais la tension entre l'Est et l'Ouest avait plongé le monde dans une frénésie d'explosions expérimentales atmosphériques et de développements militaro-atomiques.

La crise des fusées de Cuba, en 1963, avait déjà provoqué, chez les responsables américains et soviétiques, une prise de conscience du danger pour l'humanité que représentent les armes atomiques. Mais il faut attendre 1979 pour que l'opinion publique américaine, puis internationale, commence à se mobiliser. En mars, c'est l'accident du réacteur de Three Mile Island. On frise la catastrophe, il faut six jours pour que la situation soit maîtrisée. Se fait alors jour la confusion qui règne chez les spécialistes, accumulant les fausses manœuvres, incapables ensuite, à tous les niveaux de prendre les actions correctives, de déterminer les risques pour la population ou de proposer un plan de secours cohérent.

L'accident a sa réplique soviétique dans la catastrophe de Tchernobyl en 1986. La même situation de fausses manœuvres, de mauvaises réactions et de confusion se reproduit. Mais il s'agit là d'une affaire beaucoup plus grave qui affecte trois réacteurs et se traduit par des émissions de radioactivité provoquant plusieurs dizaines de décès immédiats, probablement beaucoup plus à terme. L'infection d'une large région oblige à évacuer 70 localités, dont des villes importantes, et près de 200 000 personnes. Des nuages radioactifs sont perçus jusqu'en Europe occidentale et en Scandinavie.

Ces catastrophes lèvent le voile sur une situation bien connue des spécialistes, et qui s'était déjà manifestée à de nombreuses reprises par des incidents ou des accidents. Mais, jusque-là, la communauté internationale nucléaire avait réussi à éviter qu'elles fassent l'objet d'une information publique. Elle avait toujours soutenu que les risques de sécurité étaient parfaitement contrôlés. Et le lobby français n'était pas le moins activiste à cet égard [1].

A partir de l'accident de Three Mile Island, le mouvement d'opposition s'amplifie brutalement. Des manifestations antinucléaires monstres ont lieu aux États-Unis, en RFA, en Suisse. La Suède doit recourir à un référendum populaire sur le principe de l'énergie d'origine nucléaire. Le rapport de la commission sur l'accident, qui réclame l'arrêt immédiat de la construction des centrales, provoque une révision radicale de la réglementation américaine et des normes de protection des populations civiles. Toutes les commandes de nouveaux réacteurs sont annulées.

En 1989, la situation nucléaire dans le monde est radicalement différente de celle qu'espérait le lobby. Les espoirs qu'il avait mis dans la prééminence énergétique se sont révélés vains. La commercialisation des centrales ne s'est pas poursuivie. Les pays industriels n'en ont pas retiré les bénéfices escomptés, malgré les augmentations du prix du pétrole. Les pays en voie de développement sont tout à fait conditionnés à les utiliser, et incapables d'assurer un niveau suffisant de sécurité. La dissémination des technologies nucléaires n'a pas servi l'économie civile, elle a au contraire créé des menaces de prolifération militaire. L'opposition des opinions publiques s'est étendue, radicalisée, et constitue maintenant un puissant obstacle au jeu de la dissuasion.

Les responsables des deux superpuissances en viennent en 1989 à amorcer une démarche tenant compte des risques pour l'humanité des armes nucléaires. Ce pas en avant est, du côté américain, dans la droite ligne des préoccupations du président

1. Il faut lire à ce sujet l'enquête très instructive de Philippe Simonnot dont il rend compte dans son livre *Les Nucléocrates* (Presses Universitaires de Grenoble, 1978).

Eisenhower. Du côté soviétique, il est la conséquence lointaine de la crise atomique de Cuba en 1962, qui avait amené les deux grands au bord de l'abîme. Dès lors, les deux grands engageront un processus de rapprochement. Avec d'abord, en 1963, le traité d'interdiction des essais atmosphériques, suivi en 1967, du traité sur la non-prolifération. Nixon amorce avec Brejnev un dialogue qui débouche en 1972 sur le premier traité de contrôle des armements nucléaires (SALT I). Carter poursuit avec SALT II, qui ne sera pas ratifié à cause de la tension consécutive à l'invasion de l'Afghanistan.

Tout indique que les responsables soviétiques ne considèrent plus l'arme atomique comme faisant partie de leurs options stratégiques. Malgré sa rhétorique musclée, Reagan signe avec Gorbatchev, en 1987, le traité INF sur les missiles intermédiaires, et les deux hommes décident d'engager le processus de réduction parallèle de leurs arsenaux stratégiques.

La France a toujours eu dans le domaine nucléaire une position singulière. Elle s'est cramponnée pendant dix ans à sa filière, qu'elle a finalement dû abandonner. Elle a surtout fait reposer sa défense sur l'arme nucléaire qui lui conférait, pensait-elle, un rang et une indépendance dans le monde. Il reste à voir comment elle s'accommodera des bouleversements qui agitent la scène géostratégique et la construction européenne. Elle s'est montrée activiste dès les années 1950, en s'engageant dans la dissémination atomique, en particulier dans des régions stratégiques très sensibles. Elle a entrepris un programme hyperambitieux de production d'énergie électrique qu'elle a prolongé plus longtemps que les autres pays, malgré les signes évidents de son inadaptation. Elle a refusé de signer les accords internationaux de 1963 et 1968, et fut l'une des dernières puissances à connaître les interrogations de l'opinion publique sur les risques et les menaces de l'aventure atomique.

Que d'impasses et d'erreurs de la part de son lobby nucléaire, même s'il a, à son actif, d'honorables réalisations techniques ! Il a pourtant dû en rabattre sérieusement sur ses prétentions d'indépendance technologique !

On est surtout frappé de l'absence quasi totale en son sein des crises de conscience et des débats comme ceux qui ont agité la plupart des autres puissances, y compris l'Union soviétique. Avec quelle tranquillité d'esprit le lobby a-t-il ignoré ou sous-estimé les risques de contamination et les menaces de prolifération ! Avec quel messianisme s'est-il fait le chantre du tout-nucléaire et a-t-il engagé la France dans la voie d'investissements considérables et excessifs ! Et, surtout, avec quelle bonne conscience collective, sans aucune voix dissonante, a-t-elle œuvré pour le développement d'armes nucléaires, même pour celles dont la finalité stratégique pouvait être douteuse !

C'est que le lobby nucléaire français constitue un ensemble fermé sur lui-même, dirigé par des hommes de même formation composant un groupe élitiste et monoculturel. Il dispose d'une structure puissante, le Commissariat à l'énergie atomique, bénéficiant d'une large autonomie, doté d'un statut lui permettant de s'autoréguler et de s'autocontrôler. Il a pu ainsi, tant sous la IVe que la Ve République, influencer et même contourner les responsables gouvernementaux, et rester à l'abri de toute intervention de la représentation populaire.

Le lobby nucléaire constitue une excroissance du complexe militaro-industriel, à qui il fournit ses plus redoutables armes. A ce titre, sa mention a sa place dans cet essai. Nous avons vu comment ses responsables ont dissimulé les risques liés à l'utilisation civile de l'atome, qui n'ont été dévoilées à l'opinion publique qu'après plusieurs décades. Le nucléaire militaire recèle des menaces infiniment plus graves ; son emploi pourrait entraîner des conséquences incalculables pour l'humanité et pour l'environnement. La défense de la France reste pourtant basée sur la dissuasion nucléaire qui repose sur le principe d'une décision par le Président d'une première frappe nucléaire. Peut-on encore aujourd'hui tenir pour crédible que notre pays serait le premier depuis 1945 à utiliser cet arme apocalyptique ? Les citoyens sont-ils près à en subir les dramatiques conséquences ? Peuvent-ils accepter que l'avenir de leurs enfants puissent s'en trouver radicalement altéré ?

CHAPITRE 3

LE MIRAGE DE LA PUISSANCE NAVALE

Mai 1982. La guerre des Malouines entre la Grande-Bretagne et l'Argentine se termine. Elle consacre l'efficacité des sous-marins nucléaires d'attaque anglais qui ont coulé six bâtiments argentins, dont le croiseur *Belgrano.* De leur côté, la marine et l'armée de l'air argentines ont porté des coups sévères aux navires de ligne britanniques grâce aux missiles Exocet de fabrication française. Un an plus tard, la Royal Navy en tire les conséquences ; elle se défait de ses porte-avions devenus trop vulnérables et les remplace par des porte-aéronefs plus légers et moins coûteux, emportant des avions à décollage vertical et des hélicoptères. La Royal Navy a pourtant été maîtresse des mers pendant plus d'un siècle et demi jusqu'à la Deuxième Guerre mondiale, et a conduit au combat des porte-avions.

Mai 1985. La marine française obtient l'inscription au plan quinquennal de défense d'un porte-avions nucléaire de 36 000 tonnes dont le programme sera lancé en 1987. Il s'agit, sur le papier, d'un investissement de 13 milliards de francs — en vérité au moins 55 milliards si l'on tient compte de l'ensemble de la *Task Force* (flotte d'accompagnement) indispensable et des inévitables dérives de coût sur un équipement de cette importance. La Marine française a pourtant livré sa dernière bataille de flotte le 21 octobre 1805, qui s'est terminée par un désastre.

Sa dernière victoire significative remonte en effet au 5 septembre 1781. Ce jour-là, à l'entrée de la grande baie du Chesapeake aux États-Unis, l'amiral Degrasse, tirant bénéfice de plusieurs fausses manœuvres anglaises, réussit avec une force de 24 navires à repousser, à l'issue d'un bref engagement d'une heure et demie, la flotte britannique de 19 vaisseaux. Les jours suivants, il lui interdit l'approche de la côte américaine, permettant ainsi aux troupes de Washington et de Rochambeau, dégagées de la menace d'intervention de la Royal Navy, d'investir la ville de Yorktown. La force terrestre britannique qui s'y est retranchée devra capituler le 19 octobre. Ce double succès, en définitive de faible ampleur militaire et plutôt apparenté à une opération amphibie, va avoir des conséquences stratégiques et politiques de la plus haute importance ; il marque un tournant décisif de la guerre d'indépendance américaine, qui durera encore deux ans mais dont il a considérablement accéléré l'issue.

L'ironie veut que ce succès soit le fait du dernier monarque de l'Ancien Régime dont l'histoire a retenu la faiblesse. Son gouvernement avait d'ailleurs longtemps hésité à intervenir outre-Atlantique, craignant, à juste titre, de fâcheuses conséquences sur les finances déjà chancelantes du royaume. L'opération passera à côté de son objectif puisque l'Angleterre n'en sortira pas durablement affaiblie et ne rompra pas de façon persistante avec son ancienne colonie. Mais l'énorme effort engagé — plus de 2 milliards de livres — contribuera à la crise qui va obliger le roi à convoquer en mai 1789 les états généraux, avec les conséquences que l'on sait.

Richelieu et Louis XIV, qui avaient déjà tenté de construire une efficace flotte de haute mer, avaient dû s'incliner devant la supériorité naissante des Anglais. Et le second soulignera à la fin de sa vie combien la marine a déçu son attente, il se plaindra de l'énorme disparité entre les dépenses engagées et les résultats obtenus. Pour employer un concept du XXe siècle, le rapport coût-efficacité paraît prohibitif.

Mais c'est le premier Empire qui va sceller le sort de la marine. Déjà malmenée sous la République, elle a connu des jours sombres, en particulier en Vendée, à Brest, à Toulon et à Aboukir. La Marine est appelée en 1805 à jouer un rôle important dans le plan conçu par l'empereur pour envahir les îles Britanniques. D'abord par la mise sur pied d'une flottille de 2 000 bateaux chargés d'acheminer à travers la Manche un corps expéditionnaire de 100 000 hommes ; mais surtout dans une opération confiée à une flotte franco-espagnole, visant le contrôle de la mer du Nord et de la Manche pour la traversée de la force d'invasion.

L'une des flottes doit commencer par créer une diversion vers les Antilles, puis poursuivre par un détour pour effectuer sa jonction avec deux autres flottes sorties de Rochefort et de Brest, mouvement qui doit s'achever par la pénétration dans la Manche. La conception de ce plan, qui est de Napoléon, est terriblement hasardeuse, en particulier du fait du rendez-vous des trois flottes au cœur du dispositif naval anglais qui assure le blocus des côtes françaises, et des difficultés tenant au caractère composite de l'ensemble. Mais aucun des amiraux, notamment pas Villeneuve, chargé du commandement opérationnel, ne soulève d'objections. Ils s'attirent d'ailleurs cette formule terrible de Napoléon, qui résume son jugement sur eux : « Le jour où la France aura des amiraux qui voudront mourir, les Anglais seront bien petits. » De plus, l'empereur exige de superviser lui-même l'opération. Celle-ci va se trouver rapidement en difficulté, en particulier à cause des transmissions défectueuses entre le haut état-major et les flottes en mouvement, et de l'absence de renseignements sur les mouvements de la Royal Navy, qui est, elle, constamment informée grâce principalement à un réseau d'espions judicieusement positionnés.

Villeneuve finit par prendre conscience des risques. Son extrême propension à la prudence, certains diront sa pusillanimité, l'amènent à décider d'annuler la dernière phase de sa mission. Il décide de gagner Cadix, en Espagne, avec le contingent espagnol. La flotte anglaise de son côté, sous l'autorité ferme et combative de Nelson, ne relâche à aucun moment sa vigilance et maintient la cohérence de son dispositif, contrairement aux espoirs de l'état-major français de la voir disperser ses forces.

Le dernier acte se noue le 21 octobre 1805. Sommé par Napoléon d'appareiller, Villeneuve, apprenant l'arrivée en Espagne de l'amiral désigné pour le remplacer, a quitté Cadix trois jours plus tôt. La flotte franco-espagnole est attaquée au large du cap Trafalgar par les bateaux anglais. Les équipages britanniques, électrisés par Nelson, appliquent la tactique de rupture perpendiculaire en trois points de la ligne de file des Franco-Espagnols, suivie d'engagements au corps à corps. Au terme d'un violent affrontement de quatre heures, au cours duquel Nelson est mortellement blessé sur la dunette de son navire amiral qu'il n'a pas quittée, la flotte franco-espagnole est anéantie. Dès lors, le débarquement en Angleterre, déjà fortement compromis par la reprise des hostilités sur le continent, est définitivement annulé.

La Grande-Bretagne dispose désormais sans partage de la maîtrise des mers, qu'elle conservera jusqu'au milieu du XXe siècle. Certains, en particulier l'historien Mahan, y verront la base de sa puissance qui s'étend largement sur le globe. En fait, il s'agit partiellement d'une illusion d'optique, car les Anglais ne feront qu'un effort limité pour renforcer ou moderniser leur flotte, du moins jusqu'au début du XXe siècle. Ils se sentiront alors menacés par l'effort d'équipement naval du IIe Reich. L'essentiel de la puissance britannique vient de la force de ses assises et de ses structures financières, mises en place dès le début du XIXe siècle. Elle bénéficie de son avance de plusieurs décades dans l'industrialisation.

L'exploitation judicieuse d'un empire colonial harmonieusement composé, le trafic international assuré par la première flotte marchande du monde, la force de la livre sterling et la position de Londres devenue la première place financière et commerciale constituent les atouts de la Grande-Bretagne. C'est sa fameuse « Cavalerie de Saint-Georges », déjà active au XVIIIe siècle, qui lui permet d'alimenter les affrontements des États d'Europe continentale, la mettant ainsi, jusqu'au début du XXe siècle, à l'abri d'ambitions de leur part dans le domaine naval. Elle va faire le meilleur usage de ces avantages grâce à la qualité de ses services secrets, qui lui permettront d'obtenir les renseignements, d'évaluer les situations internationales ou internes, et de disposer de canaux d'influence. Ainsi elle pourra au mieux conduire ses interventions navales, peser sur le contexte européen et mondial, contrôler avec quelques contingents seulement d'immenses territoires comme le sous-continent indien. Elle pénétrera et manipulera des régions stratégiques au premier rang desquelles le Proche-Orient (point de passage vers le Moyen et l'Extrême-Orient et réservoir de pétrole). Et sa richesse financera aisément les efforts tout compte fait modestes qu'elle fera pour la Royal Navy. Cette leçon mérite d'être méditée et vaut encore en cette fin du XXe siècle où de nombreux pays, et parmi eux les superpuissances, voient leurs richesses, leurs capacités productives et leur compétitivité minées par des charges militaires excessives.

Après Trafalgar, la France renonce à jouer les premiers rôles dans le domaine militaire et cesse de s'illusionner sur sa puissance navale. Sa Marine ne mènera plus, ni ne participera plus jamais, à des combats d'escadre. La bataille de la Chesapeake restera sa dernière victoire dans cette catégorie. La marine a coûté très cher aux finances de la Ire République et de l'Empire pour des résultats médiocres, même dans les opérations de course où les prises sont sans commune mesure avec celles du XVIIe siècle. On ne peut que constater à nouveau le caractère exorbitant du rapport coût-efficacité.

Les enseignements à tirer de ces rappels historiques s'appliquent précisément à l'objet de cet essai. Car le secteur naval a fonctionné très tôt comme un système militaro-industriel, avant même que les effets de la révolution industrielle se fassent sentir.

Dès le XVIe siècle, le vaisseau, qui remplace la galère, combine un navire aux coques améliorées avec une artillerie de grosses pièces débouchant par les sabords. C'est le premier système d'armes véritable jouant à la fois le rôle de plate-forme mobile de tir et de transport de troupes, le produit de deux novations — on peut même dire de deux révolutions — technologiques, l'une dans la fabrication des bateaux et de leurs moyens de navigation, l'autre dans l'introduction de la poudre, des armes à feu et des canons. Et ces améliorations ont rapidement de profondes répercussions sur le plan de la stratégie et des équipements.

Dans le premier domaine, une nouvelle doctrine d'emploi, à l'initiative des Anglais, remplace la ligne de front par la ligne de file. Le choix de cette dernière augmente l'efficacité de l'artillerie, facilite la conduite du combat et diminue la vulnérabilité des navires. Elle subsistera jusqu'à la fin du XVIIIe siècle. La grande stratégie navale qui en résulte, également initiée par les Anglais, s'appuie sur l'affrontement d'escadres et la course, auxquelles s'ajoutera le blocus au XVIIe siècle. Les opérations prennent la forme d'attaque ou de défense de lignes de communication ou de points d'appui, et d'actions amphibies ; elles visent la maîtrise locale ou étendue de la mer. Leur conduite exige des amiraux et des officiers compétents et audacieux, disposant de grandes libertés d'initiative loin du pouvoir central. Les grands pays se dotent de vaisseaux de ligne qui resteront jusqu'au milieu du XIXe siècle la clé de voûte de la puissance navale.

Ces dispositifs lourds mobilisent des moyens et des ressources importants pour la construction, l'exploitation et l'entretien des navires. Les matières premières deviennent des éléments essentiels, même si, venant souvent de loin elles sont difficiles à se procurer. Au total, les arsenaux forment des ensembles considérables qu'on peut qualifier de préindustriels par leurs dimensions et l'organisation qu'ils requièrent. Quant aux équipages de dizaines de milliers de marins vivant et combattant dans un environnement hostile, insalubre et dangereux, ils vont connaître une spécialisation croissante, s'ajoutant à la spécificité marine. Toutes ces données font très tôt de la marine un instrument peu maniable, demandant une coordination étroite entre utilisateurs, concepteurs et constructeurs. Ils en font aussi un ensemble onéreux qui obère les finances de l'État et dont l'efficacité constitue donc un objectif essentiel. La puissance navale s'identifie dès lors à la puissance économique et financière.

Après les efforts importants engagés par Richelieu et poursuivis par Mazarin, Louis XIV met en place le premier système naval puissant et cohérent. Les budgets sont quadruplés entre 1670 et 1690, permettant la construction d'une flotte de 135 vaisseaux, supérieures à celles de l'Angleterre et des Provinces-Unies. Deux ordonnances, de 1674 et 1689, créent un ensemble de bases et d'arsenaux, jettent les fondements d'une construction navale capable de répondre aux besoins nationaux et libérée des contraintes d'approvisionnement étranger.

De véritables bases stratégiques sont constituées à Brest, largement développée, à Toulon, reconstruite, à Rochefort, créée *ex nihilo*. Leur cœur est l'arsenal, ensemble quasi industriel regroupant les moyens de construction, de réparation, d'entretien et d'armement. Il s'agit, pour l'époque, de grosses entreprises disposant de larges surfaces rationnellement agencées et d'une nombreuse main-d'œuvre. Plus de 1 500 personnes y représentent de nombreuses spécialités (forgerons, fondeurs, tonneliers, vanniers, cordiers...). Ce centre joue un rôle d'entraînement économique pour l'ensemble de la région avoisinante, où il crée des activités de production (bois, chanvre, goudron, toile à voiles, cordages, mais aussi canons) confiées à des intérêts privés.

Les ordonnances définissent aussi les conditions de commandement et d'administration de ces bases, placées sous l'autorité d'un intendant qui dispose de larges pouvoirs et d'attributions étendues : construction, armement, désarmement, approvisionnement, levée des marins, entretien, finances... ; responsable de justice et de police, il préside les conseils de guerre, a le pas sur le chef d'escadre chargé de la conduite tactique des opérations. Son autorité qui s'étend en dehors de l'emprise de la base peut s'exercer sur des activités concourant à son fonctionnement, tels l'exploitation des forêts, les ateliers de fonderie et les fabriques de canons. Il est assisté de commissaires et d'un contrôleur de la marine pour les aspects contractuels et financiers. L'intendant est, suivant une formule de l'époque, « roi présent en arsenal ».

Ainsi la spécificité navale et la technologie la plus avancée de l'époque se sont-elles combinées dans la mise en place de moyens quasi industriels et d'une administration qui assure la liaison et la coordination avec les utilisateurs. Il s'agit d'un premier embryon de système militaro-préindustriel qui préfigure les fonctions et les structures que l'on retrouvera ultérieurement à plus grande échelle.

Après un intermède de plus de cinquante ans, l'effort d'organisation est repris par les ministres de Louis XVI, en particulier Choiseul et Beaurepas. Un effort budgétaire important est engagé pour la reconstitution de la flotte qui retrouve, au bout de quinze ans, un bon niveau quantitatif et qualitatif en dépit de défaillances dans l'encadrement, le recrutement des équipages et les doctrines d'emploi. Cet effort porte non seulement sur la flotte, mais aussi sur le développement et l'organisation des bases, avec la création de la fonction d'amiral-commandant de port, qui retrouve une autorité similaire à celle de l'intendant.

Les arsenaux sont restructurés. Les ingénieurs constructeurs, préfiguration du corps du génie maritime, s'affirment. Les techniques de fabrication et les équipements de bord sont perfectionnés. Le caractère militaro-industriel de la marine se trouve conforté et la technologie, s'appuyant sur un embryon de recherche, commence à occuper une place importante.

Puis, après la tourmente que connaît la marine pendant la Révolution, le Premier consul Bonaparte s'attache à nouveau à la réalisation d'un instrument de puissance navale et à la mise en place d'un système cohérent. Il procède au lancement d'un ambitieux programme de constructions navales, décide la création du corps des ingénieurs du génie maritime et le rajeunissement des états-majors. Par un arrêté de 1800, il réorganise les structures : le domaine maritime est réparti en six arrondissements placés sous le commandement d'un préfet maritime qui a autorité sur le responsable militaire, le chef des constructions navales et l'administrateur. L'institution subsistera jusqu'au milieu du XXe siècle ; elle répond à la préoccupation de structurer l'organe militaro-industriel et constitue à cet égard un pas significatif. Elle recherche en particulier, suivant l'exposé des motifs rédigé par Bonaparte lui-même, ce qu'on appellera au XXe siècle le meilleur coût-efficacité puisque l'arrêté stipule qu'il s'agit « d'obtenir la plus grande économie dans les travaux... de fixer le genre de travail, d'autorité qui convient aux employés civils, d'accorder aux militaires la plénitude des fonctions... ». Nous avons vu que Trafalgar mit tragiquement fin à ce dessein et que les résultats obtenus ne furent pas à la mesure des efforts engagés.

Dans la première partie du XIXe siècle, la marine participe aux mouvements technologiques issus de l'industrialisation : propulsion à vapeur, projectiles explosifs, canon obusier, blindage des coques, roue à aubes rapidement remplacée par l'hélice. Elle est dotée du corps de concepteurs et de chefs de production que sont les ingénieurs du génie maritime issus de l'École polytechnique. Elle s'appuie sur un ensemble homogène d'officiers recevant une haute formation scientifique à l'École navale, créée dès 1840. La fonction de préfet maritime est complétée par la création, en 1830, d'une commission technique, instance où s'élaborent plans et programmes en concertation entre réalisateurs et utilisateurs. En bref, le système comporte tous les ingrédients que l'on retrouvera à une plus grande échelle dans l'organisation de la défense mise en place en 1960. Les mêmes acteurs seront conservés, puisque les officiers continueront à sortir de Navale et que les ingénieurs du génie maritime rejoindront le corps des ingénieurs de l'armement. Malgré quelques exceptions, comme l'ingénieur Dupuy de Lome soutenu par un responsable à l'esprit éclairé, le prince de Joinville, force est de constater que les novations majeures, en particulier dans la conception des coques et de la mâture, dans le tonnage des navires ou dans les perfectionnements de l'artillerie, sont directement inspirées des réalisations anglaises et même américaines. L'absence de direction ferme se traduit par la pratique des « flottes d'échantillons » où le perfectionnisme l'emporte sur l'efficacité. Les budgets sont exagérément grevés par des installations fixes exigeant proportionnellement deux fois plus de crédits que dans les autres marines. La faible productivité des chantiers navals entraîne des délais et des prix de revient prohibitifs.

Sur le plan des stratégies et doctrines d'emploi, après une tentative de redéfinition des missions donnant la priorité à la guerre économique de course et à la protection rapprochée du littoral, la France se singularise dans le dernier tiers du siècle par un épisode que l'histoire a retenu sous le nom de « Jeune École ». Les responsables navals français sont alors séduits par les possibilités qu'offre la combinaison de la torpille autopropulsée, mise au point par un ingénieur anglais, et du bateau léger et rapide. Ils se lancent sur une grande échelle, dans une politique et une stratégie fondées sur la prééminence des torpilleurs sur les cuirassés. Cet engagement constitue aussi une manifestation du sentiment de frustration vis-à-vis de la Royal Navy, dont on espère ainsi remettre en cause la suprématie. La France construit ainsi pas moins de 370 torpilleurs entre 1877 et 1903, presque quatre fois plus que l'Angleterre. L'affaire, aggravée par des réalisations hétérogènes et non standardisées dues à l'individualisme des ingénieurs, se soldera par un fiasco. Le torpilleur ne jouera qu'un rôle marginal dans la Première Guerre mondiale et sera dès lors ramené au rang de vieille arme mineure. Cet épisode est symptomatique des erreurs de jugement que peut commettre un monde clos atteint de technologisme. Nous le retrouverons, décuplé, dans le cadre du complexe militaro-industriel.

La marine, qui n'a participé qu'à des opérations secondaires avant 1870, connaît seulement des échecs lorsque la guerre éclate avec la Prusse. Sa seule contribution à l'effort de guerre concerne l'intervention de son artillerie et de ses fusiliers-marins pour la défense des forts de la ceinture de Paris. Au début de la IIIe République, à l'exception de quelques opérations secondaires d'intimidation, elle participe, souvent à son initiative, aux opérations de colonisation menées en Afrique, à Madagascar, et surtout en Indochine où elle instaure un temps ce qu'on appelle alors « le gouvernement des amiraux ».

Certains se plaisent à célébrer ce rôle de la marine dans la vague de colonisation de la fin du XIXe siècle. Il y aurait beaucoup à dire sur la question de savoir si elle a servi la collectivité nationale ou certains intérêts privés en symbiose avec des responsables soit militaires, soit administratifs. S'agissant de son efficacité navale, il faut ramener son importance à sa véritable dimension. La marine affronte, le plus souvent avec des moyens du niveau de la canonnière, des adversaires médiocres et mal commandés. Ses opérations n'ont rien à voir avec de vrais engagements opposant des forces navales de niveau comparable. Tout ceci se passe sous l'ombre portée d'une Royal Navy dominante, comme le montrera, lors du seul risque d'affrontement des deux puissances coloniales, la reculade française de Fachoda en 1898. La décision du retrait fut particulièrement influencée par la conscience du déséquilibre naval. En vérité, cette nouvelle légitimité que la marine tente ainsi de se construire ressemble fort à un phénomène de compensation psychologique engendré par le complexe d'infériorité des amiraux français devant la suprématie britannique.

Au début du XXe siècle, le paysage naval est bouleversé par l'apparition d'importantes novations technologiques et par l'émergence de trois nouvelles puissances maritimes : les États-Unis, l'Allemagne et le Japon. Face à ces changements, la réaction française, au contraire de l'anglaise, est hésitante et tardive. Il faut attendre 1912 pour qu'un programme de modernisation soit entrepris sous l'impulsion de quelques officiers, dont le futur amiral Castex. L'effort est hypothéqué par le système et les méthodes de fonctionnement et d'administration propres à la marine. Il se heurte à l'état du milieu naval, monde clos affecté par une crise de recrutement, où règnent le conformisme, l'immobilisme et le jeu des influences et des connivences. Les constructions navales souffrent de dérapages de délais et de prix de revient supérieurs de 30 % à ceux de l'Angleterre et de l'Allemagne. Le perfectionnisme technologique provoque un flot continu de modifications au cours des constructions. Un sommet est atteint au début du XXe siècle avec la série des Danton qui connaissent des surcoûts de 50 % et dont la durée de fabrication passe de deux à six ans.

L'inefficacité des arsenaux se conjugue avec l'oligopole que constituent quelques firmes privées. Groupées dans la puissante chambre syndicale de la construction navale, celles-ci réalisent plus de 50 % des constructions et sont truffées d'ingénieurs du génie maritime passés sans transition du secteur public au secteur privé. Le seul domaine où la France affiche un temps une certaine avance est celui des sous-marins, devenus opérationnels au début du siècle, mais l'engouement caractéristique du milieu naval français se traduit par la construction prématurée et anarchique d'un nombre exagéré d'unités. Cette hâte sera sanctionnée pendant la guerre de 1914 par le nombre de submersibles perdus en mer et leur contribution insignifiante aux opérations.

La marine aborde la Première Guerre mondiale dans un grave état d'impréparation qui sera occulté par la suprématie britannique et la neutralité italienne. Elle ne joue qu'un rôle mineur, se révélant incapable d'intercepter les croiseurs allemands qui au début, opèrent en Méditerranée (leur présence contribue à l'engagement de la Turquie contre les Alliés). Elle reste impuissante dans la lutte contre les sous-marins allemands, qui torpillent un certain nombre des navires de ligne français. Les deux seules opérations d'importance auxquelles elle participe sont de nature amphibie : en 1915 sous commandement anglais, aux Dardenelles, où l'action se solde par un échec ; à Salonique en 1916, où le transfert de l'armée serbe est réussi. La flotte passe les deux dernières années de la guerre dans ses ports d'attache. Ses arsenaux ne travaillent pratiquement plus que pour l'armée de terre. Cela lui vaudra la réputation d'une arme bien abritée et l'affront de ne pas être mentionnée dans l'hommage que le Parlement adresse en 1919 aux « armées et à leurs chefs qui ont bien mérité de la patrie ». A nouveau, l'effort consenti avant la guerre n'a produit aucun résultat significatif.

Entre les deux guerres mondiales, la marine traverse de nouvelles difficultés. De 1922 à 1928, un effort d'équipement est entrepris puis suspendu du fait des longues hésitations du haut état-major quant à la stratégie et aux systèmes d'armes. Priorité est finalement donnée en 1932 aux croiseurs et aux sous-marins, au détriment des torpilleurs. Elle se matérialise à partir de 1935, sous l'impulsion de l'amiral Darlan, par des programmes et des budgets massifs qui lèsent les deux autres armes. Mais cet effort se trouve obéré par les mêmes errements. Les nouvelles armes telles que l'aviation embarquée et la défense antiaérienne, sont négligées. Les performances de vitesse sont recherchées aux dépens des structures et des rayons d'action. Les retards s'accumulent dans le développement de technologies comme le radar ou la détection par ultrasons. Les doctrines d'emploi restées très conservatrices négligent en particulier le rôle de l'aviation dont seul l'amiral Castex, en opposition déclarée avec la haute hiérarchie, pressent l'importance. Quant aux constructions navales, elles sont toujours marquées, même après le début des hostilités, par les carences traditionnelles en matière d'efficacité et de productivité.

La flotte ne jouera dans le deuxième conflit mondial qu'un rôle négligeable et devra évacuer en catastrophe de nombreux navires en cours de construction dans les arsenaux de l'Atlantique. Après l'armistice de juin 1940 qui l'immobilise, elle subira la destruction de Mers el-Kebir et la neutralisation par les Anglais de son contingent d'Alexandrie. Elle sera finalement détruite sans avoir combattu par le sabordage à Toulon, en novembre 1942, de 90 navires dont des cuirassés ultra-modernes. Cette fois, l'efficacité a été nulle pour un coût fort élevé.

Après 1945, la marine sort lentement d'un état de quasi inexistence. Elle ne remplit dans la guerre d'Indochine que des missions annexes de transport de troupes et de soutien de forces terrestres par bombardement aérien, actions de commando et blocus des côtes. Le niveau de ses pertes totales — un millier de personnes — donne la mesure de son engagement dans un pays pourtant peu profond et bordé par une très longue bande littorale. Quant à sa contribution à la guerre d'Algérie, elle se limite à l'opération de Suez sous commandement anglais, à la surveillance des côtes et à des opérations de commando. Là aussi, la mesure de son action est dévoilée par le tonnage d'armes interceptées, qui est sensiblement plus faible que celui obtenu par les actions clandestines du SDECE, en particulier en Méditerranée.

La mutation stratégique engagée par le gouvernement du général de Gaulle, à partir de 1962, donne une place privilégiée à la marine en lui confiant la composante sous-marine (MSBS) de la force de frappe. Elle se voit confier une mission de premier plan dans la force de dissuasion, du fait en particulier de l'indéfectibilité et donc de l'invulnérabilité des sous-marins qui semblent encore assurés de perdurer. La mise au point de ce système d'armes, réalisée à partir de 1962 sous la conduite de la DGA avec la collaboration de la marine, du CEA, de l'EDF et de firmes industrielles de pointe constitue une des réussites du système militaro-industriel. Le premier sous-marin nucléaire lanceur d'engins (SNLE) devient opérationnel en 1971 avec seize missiles M-2 d'une puissance de 50 kilotonnes et d'une portée de 5000 kilomètres. Il est rejoint par cinq autres SNLE afin de constituer la force océanique stratégique. Son armement est amélioré dans la décennie 1980 par les nouveaux missiles M-20, puis M-4 à têtes multiples. Cette action est prolongée par l'introduction des sous-marins nucléaires d'attaque (SNA) qui s'avèrent d'une efficacité reconnue, spécialement aux Malouines.

Les responsables de la marine n'acceptent qu'à contrecœur ces nouvelles orientations qui correspondent pourtant au caractère de la guerre de course pratiquée avec succès au XVIIe siècle par Jean Bart et Suffren. La haute hiérarchie navale reste attachée aux gros navires de surface qui lui paraissent seuls capables de maintenir son rang dans les forces armées. Ils flattent ses sentiments anti-britanniques, prolongent ce qu'elle espère conserver de prestige, tout en lui assurant le confort et l'absence de risque auxquelles elle est accoutumée. Les ingénieurs du génie maritime désormais intégrés au corps de l'armement maintiennent leurs méthodes et leur particularisme. Le Directeur technique des constructions navales (DTCN) reste installé en 1989 au siège de la marine, rue Royale, et échappe ainsi largement au contrôle des instances centrales de défense. Les arsenaux sont notoirement sous-employés et sous-productifs, comme le symbolise celui de Saint-Tropez, réputé pour son absentéisme et produisant quelques centaines de torpilles par an avec un effectif de plus de 1000 personnes.

La marine s'illusionne sur son aptitude à la diplomatie ou sa faculté de gesticulation et d'intimidation. La politique de la canonnière, adaptée aux rivières d'Indochine à la fin du XIXe siècle, n'est plus de saison, sauf peut-être pour les super-puissances. Il ne pourrait s'agir, au mieux, que de démonstrations limitées à l'égard de petits pays sans moyens significatifs. Mais il suffirait alors de disposer d'équipements bien choisis qui n'ont pas besoin d'être lourds, sophistiqués et à la pointe de la technologie. Des unités légères, au plus un porte-avions conventionnel ou un porte-aéronefs pourraient faire l'affaire. Même à ce niveau, des déconvenues récentes au Liban, pourtant sans réel État, donnent la mesure de ces limites. Qu'on se souvienne du raid sur la Bekaa en 1984, qui a tué un berger et quelques chèvres (il est vrai que les responsables visés auraient été avertis par un fonctionnaire haut-placé du Quai d'Orsay !). Ou de l'affaire de 1989 lorsque, devant Beyrouth détruite à 90 %, Mitterrand se réveilla et envoya en fanfare des émissaires qui revinrent évidemment bredouilles. Il prit la décision singulière (quelle méconnaissance des ressorts du terrorisme !) d'appuyer cette démarche par l'envoi au large de Beyrouth du porte-avions *Foch,* escorté d'une flottille. Il dut les retirer précipitamment et subrepticement devant la seule menace de groupes terroristes. Curieusement, quelques semaines plus tard, un appareil de l'UTA sera détruit en vol avec 171 personnes à bord.

La marine ne peut avoir non plus l'ambition d'actions en haute mer, en particulier sur les routes vitales d'approvisionnement. Sa participation mineure à la surveillance du golf Persique en 1987, où elle s'est intégrée à une flotte multinationale l'a récemment montré. La défense des accès de nos territoires et départements d'outre-mer peut également poser problème : s'il s'agit de menaces faibles en temps de paix — telle celle de Greenpeace sur Mururoa où la marine s'est d'ailleurs défaussée sur la DGSE en 1985 —, des moyens légers suffisent. S'il s'agit au contraire d'une menace grave, en cas de conflit même régional, notre maintien reposerait, en dernier ressort et pour l'essentiel, sur l'action navale d'une coalition occidentale. On ne voit même pas, sous l'éclairage de son histoire navale, comment la France pourrait prendre le risque d'engager seule une opération amphibie comme celle que les Anglais ont menée aux Malouines.

Comment expliquer dans ces conditions l'attachement manifeste à des moyens lourds ? Comment justifier en particulier ce programme de porte-avions à propulsion nucléaire auquel les responsables de la marine attachent tant d'importance ? Le groupe aéronaval constitue un équipement très onéreux, très vulnérable, aussi bien aux sous-marins qu'aux missiles lancés d'un avion, d'un bâtiment léger ou même d'une vedette. Il nécessite une *task force* de croiseurs, destroyers, sous-marins... et doit affecter plus du tiers de ses avions à sa seule protection. Il ne se comprend que comme pierre angulaire de la flotte de haute mer d'une nation cherchant la maîtrise des océans. Il a été abandonné, il y a plusieurs années déjà, par la Royal Navy (qui avait pourtant dominé la scène navale pendant plus d'un siècle et demi) et plus récemment par la marine soviétique. Comment peut-on demander à la collectivité nationale un tel sacrifice, alors que la marine n'a pas conduit une seule bataille d'escadre depuis Trafalgar en 1805, et n'a jamais mené de porte-avions au combat ? Et quelle justification avancer pour un tel investissement lorsque tous les experts étrangers soulignent que les missions d'intervention qui pourraient nous être accessibles sont du niveau d'un porte-avions léger, ou plutôt d'un porte-aéronefs ? En fait, le porte-avions à propulsion nucléaire représente l'exemple type d'une valeur ajoutée sans aucune commune mesure avec l'énorme dépense engagée. Sa seule explication ne doit-elle pas être recherchée dans les fantasmes de grandeur et de prestige de la haute hiérarchie, dans la satisfaction de l'ego technologique des ingénieurs et dans les exigences du plan de charge des arsenaux ?

Le remplacement des crusaders, nécessaire à l'horizon 1993, ajoute encore au problème. Le débat est maintenant public et concerne le Rafale, dont nous avons déjà observé la difficulté, pour ne pas dire l'impossibilité, d'adaptation à l'exploitation sur porte-avions. La haute hiérarchie navale mène à ce sujet un combat courageux, qui avant de devenir ouvert, se déroulait à huis clos, comme ce jour de février 1988 où Serge Dassault — assisté de deux collaborateurs — invita à déjeuner l'amiral Louzeau et deux de ses adjoints. Lorsque ce dernier mentionna le F-16 américain, son interlocuteur l'interrompit, lui déclarant que ce seul nom lui coupait l'appétit. A quoi l'amiral répliqua qu'il trouvait ce repas détestable depuis le début, qu'il était responsable, lui, du sort de la marine, et non de l'avenir de l'industrie aéronautique. Les agapes se terminèrent abruptement.

Des auxiliaires du complexe devaient immédiatement se porter au secours de l'avionneur, au premier rang desquels le président de la commission de Défense de l'Assemblée, Jean-Michel Boucheron, qui dans un beau mouvement de menton déclara inacceptable cette attitude de la marine, au nom de la défense du Rafale.

En fait, l'effort principal devrait porter sur la constitution d'une flotte plus nombreuse en petits navires de surface et en sous-marins nucléaires d'attaque, rapides et capables d'actions anti-sous-marins. Les gros navires de surface pourraient être réduits à une dizaine de bâtiments importants, parmi lesquels un ou deux porte-aéronefs (croiseurs à pont-continu) pour l'emploi d'avions à décollage vertical ou d'hélicoptères. Des unités légères s'ajouteraient à l'ensemble. Ainsi pourraient être dégagées des ressources pour le développement de technologies nouvelles, telles que réseaux d'hydrophones de détection ou systèmes informatiques de traitement des renseignements. Enfin, il devrait être envisagé de supprimer des moyens fixes surabondants et sous-employés, spécialement dans les bases aéronavales et les arsenaux de construction.

J'ai hésité à introduire dans cet essai un chapitre sur la marine. Son intérêt me paraissait éloigné de l'objet de l'ouvrage et il convenait de le placer dans une perspective historique plus longue pour éclairer le lecteur. Mais la réflexion sur la trajectoire suivie par cette arme au cours des trois derniers siècles m'a finalement convaincu qu'elle constituait au contraire un bon exemple des perversions du système militaro-industriel. Son histoire suggère des enseignements, et constitue une illustration pertinente des effets que peut avoir un tel système sur la communauté nationale.

La marine n'a joué qu'un rôle marginal pour la sécurité, et, en dépit des apparences, pour la position internationale de la France. Elle ne s'est vu confier, après Trafalgar, que des missions secondaires ou périphériques. Certes, la guerre navale est un art particulier et difficile, pratiqué dans un environnement souvent hostile, dans des conditions qui furent longtemps insalubres et restent encore éprouvantes, comme c'est le cas des longues plongées des SNLE. Le sort de la marine s'est heurté à des contraintes sociologiques et géostratégiques. Elle a eu les plus grandes difficultés à susciter des vocations chez un peuple par essence paysan et terrien. Il ne lui a jamais été donné de rencontrer des amiraux de la stature de Nelson ou de De Ruyter, à la fois marins dans l'âme, stratèges inspirés, capitaines audacieux et soldats courageux. Elle n'a jamais réellement retenu l'intérêt des décideurs et des citoyens qui ne sont venus que lentement au commerce long-courrier, et n'ont soutenu que mollement une entreprise coloniale menée essentiellement au bénéfice d'intérêts particuliers. Elle a souffert de la priorité toujours accordée, en définitive, aux forces terrestres, puisque d'elles dépendait en dernier ressort la sécurité nationale qui se joue aux frontières continentales.

Mais en cette fin du XXe siècle, ces contraintes sont toujours là, même si elles ne sont pas aggravées au rythme de l'érosion de notre puissance globale et de notre position internationale. Et l'histoire de la marine comporte des enseignements qui peuvent éclairer la problématique de la stratocratie.

Cette arme constitue un système militaro-industriel qui s'est mis progressivement en place depuis le XVIIe siècle, et a atteint une forme achevée dès le début du XIXe. Des utilisateurs spécialisés, des ingénieurs-concepteurs du génie maritime et des organes industriels composés d'arsenaux publics et de chantiers navals privés étaient alors coordonnés par des instances préfigurant celles d'aujourd'hui.

Dans ce monde clos qui échappe largement au contrôle de l'autorité politique, régne un grand conformisme. La timidité des innovations et les hésitations au plan stratégique et tactique sont le fait d'officiers ayant pourtant reçu à l'École navale une formation de niveau élevé, bien que sans doute trop théorique lorsqu'on la compare par exemple à celle des *midshipmen* anglais ou américains. La faible inventivité technologique est surprenante, surtout de la part d'ingénieurs dotés d'une culture scientifique et technique hautement spécialisée. Les défaillances de ces deux élites soulèvent de sérieuses interrogations sur l'adaptation au monde moderne de la formation dispensée dans les grandes écoles et sur les effets d'un déroulement de carrière trop protégé.

L'effet de monde clos a provoqué des engouements qui ont conduit à des impasses, comme dans le cas des torpilleurs et des sous-marins à la fin du XIXe siècle. Or, aujourd'hui, utilisateurs et ingénieurs sont issus des mêmes formations et des mêmes cursus depuis le début du XIXe siècle. Les ingénieurs ont accaparé les choix qui préconditionnent la stratégie. Leurs penchants perfectionnistes font souvent passer la satisfaction de leur égo technique avant l'efficacité opérationnelle. Ces maux ne sont-ils pas facilement extrapolables à d'autres domaines d'activités, militaires... et mêmes civiles ?

La composante industrielle formée d'arsenaux lourds et inefficaces, d'entreprises privées fortement retranchées derrière une puissante organisation patronale, ne ressemble-t-elle pas à celle qui caractérise, aujourd'hui, la construction militaire, en particulier aéronautique et électronique ? On y observe la même absence de concurrence, le même poids de structures intangibles, les mêmes passages du secteur public aux firmes privées. Les mêmes jeux d'influence et de connivence se substituent aux processus légitimes de décision. Les intérêts particuliers prennent, insidieusement mais inévitablement, le pas sur l'intérêt général. Les jeux de défense corporatiste figent les situations et s'opposent aux nécessaires remises en cause.

On voit aussi comment d'énormes dépenses engagées pour l'instrument naval n'ont produit aucune plus-value significative. Le rapport coût-efficacité s'est constamment révélé prohibitif. Pour s'exprimer autrement, la valeur ajoutée à la défense a été négligeable en regard des grands efforts consentis. L'exemple de la marine illustre on ne peut mieux la faible corrélation entre niveau de budget et efficacité de défense. Lorsqu'on entend souvent évoquer les risques qu'il y aurait à « baisser la garde », il faut se souvenir que l'histoire navale dévoile une des manières de le faire, qui est de se lancer dans de coûteux programmes d'armement inadaptés, inefficients ou obsolètes.

A la place de mesures de redressement, on constate une dégradation continue au cours des deux derniers siècles. Il y a là une très sérieuse interrogation qui peut s'appliquer aux autres secteurs de la défense et qui souligne la difficulté, sinon l'impossibilité, de dégager des actions correctives dans une activité si rarement soumise au test de la concurrence ou de l'efficacité.

La communauté nationale doit garder ces leçons à l'esprit lorsqu'elle se trouve placée devant des choix, notamment en période de contrainte budgétaire aggravée ou de réductions concertées d'armement. Elle doit accueillir avec la plus grande réserve les propositions des responsables de la défense ou du haut état-major. Elle devrait disposer d'un contrôle effectif par ses représentants, correctement informés des options en présence et en mesure de faire entendre leur voix.

La puissance navale constitue bien un mirage, qui s'évanouit lorsque les dirigeants politiques veulent la mettre en œuvre, et parce qu'elle entretient l'apparence ou l'illusion de capacités d'action, qui ne se matérialisent pas. Les déconvenues à répétition qu'elle a engendrées doivent inciter à la plus grande circonspection vis-à-vis de missions présomptueuses, et de programmes d'équipement trop ambitieux.

Plus encore que les autres armes, la marine a besoin de s'intégrer dans un ensemble plus large au plan européen. C'est dans ce cadre qu'elle pourrait effectivement contribuer à la défense d'intérêts vitaux, proches ou lointains, à ce prix qu'elle pourrait disposer d'équipements dont la France seule ne peut supporter la charge.

CHAPITRE 4

LES SERVICES SECRETS ET LA HAUTE HIÉRARCHIE MILITAIRE

Le 13 juillet 1985, deux bombes explosent à bord du bateau « amiral » de l'organisation écologiste Greenpeace, le *Rainbow Warrior,* à quai dans le port d'Auckland, en Nouvelle-Zélande. Le navire est coulé et un journaliste photographe portugais qui se trouvait malheureusement à bord est tué. C'est le début d'un feuilleton noir qui va occuper tout l'été la scène politique française et provoquer les conséquences les plus inouïes.

La police néo-zélandaise arrête immédiatement deux suspects. Elle détermine rapidement qu'ils appartiennent aux services secrets français, la DGSE (Direction générale de la sécurité extérieure) dont le sigle va ainsi devenir fameux en France et dans le Pacifique Sud, mais aussi dans le monde entier. Dès lors, la France va vivre un feuilleton cauchemardesque pendant plus de deux mois. Fausses manœuvres et demi-vérités gouvernementales, malentendus au sommet de l'État (où Mitterrand et Hernu savent, alors que Fabius ignore tout), échange public de lettres entre le président et son Premier ministre (qui subit ainsi un terrible croc-en-jambe). Les confidences du ministre de l'Intérieur sont colportées par la presse. Le directeur général de la DGSE est interdit d'Élysée par le président. Pour couronner le tout, un rapport officiel rendu public, véritable pantalonnade, donne non seulement une version rocambolesque des faits, mais révèle l'identité des agents secrets qui ont préparé cet attentat à l'étranger : une grande première dans l'histoire des services !

La vérité finit par éclater le 17 septembre, grâce à la presse, après plus de deux mois de cafouillage politique. Le gouvernement est obligé de reconnaître qu'il s'agit bien d'une opération montée par la division « Action » de la DGSE.

Le lendemain, le ministre de la Défense, Charles Hernu, démissionne et le directeur général des services secrets, l'amiral Lacoste, est relevé de son commandement avec un commentaire fort critique du Premier ministre Fabius. Il apparaît rapidement qu'il s'agit d'un énorme fiasco, le plus important probablement de l'histoire des services secrets, et en plus d'un fiasco pour rien. Que s'est-il donc passé ?

C'est en mai 1985 que les responsables militaires dans le Pacifique reçoivent des renseignements sur les intentions de l'organisation Greenpeace qui a décidé d'entraver la phase d'essais nucléaires prévue pour août. Elle compte faire intervenir le *Rainbow Warrior,* son plus gros bateau qui n'excède toutefois pas 25 mètres de long, afin de harceler les navires de la marine nationale et de débarquer sur l'atoll des hommes embarqués sur des pirogues.

Jusque-là, la marine s'était opposée aux tentatives de Greenpeace au prix d'affrontements durs allant jusqu'à l'abordage. Curieusement cette fois, les amiraux du Pacifique sont impressionnés par les moyens de Greenpeace et par la tactique des « petits hommes verts » sur leurs pirogues. Ils décident — leur chef est l'amiral Hugues, un temps chef de cabinet militaire d'Hernu — de ne pas assurer la défense des accès des côtes françaises, ce qui constitue pourtant une des missions des forces navales, et demandent l'intervention des services secrets.

Ils convainquent l'état-major de la marine, puis l'état-major interarmes. La question est portée au niveau d'Hernu qui, au lieu de prescrire à la marine de remplir sa mission, lui donne sa caution politique. Le directeur général de la DGSE reçoit du ministre l'ordre de préparer une action d'anticipation. L'amiral Lacoste, conscient des risques d'une telle opération, tente dans un premier temps de s'y opposer. Mais il cède sous une triple pression ; la demande a reçu l'approbation du ministre ; on lui fait comprendre qu'il doit faire montre de discipline — il est solidaire de la haute hiérarchie militaire et de ses compagnons, les amiraux du Pacifique. Enfin, les responsables militaires de la division Action de la DGSE y sont très favorables : ils voient là l'occasion d'employer leurs hommes, préparés aux actions violentes mais si rarement sollicités qu'ils se morfondent dans leurs bases d'Aspretto et de Cercottes.

L'opération, une fois étudiée, est présentée au général Saulnier, chef d'état-major du président de la République, et correspondant permanent à l'Élysée du directeur général de la DGSE. Malgré sa prudence bien connue, il ne s'oppose pas au principe. Il est, lui aussi, solidaire de la haute hiérarchie militaire dont quelques mois plus tard il doit justement devenir le chef en même temps que le principal adjoint d'Hernu. Il ne souhaite évidemment pas, lui, aviateur, s'affronter avec les amiraux qui feront partie de son domaine d'autorité. D'un caractère méticuleux et peu porté aux risques, il parle de l'affaire à François Mitterrand. Le président se retrouve ainsi devant un dossier sur lequel le ministre de la Défense et tous les hauts responsables militaires se sont déjà mis d'accord.

L'opération est donc autorisée et dotée du budget nécessaire par le cabinet du Premier ministre Fabius, qui n'a pas l'habitude de demander d'explications ou de détails dès lors que la décision émane de l'Élysée. Malgré sa difficulté, du fait de son exécution à 15 000 kilomètres de Paris, dans un pays où tout mouvement d'étrangers paraît suspect, l'opération est montée de manière particulièrement hasardeuse. On fait acheter du matériel sensible à Londres par un sous-officier ne parlant pas anglais. Les explosifs sont acheminés par un voilier conduit par trois professionnels et un occasionnel au cours d'une dangereuse traversée de 800 kilomètres au départ de la Nouvelle-Calédonie, dans des conditions météorologiques très difficiles. Ils finiront par aborder dans un petit port néo-zélandais où leur arrivée en plein hiver fera sensation. On met en place une logistique très lourde (il y aura jusqu'à dix-huit agents de la DGSE en Nouvelle-Zélande) là où il aurait fallu des moyens d'intervention légers pour minimiser les risques de détection. Aucune instruction n'est donnée aux exécutants en cas de difficultés inattendues, en particulier de mort d'hommes. Et les équipes sur place accumulent les fautes, y compris celle d'appeler un numéro secret à Paris dans les locaux de la police néo-zélandaise, qui n'aura pas de difficulté à l'identifier comme étant celui d'une antenne de la DGSE.

Ceux qui pourraient s'étonner des erreurs de conception et d'exécution doivent savoir qu'elles sont typiques de la militarisation de la DGSE ; mauvaise appréciation des risques et des précautions à prendre, insuffisante supervision par la direction générale, préparation et mise en œuvre adaptées aux commandos militaires et non aux actions clandestines, traitement de l'affaire par la division Action qui y voit plus un entraînement qu'une opération dangereuse.

Notre objet n'est pas d'analyser le déroulement d'un cafouillage politique qui s'explique en partie par la méfiance et le désintérêt des responsables politiques à l'égard des services spéciaux. Cette affaire a ébranlé les structures de l'État jusqu'au plus haut niveau et porté atteinte au crédit international de la France et de ses autorités civiles et militaires. Elle a affecté de manière profonde et durable la crédibilité et l'efficacité de ses services secrets. Les Soviétiques — et d'autres — qui se donnent beaucoup de mal pour déstabiliser les services concurrents, ont dû se frotter les mains en voyant la DGSE mise à mal par son propre gouvernement.

Ce qui nous intéresse ici, c'est que cette catastrophique affaire a été montée de bout en bout par des militaires ; les amiraux du Pacifique, l'état-major général des armées, le général chef d'état-major particulier du président de la République, l'amiral commandant la DGSE et les officiers de la division Action. Le seul civil dont l'intervention fut significative — si l'on excepte François Mitterrand — était Charles Hernu dont chacun sait maintenant qu'il était sous hypnose permanente au contact des militaires. Dans cette affaire, la DGSE a payé le prix fort alors même qu'on l'avait engagée dans une mission à caractère militaire, qui aurait dû être exécutée par la marine et dont elle s'est acquittée à la manière d'un commando. L'opinion politique et publique a retenu sa responsabilité alors que c'est celle de l'institution militaire qui est en cause.

On a en effet ici une extraordinaire mise à nu de la mainmise des militaires sur la DGSE, de son utilisation comme maillon de leur dispositif d'influences, ainsi que de la manière dont son fonctionnement est soumis à leur intervention. C'est aussi une remarquable illustration des dévoiements que provoque cette situation.

Il faut bien comprendre que cet incident n'est ni fortuit ni isolé. Il traduit un état de fait qui perdure depuis la Deuxième Guerre mondiale et a toutes les chances de se poursuivre si les responsables politiques, soutenus par une opinion publique éclairée et attentive, ne s'attaquent pas sérieusement à un problème qui contribue à hypothéquer et discréditer un rouage indispensable de l'État.

On prend mieux la mesure de cette situation à la lumière des déclarations que François Mitterrand m'a faites lorsqu'il m'a reçu le 10 juin 1981 pour me proposer le poste de directeur général du SDECE (qui devait devenir la DGSE en avril 1982). Au cours de cet entretien, tête-à-tête de quarante minutes, il me fit d'abord parler de ma carrière pour asseoir son jugement (nous ne nous étions jamais rencontrés auparavant). Puis il m'assura d'une relation privilégiée et de son soutien attentif (il ne devait pourtant jamais soutenir mes actions), insista sur les graves dysfonctionnements du SDECE et me demanda d'en faire rapidement le diagnostic et d'entreprendre sans tarder de le réformer (il ne s'en préoccupa plus par la suite et n'examina pas le dossier de réorganisation que je lui présentai trois mois plus tard).

A la fin de l'entretien, souhaitant sonder plus avant ses intentions, je lui dis :

— Monsieur le Président, avez-vous bien réfléchi ? Mon expérience professionnelle de quarante ans est exclusivement industrielle. Je n'ai aucune expérience des services secrets, ni aucune connaissance des affaires militaires.

Il me répondit :

— C'est bien mieux ainsi. Jamais je ne nommerai un militaire à la tête du SDECE. Car un militaire a une double allégeance : l'une vis-à-vis de l'État, l'autre vis-à-vis de son corps.

Singulière lucidité qui ne l'empêchera pas de nommer l'amiral Lacoste pour me succéder, sous la pression de la haute hiérarchie militaire qui multipliait à mon encontre les obstacles obliques et les chausse-trapes pour m'empêcher de mener une réorganisation qui aurait mis en cause son influence. Étrange prémonition sur la double loyauté des militaires, que confirmera de manière éclatante l'affaire Greenpeace, mais qui n'empêchera pas le président de désigner ensuite, pour soi-disant reprendre en main la DGSE, le général Imbot, archétype caricatural du « militaire ». On se souvient de son premier acte dans cette fonction : il vint en grand uniforme déclarer au Journal de 20 heures de TF1 qu'il allait « couper les branches mortes » — ce qu'il ne fit pas — et qu'il était là pour « verrouiller » — ce qui voulait dire en langage clair qu'il refuserait toute autre mise en cause de militaires impliqués dans le fiasco. Quelque temps plus tard, le commandant Mafart, premier exécutant sur place et auteur du coup de téléphone à la DGSE des locaux de la police néo-zélandaise, sera promu lieutenant-colonel et envoyé à l'École de guerre pour y suivre un stage d'état-major !

Je ne tardai pas à comprendre ce que François Mitterrand avait voulu me dire. Prenant mes fonctions le 17 juin, je me rendis, accompagné de membres des Cabinets du président et du ministre de la Défense, au siège du SDECE, boulevard Mortier. Nous fûmes accueillis dans une salle où mon prédécesseur trônait au milieu d'une cinquantaine d'officiers supérieurs en uniforme. Il refusa de procéder à la passation des pouvoirs et se borna à me présenter le bureau où j'allais désormais travailler. Lorsque, une demi-heure plus tard, je convoquai pour un premier briefing les cadres supérieurs dépendant du directeur général, on me répondit qu'il n'y avait pas de salle *ad hoc* et que les réunions se tenaient dans la salle à manger du directeur général. Cette réunion où ne siégeaient, à une exception près, que des officiers supérieurs, me transporta de surprise en surprise. Lorsque je demandai les textes d'organisation, on me dit qu'il n'en existait aucun, même pas une instruction sur l'application au SDECE des règles de secret. J'étais frappé par le caractère sommaire et anachronique des structures. Le contre-espionnage était réduit à sa plus simple expression, le contre-terrorisme inexistant, les synthèses et évaluations de situations inconnues. Lorsque le directeur du Renseignement déplia devant moi la carte des postes à l'étranger, j'eus la stupeur d'observer une concentration de points en Occident et en Afrique et leur quasi-absence derrière le rideau de fer (il n'y avait qu'un poste administratif dans un pays secondaire). Je m'exclamai : « Mais messieurs, où est la menace : à l'Est ou à l'Ouest ? » Ce qui pétrifia mes interlocuteurs, mais me lava du soupçon de paracommuniste que la maison n'avait pas manqué de m'appliquer du fait de ma nomination par un président socialiste.

J'eus quelques jours plus tard l'explication de cette situation. Arrivant à New York pour ma première visite à la CIA, je fus accueilli par deux de ses représentants flanqués d'un agent du SDECE. La même scène se reproduisit à Washington où j'eus confirmation par le colonel chef de poste qu'il était accrédité auprès de la CIA et que son activité consistait à traîner dans les couloirs pour glaner les renseignements qu'on daignait lui donner et qui, se plaignait-il, portaient sur des sujets secondaires. Il réagit d'ailleurs vivement lorsque je lui demandai de préparer un programme de recherche autonome aux États-Unis.

Le cas des postes à l'étranger est particulièrement représentatif de l'influence des modèles militaires. Dans 90 % des cas, le chef de poste et son personnel ne sont pas des clandestins et ne peuvent donc pas se livrer à un véritable travail d'espionnage. Comme les attachés militaires, ils sont connus des autorités du pays et sont en quelque sorte accrédités auprès d'elles et de leurs services secrets. Ils jouent exclusivement un rôle d'agent de liaison avec les organes centraux de la DGSE. Cette solution est inapplicable au travail de renseignement dans les pays sensibles, en particulier à l'Est où l'infrastructure est donc pratiquement inexistante. Elle a par contre orienté le renseignement dans une voie dépendante : l'essentiel est obtenu, non par des recherches autonomes, mais par des échanges avec des services étrangers — rendus possibles grâce à la position privilégiée de la France dans certains pays africains — ce qui explique l'indigence des renseignements, des analyses et des évaluations.

On en est arrivé au fait que la moitié des effectifs totaux — environ 3 000 agents — est constituée de militaires. 90 % des postes de responsabilité sont tenus par eux, les agents civils étant relégués aux tâches d'administration, de communication et de décryptage. Ils monopolisent les positions enviées et bien rémunérées à l'étranger, s'opposent de fait à tout recrutement extérieur diversifié et de qualité, contrôlent la formation et le perfectionnement, qui restent embryonnaires, médiocres et mal adaptés aux tâches particulières du service. Ils transplantent même en plein cœur des services secrets leurs querelles de chapelles : artilleurs contre fantassins, parachutistes contre cavaliers, marins contre officiers des affaires indigènes...

Cette situation a largement contribué à l'inefficacité et à l'obsolescence de l'organisation. En 1981, la structure de commandement était encore dérivée du modèle militaire et totalement inadaptée, les méthodes et les procédures anachroniques.

Ainsi l'informatique était-elle pratiquement inconnue, sauf pour l'administration du personnel et quelques tâches ponctuelles, alors que son emploi est particulièrement approprié aux questions de renseignement, de contre-espionnage et de contre-terrorisme.

Les militaires apportent leur éthique et leur sens de la discipline. Certains officiers se sont certes adaptés aux tâches des services secrets et s'y rendent réellement utiles. J'en ai connu quelques-uns de remarquables sur lesquels je me suis beaucoup appuyé : ceux-là sont capables de dépasser leur spécialité militaire et savent faire montre de qualités de jugement et de synthèse. Mais ils sont malheureusement peu nombreux. Pour la grande majorité, leur formation ne les prépare ni aux méthodes d'observation, ni aux subtilités d'analyse indispensables dans le renseignement. Ils en viennent à confondre renseignement politique et renseignement militaire, privilégiant inconsciemment ce dernier. Ils ne disposent d'aucune compétence dans les domaines économique, technologique, industriel et financier qui constituent pourtant une part essentielle de l'espionnage moderne. Ils ne sont en rien préparés aux missions de diplomatie parallèle ou aux opérations d'influence.

Abordant les problèmes d'ingérence et de contre-ingérence dans un esprit systématique et limité, ils ne disposent pas de l'esprit critique nécessaire, et versent dans un manichéisme simplificateur qui les fait passer à côté des vrais problèmes. Ils manquent de la finesse psychologique et de l'obstination systématique nécessaires pour démonter les ressorts des organisations adverses.

Même dans le domaine de l'action, pourtant apparemment plus proche de leur spécialité, ils sont mal adaptés, éprouvant des difficultés à faire la différence entre l'action clandestine et l'intervention de commando militaire. Ils privilégient les logistiques lourdes là où il faudrait au contraire légèreté de moyens, priorité à l'initiative individuelle et goût du risque en solitaire. Le fiasco Greenpeace a bien mis en lumière cette incapacité à organiser et à conduire une action effectivement clandestine.

Ils en arrivent aussi à sous-estimer gravement certaines menaces et à négliger leur traitement. L'exemple du contre-terrorisme est à cet égard frappant. En 1981, après que la subversion eut déjà connu d'inquiétants développements, son traitement au SDECE était le fait d'un seul officier dont l'excellente mémoire ne pouvait pallier l'absence de méthode rigoureuse, de fichier, de documentation écrite. Le service était encore moins préparé aux recherches systématiques de renseignement, aux pénétrations, à l'analyse des réseaux et des infrastructures. Tous les moyens de traitement n'étaient pas — loin s'en faut — envisagés. Aucune action violente n'avait, par exemple, été préparée. Si bien que nous fûmes complètement pris au dépourvu par la vague de terrorisme qui débuta au deuxième semestre de 1981. Il nous fallut improviser tous les éléments de la contre-offensive et nous ne commençâmes à disposer d'utiles informations et d'efficaces moyens d'action qu'à partir de la mi-1982. Je pus alors proposer une stratégie offensive pour lutter contre le terrorisme ; mais François Mitterrand préféra une autre voie, dont la pertinence n'a pas été attestée par les plus de 500 victimes des attentats meurtriers survenus depuis : d'Orly en 1983, à l'avion d'UTA en 1989 en passant par la série sanglante de 1985 et 1986... sans parler des prises d'otages.

Un autre domaine négligé et traité de manière anarchique est celui du renseignement technologique et industriel. Contrairement à une idée reçue, les firmes ne sont pas capables de tout réaliser en cette matière, même si elles obtiennent seules des résultats. C'est que le rassemblement d'éléments pointus nécessite la mise en œuvre de procédés dont ne disposent pas les industriels et que seuls des services secrets peuvent réaliser : pénétration de locaux, interception de documents confidentiels, écoutes de conversations directes ou téléphoniques, microfilmage, etc. La coopération entre firmes et services secrets peut être très féconde grâce à l'addition d'approches complémentaires. Or le secteur économique et industriel représente pour les militaires une *terra incognita* à laquelle ils craignent de s'affronter. Il en résulte une large déshérence de ce domaine pourtant essentiel. Dans certains cas, on voit même une inversion des rôles se produire. Ainsi la société Elf-ERAP a-t-elle créé un service de renseignement politique qui concurrença le SDECE et en vint même à l'infiltrer et le manipuler. Des représentants de Thomson, correspondants occasionnels du SDECE, arrivent à se servir de leur position pour faciliter la pénétration d'administrations étrangères à des fins exclusivement commerciales. Dans ces conditions, on imagine aisément combien est difficile la contribution de la DGSE au contrôle des ventes d'armes à l'étranger.

Une conséquence perverse de la militarisation concerne l'activité des réseaux SAC et Foccart qui concurrençaient le SDECE dans le renseignement et l'influence ; ils étaient même arrivés à le marginaliser en Afrique. Par une ambivalence très caractéristique de ce milieu, cette situation n'empêchait pas des officiers SDECE inféodés à ces réseaux de participer à des manipulations visant à l'affaiblir ou le discréditer, surtout après 1974 et l'arrivée au pouvoir de Valéry Giscard d'Estaing. Cette situation malsaine sera longtemps entretenue — sans doute l'est-elle encore aujourd'hui — par la proximité avec les réseaux SAC-Foccart d'officiers de certains clans de la DGSE d'une part, du haut état-major d'autre part, qui ont partagé les options de l'Algérie française, voire les actions de l'OAS.

J'en ai connu des manifestations précises fin 1981. L'une, en septembre, concernait une tentative d'intoxication en provenance du Gabon sur la situation au Tchad. L'autre, en décembre, consistait à disqualifier durablement le SDECE vis-à-vis des autres services occidentaux en introduisant dans sa centrale certains communistes notoires.

Comment en est-on arrivé à cette situation ? Comment la mainmise des militaires s'est-elle réalisée ?

Au cours de son histoire, la France a pourtant eu des activités secrètes qui ont souvent rendu des services considérables. Le père Joseph, au XVIe siècle, animait et coordonnait, pour le compte du cardinal Richelieu, une toile d'araignée d'agents de renseignement et d'influence à travers toute l'Europe. Ce réseau contribuait puissamment à la conduite de l'action extérieure. Louis XIV utilisait fréquemment, pour la préparation de ses entreprises, des agents secrets masculins et féminins, en particulier dans la pénétration de la cour de Charles II. Le cabinet noir de Louis XV est resté fameux, et le chevalier d'Éon a joué un rôle secret de premier plan dans l'alliance avec la Russie. Beaumarchais, tout en écrivant ses pièces, menait des opérations clandestines en Espagne ou en Amérique.

La France révolutionnaire tenta, au moins jusqu'en 1792, de poursuivre l'emploi d'agents civils pour percer les secrets des différentes cours d'Europe. Mais c'est surtout Napoléon —

comme général d'abord, comme Premier consul et empereur ensuite — qui systématisa l'usage des services de renseignements, d'agents d'influence et d'organes d'espionnage et de contre-espionnage. Ne déclarait-il pas :

> Ni la bravoure de l'infanterie, ni celle de la cavalerie ou de l'artillerie n'ont décidé un aussi grand nombre de batailles que cette arme maudite et invisible : les espions.

Le renseignement militaire et topographique — mais aussi politique — jouait un grand rôle dans la préparation des campagnes de l'empereur. Si la surveillance intérieure était exercée par les services de Fouchet, Napoléon fit grand usage d'un organe secret dirigé par un civil, Landrieux, et essentiellement orienté vers l'espionnage en Europe, surtout dans les territoires que la France occupait. Talleyrand employait aussi les services de nombreux agents implantés dans toute l'Europe, dont les informations jouèrent un rôle important non seulement dans la conduite de la diplomatie jusqu'en 1815, mais aussi dans la préparation des manœuvres du Congrès de Vienne.

Malheureusement, les différents régimes du XIXe siècle se désintéressent des activités secrètes. Le renseignement politique disparaît complètement, celui à caractère militaire subit une longue éclipse — sauf dans les opérations coloniales — pour resurgir après la défaite de 1870 : c'est la création du Deuxième Bureau dont l'activité est alors exclusivement orientée vers l'Allemagne et la préparation de la revanche.

Mais le Deuxième Bureau se trouve, à la fin du XIXe siècle au centre de l'affaire Dreyfus. Ce dernier, officier juif dans ce service, est accusé de trahison par la haute hiérarchie militaire de l'époque, dont se dissocient avec éclat certains officiers supérieurs. Quelques années après que Dreyfus eut été condamné, dégradé et envoyé au bagne, la réouverture de son procès fait éclater son innocence, non sans qu'entre-temps la France se soit profondément et violemment déchirée sur cette affaire. Le service de renseignements est dissous (seule une section est conservée, mais elle ne compte en 1905 que cinq officiers), et le contre-espionnage est transféré au ministère de l'Intérieur.

L'affaire Dreyfus marquera l'opinion publique, le corps des officiers et les hommes politiques. Ces derniers garderont en mémoire que la République a été violemment secouée par un scandale émanant des services de renseignement. Dès lors, cette activité sera longtemps considérée avec la plus grande méfiance. Et l'ironie veut que ce soit justement la haute hiérarchie militaire de l'époque — et non le Deuxième Bureau — qui ait été la principale responsable de cette affaire.

Pourtant, le Deuxième Bureau se relève lentement. Il joue un rôle non négligeable au cours de la Première Guerre mondiale. Il est en particulier à l'origine de la connaissance par l'état-major français du plan Schlieffen, suivant lequel les armées allemandes doivent envahir la France en août 1914 (renseignement auquel la haute hiérarchie militaire, en particulier le général Joffre, refusera de croire jusqu'en 1913). Il alerte également début 1916 le grand quartier général de l'imminence de l'attaque allemande sur Verdun, sans que la haute hiérarchie militaire en tire les conséquences. Cette myopie suscitera une réflexion désabusée de la part du général Navarre :

> Pour le gouvernement et pour le haut commandement, le SR était un organisme mystérieux, dont on admettait à regret la nécessité, mais dont on redoutait les initiatives pouvant amener des ennuis.

Cette attitude, qui reviendra fréquemment chez les responsables civils et militaires, éclaire de manière pertinente l'appréciation qui ne cessera, jusqu'à la fin du XXe siècle, de dicter leur attitude.

Et pourtant, le service de renseignement militaire réussit à nouveau dans la période qui précède la Deuxième Guerre mondiale à éclairer le haut état-major. Il parvient à pénétrer la chancellerie de Hitler dès 1935, seul service secret des pays occidentaux à avoir réalisé cet exploit. Il est informé de toutes les étapes de la préparation allemande : l'entraînement de ses troupes blindées en Union soviétique, les méthodes et stratégies, par exemple l'emploi combiné des blindés et des bombardiers en piqué ; les plans, y compris l'opération de la percée sur Sedan. Le service de renseignement français est même à l'origine de la connaissance par les Alliés des codes secrets allemands (Enigma) que s'approprieront ensuite les Britanniques. Cette découverte apportera une contribution significative à la conduite des opérations, en particulier pendant les batailles d'Angleterre de 1940, de l'Atlantique de 1940 à 1944, et de Normandie en 1944. Ces renseignements continuent d'être reçus par la haute hiérarchie militaire française avec le même manque d'intérêt qu'avant et pendant la Première Guerre mondiale.

C'est finalement à Londres, en 1942, que le général de Gaulle crée le premier service de renseignement politique, le BCRA, dirigé par Jacques Soustelle. Faut-il y voir l'influence de l'environnement britannique ? Après la Libération est difficilement réalisée la fusion d'éléments venus du BCRA, du Deuxième Bureau militaire, des forces françaises libres et de la Résistance. Puis le gouvernement de la IVe République crée en 1947 le service de documentation extérieure et de contre-espionnage (SDECE), rattaché au président du Conseil (équivalent du Premier ministre dans la Ve République). On lui confie les missions des services secrets politiques. Ses deux premiers directeurs généraux, des civils (Ribière et Boursicot), amorcent une structuration rendue difficile par l'hétérogénéité des personnels et les oppositions entre divers clans divisés par leurs tendances politiques conflictuelles et leurs origines. En 1957, le service est confié au général Grossin, ancien chef d'état-major particulier du président Auriol. Homme énergique et fin, extérieur à la camarilla de la haute hiérarchie militaire, il poursuit la consolidation du SDECE qui commence à s'affirmer à l'occasion des opérations en Algérie.

Après 1958, le général de Gaulle et surtout le Premier ministre Michel Debré, commencent à utiliser le SDECE dans la plénitude de son rôle. Des actions de natures diverses sont alors menées avec succès :

— opérations violentes contre le FLN en mer Méditerranée ; sept bateaux d'approvisionnement en armes sont détruits et en Europe, des trafiquants d'armes sont éliminés par le service Action (ces opérations menées dans le secret ne sont pas connues de l'opinion publique) ;

— intoxication psychologique en Algérie provoquant des affrontements sanglants entre trois wilayas ;

— conduite de contacts secrets pour amener certains responsables algériens à négocier avec le gouvernement français (l'effet en sera ruiné par une opération menée directement par l'Élysée, à l'insu du SDECE, qui aboutit au fiasco Si Salash) ;

— actions d'influence auprès de nombreux pays, en particulier en Amérique du Sud, pour obtenir des votes favorables à l'ONU sur la question algérienne, ainsi que pour neutraliser les menées américaines et soviétiques contre les essais nucléaires français ;

— interventions discrètes auprès de milieux influents en République fédérale d'Allemagne pour accompagner la politique de rapprochement voulue par le général de Gaulle ; elles aboutissent à la signature du traité de 1962 ;

— aides à la pénétration française en Amérique latine, en particulier au Brésil, au Venezuela et au Pérou ;

— assistance à l'industrie pour l'obtention de marchés à l'étranger, notamment en Suisse.

Pour la première fois en France, de 1957 à 1962, les services secrets assument avec succès l'ensemble de leurs missions de nature politique et économique, touchant à la fois aux domaines du renseignement, de l'ingérence, du contre-espionnage, du contre-terrorisme et de l'action. C'est la première tentative de ce genre depuis 1815. Elle est conduite grâce à la volonté et au discernement du Premier ministre Michel Debré, assisté dans son cabinet par Constantin Melnik, chargé de la coordination des services spéciaux. Elle doit aussi beaucoup à l'intelligence et à l'efficacité dont fait preuve le général Grossin, capable de dépasser sa spécialisation militaire et de saisir dans toute sa complexité le rôle confié aux services dont il a la charge. Elle est rendue possible par le recrutement d'agents civils au cours des années 1950.

Une fois la guerre d'Algérie terminée, et Michel Debré parti, cet édifice est malheureusement mis en pièces entre 1962 et 1964 par le général de Gaulle. L'affaire Ben Barka, qui pourtant n'impliquait pas le SDECE mais deux de ses agents agissant en dehors des missions du service, et dont le Général déclare lui-même qu'il s'agit d'une affaire subalterne, provoque sa funeste décision. Il décide de rattacher le service au ministère de la Défense (il aurait dit alors « les militaires y mettront de l'ordre ») commettant ainsi le plus incroyable contresens sur le caractère et les fonctions des services secrets. En même temps, les réseaux montés et manipulés — principalement en Afrique — par son conseiller Foccart s'emploient à vider le rôle du SDECE de substance, tout en utilisant des agents qui en font partie.

Georges Pompidou, ne comprendra pas l'intérêt des services secrets. Directeur du cabinet de de Gaulle, il adresse cette réflexion significative au général Grossin : « Ça sert à quoi, votre machin ? Les banquiers en savent beaucoup plus long », manifestant ainsi une étonnante méconnaissance de l'histoire des services secrets. La référence aux banquiers — probablement aux Rothschild (dont Pompidou avait été l'employé) — se rapporte sans doute aux services rendus par cette banque à la Grande-Bretagne au début du XIXe siècle, avant qu'elle ne mette en place ses propres structures gouvernementales. Pompidou est en outre animé d'une profonde méfiance vis-à-vis du SDECE. Il pense à tort qu'il a trempé dans l'affaire Markovic où le nom de sa femme a été cité.

Dès lors, le SDECE est remilitarisé. Pendant vingt-cinq ans, il sera constamment dirigé par des militaires, vrais ou ersatz, à l'exception d'une période de trente mois, trop courte pour la réalisation de réformes. Certains d'entre eux, chefs du Deuxième Bureau au début des années 1950 en Indochine, s'étaient affrontés au SDECE. Celui-ci avait alors une meilleure évaluation des forces vietminh, en particulier pour la bataille de Dien Bien Phu. Ils resteront animés par le désir de privilégier le renseignement militaire qui avait assuré leur carrière. Le SDECE sera tenu à l'écart de l'appareil gouvernemental par les présidents successifs qui le considèrent avec le manque d'intérêt et la suspicion que dénonçait le général Navarre en 1915. Il sera tourné en dérision par l'opinion publique, mal informée du rôle qu'il devrait remplir et sensible seulement aux différentes affaires, d'ailleurs mineures ou extérieures à ses missions (à l'exception de Greenpeace).

Cette extraordinaire myopie collective des responsables politiques tranche avec la conception des dirigeants des autres États modernes d'un service considéré comme un organe indispensable de l'appareil gouvernemental.

Leur histoire montre que les services secrets ont fait l'objet de l'attention constante des États. L'Angleterre avait déjà, aux XVIIe et XVIIIe siècles utilisé des agents pour percer les intentions des gouvernements du Continent et prévoir les mouvements des flottes de guerre et de commerce afin de préparer ses opérations. Certaines de ses plus importantes victoires sur mer — en particulier les coups portés à la guerre de course des corsaires français aux XVIIe et XVIIIe siècles, ou la victoire de La Hague au XVIIIe siècle — devaient beaucoup à la qualité de ses renseignements. Elle avait, au début du XIXe siècle, recouru aux services de la banque Rothschild, son réseau et ses communications, pour s'informer sur la situation politique dans les pays d'Europe et conduire la lutte contre la France napoléonienne (la fortune de la banque Rothschild s'arrondit lorsqu'elle fut la première à apporter à Londres la nouvelle de la victoire de Waterloo en 1815). Cette collaboration l'aidera ensuite à mener sa politique de balance continentale.

Mais c'est de la deuxième partie du XIXe siècle que datent ses premiers efforts d'organisation systématique du renseignement. Il s'agit d'abord de renseignement militaire, tant terrestre — durant la guerre de Crimée (1863) puis celle des Boers (1899-1902) — que naval. En 1870 est créé un département prenant pour la première fois le nom d'Intelligence Branch. Deux services de renseignement politique coexistent, rattachés l'un au Foreign Office, l'autre au ministère des Colonies. Pour faire face à la rébellion irlandaise, des unités spéciales (les SAS) sont créées. Elles serviront de modèle pour les services d'action occidentaux. Puis c'est la création du contre-espionnage offensif, le MI-5, rattaché au ministère de la Guerre et travaillant en liaison avec la Special Branch du ministère de l'Intérieur. Jusqu'en 1890, les principaux agents en sont des amateurs doués, des personnalités civiles participent à l'effort de renseignement.

Avant la Première Guerre mondiale, la classe politique y accorde de plus en plus d'attention. Le gouvernement crée en 1906 le premier service de renseignement politique qui prendra le nom de MI-6 en 1918 et sera rattaché au Premier ministre. Une école est créée à Devonshire pour préparer des fonctionnaires civils. Dès lors, toute influence de la hiérarchie militaire sur les services secrets disparaît. Au cours des années 1930, le MI-6 commence à s'intéresser à l'espionnage industriel et à l'action psychologique et subversive. Enfin, à l'occasion de la Deuxième Guerre mondiale, pour utiliser pleinement les nouvelles technologies, est créé le GCHQ, puissant organe d'interception des communications.

Ainsi la Grande-Bretagne dispose-t-elle, depuis près de quatre-vingts ans, d'un ensemble de services secrets dont la structure est restée inchangée. Tous trois sont dotés d'un statut civil, dirigés par des civils et coordonnés par un haut fonctionnaire relevant directement du Premier ministre. Ils utilisent des agents civils spécialement recrutés et formés.

Cet ensemble a fait la preuve de son efficacité et a joué un rôle important dans l'établissement et la poursuite de l'hégémonie britannique. Quelques exemples en donnent la mesure. Le renseignement naval oriente les actions de la Royal Navy. Le renseignement politique explique la qualité des choix et des influences dans la poursuite en Europe d'une politique de balance entre puissances continentales. La surveillance d'immenses territoires avec de faibles effectifs (les Indes avec un millier d'Anglais) n'est possible que grâce à l'excellence des renseignements et des réseaux d'influence. Le contrôle des petits royaumes et des pétroles du Moyen-Orient est le fait d'agents secrets, dont le plus célèbre est Lawrence d'Arabie. Certes, les services secrets connaissent des crises — comme les trahisons des années 1950 (MacLean, Philby) — mais c'est le prix à payer pour leur audace. Et si d'autres n'en connaissent pas de semblables, c'est qu'ils sont incapables de les détecter puis de les éradiquer.

La Grande-Bretagne administre ainsi la preuve qu'une démocratie authentique est capable d'employer efficacement ses services secrets à condition que les dirigeants politiques leurs prêtent suffisamment d'attention et en assurent la conduite effective.

Les États-Unis s'inspirent de l'expérience anglaise. Ils ne disposent jusqu'en 1939 que de services de renseignement militaires, d'ailleurs peu développés. Mais ils établissent à partir de 1941 une organisation d'espionnage et d'action clandestine : l'Office of Strategic Services (OSS), remplacé en 1946 par le Central Intelligence Group (CIG). En 1947, au début de la guerre froide, est créée la Central Intelligence Agency (CIA), organe du gouvernement fédéral (parallèlement au Federal Bureau of Investigation — FBI — chargé entre autres des activités de contre-espionnage), à laquelle s'ajoute, dans les années 1950, la National Security Agency (NSA), responsable des communications et des interceptions.

Ce sont tous des organismes à statut civil, constitués de fonctionnaires civils à recrutement et formation spécifiques. Leurs responsables ont presque constamment été des civils, à quelques rares exceptions près (le général Walters au moment du Watergate, ou l'amiral Turner sous la présidence de Jimmy Carter, ont laissé de piètres souvenirs). Ils relèvent directement du président des États-Unis et leurs activités sont coordonnés et orientées par le Conseil national de sécurité (National Security Council, NSC). Ils sont évidemment complètement dégagés de l'influence du haut état-major.

La CIA a obtenu de nombreuses réussites qui passent souvent inaperçues de l'opinion publique, encore que ce ne soit pas le cas du soutien aux résistants afghans, ou des renseignements sur les pays de l'Est. Elle a aussi connu des échecs, comme la tentative de débarquement à Cuba en 1960, ou l'incapacité à déstabiliser le régime sandiniste au Nicaragua dans les années 1980. Mais la tentative du président Carter de la marginaliser a fait long feu et elle est revenue plus forte qu'avant sous la présidence de Reagan puis sous celle de Bush, lui-même ancien directeur général de la CIA. Elle constitue en fait un organe incontournable du gouvernement des États-Unis.

Les services secrets allemands ont traversé des fortunes diverses. Efficaces sous Bismarck, ils ont connu une éclipse jusqu'au régime nazi. Celui-ci a fait coexister un service de renseignement militaire fort (l'Abwehr du général Canaris), la Gestapo (police politique), et la FHO de Gehlen, laquelle a fait largement appel à un recrutement civil. C'est cette dernière qui est à l'origine de la création, dans les années 1950, du service de renseignement ouest-allemand, le BND, dont le directeur relève du chancelier de la République fédérale d'Allemagne, et qui emploie exclusivement des fonctionnaires civils.

En 1917, le régime soviétique s'empresse de créer la Tcheka, qui hérite des traditions de la redoutable police politique des tsars. Elle changera plusieurs fois de nom pour prendre en 1956 celui de KGB.

Le KGB remplit une fonction importante au sein de l'État soviétique, tant dans ses missions d'espionnage, de contre-espionnage, d'opérations clandestines à l'étranger et de désinformation, que par ses actions de surveillance et de répression interne (c'est une singularité des régimes communistes). Ce n'est pas le lieu ici de recenser ses succès et ses échecs. Mais l'opinion internationale connaît son efficacité par le rôle qu'il joue dans le contrôle des pays de l'Est, ou les résultats obtenus en matière d'espionnage économique, technologique et industriel qui permettent à l'Union soviétique de combler une partie de son retard vis-à-vis de l'Ouest, en particulier en matière d'armement.

Le KGB emploie quelque 150 000 fonctionnaires à statut spécial (contre 50 000 aux USA et entre 3 000 et 5 000 pour les autres pays industriels). Son directeur a toujours été un civil et relève de l'instance politique suprême, le Politburo. Le KGB est non seulement soustrait à l'influence de la haute hiérarchie militaire, mais c'est au contraire lui qui surveille l'armée : chaque échelon de commandement est doublé d'un agent du KGB qui informe son administration sur l'état d'esprit régnant dans les unités et qui siège dans les commissions de promotion des officiers.

Le Japon dispose, à côté des services de renseignements militaire, de toute une panoplie de moyens civils : services d'observation politique rattachés au ministère des Affaires étrangères (Gaimusho), services de contre-espionnage et de contre-terrorisme rattachés au ministère de l'Intérieur, enfin réseaux d'espionnage technologique, industriel et commercial, coordonnés par le ministre de l'Industrie et du Commerce extérieur (MITI) et s'appuyant sur les firmes multinationales et les groupes bancaires. Cette organisation complexe avait déjà préparé dans les années 1920-1930 l'expansion économique et militaire en Asie à partir de l'expérience acquise dans l'exploitation de la Corée et surtout de la Mandchourie. Elle est soustendue par l'extraordinaire consensus national, la toile serrée de 121 millions de Japonais qui, lorsqu'ils se déplacent à l'étranger, se transforment en agents de renseignements. Nul doute que, le jour venu, cet ensemble de moyens sera encore plus étroitement intégré, avec le succès que l'on sait, dans des services spéciaux à dominante civile et économique.

On ne peut terminer cette énumération sans parler des services secrets israéliens, le Mossad, dont on connaît la redoutable efficacité. Bien qu'il s'agisse d'un pays en guerre permanente depuis 1947, sa direction, qui relève directement du

Premier ministre, est assurée tantôt par un militaire, tantôt par un civil, et ses agents sont des fonctionnaires civils. Le Mossad est particulièrement jaloux de sa totale indépendance vis-à-vis de l'état-major de l'armée israélienne.

Les dirigeants politiques français sont-ils donc les seuls à sous-estimer ou ignorer le rôle que peuvent jouer les services secrets ? Ils ont laissé le champ libre à la haute hiérarchie militaire. Paradoxalement, elle qui avait largement ignoré, aux XIXe et XXe siècles, la fonction du renseignement militaire, s'est mise à s'intéresser à un service de renseignement politique et économique dès lors qu'il pouvait devenir un maillon de sa chaîne d'influence sur le pouvoir civil, prolonger ses structures et offrir à ses officiers une affectation rémunérée.

Cette situation est d'autant plus fâcheuse que ces services ont, dans les États modernes, une fonction dans l'appareil gouvernemental qui va en s'affirmant. Les Anglais l'ont bien compris depuis maintenant un siècle. Et les Américains, les Soviétiques, les Allemands, les Japonais, les Israéliens, pour ne citer que ceux-là, les ont aussi intégrés à leurs gouvernements.

La nécessité de renseignements plus pointus sur les contextes politiques et économiques, l'espionnage technique et industriel, jouent un rôle croissant dans la conduite des affaires de l'État. Les nouvelles technologies d'observation et de communication ouvrent un champ neuf qui doit être exploité systématiquement. L'aggravation des menaces terroristes et subversives, avec lesquelles les nations développées devront apprendre à coexister et contre lesquelles elles devront se défendre, exige que l'État dispose de moyens spéciaux de renseignement et d'action, qui ne peuvent être fournis que par des services secrets efficaces. Le contre-espionnage et la contre-ingérence sont des fonctions indispensables à la défense d'une démocratie. La diplomatie parallèle peut jouer un rôle très utile dans certaines circonstances.

Et qu'on n'imagine pas que ces fonctions pourraient devenir moins nécessaires en cas de détente internationale. Car à l'inverse d'une idée reçue, c'est alors que l'espionnage et l'action clandestine s'intensifient.

Ainsi, la France est la seule des puissances de la planète dont les services secrets, placés sous la tutelle de la haute hiérarchie militaire, font partie du complexe militaro-industriel. Cette situation, dont Greenpeace a servi de révélateur, a de profonds effets pervers dont ne peut s'accommoder une démocratie. Dans la conjoncture qui se dessine en Europe et à l'Est, le pays qui aborderait ainsi le XXIᵉ siècle subirait dans ce domaine la loi de ses adversaires... et de ses partenaires.

CHAPITRE 5

AU CŒUR DU COMPLEXE

28 février 1986. Un article du quotidien *La Presse de la Manche* titre en première page : « Trois cargos de munitions ont quitté le port pour Bandar Abbas. Le rapprochement franco-iranien passe-t-il par Cherbourg ? » Le 6 mars, le Premier ministre Fabius demande une enquête. Le 13, le ministre de la Défense Paul Quilès porte plainte. Le 16, à la suite des élections législatives qui donnent la majorité à la coalition de droite, le gouvernement Chirac entre en fonctions. Le ministre de la Défense Giraud charge le contrôleur général des armées Barba d'enquêter. Le rapport hâtif qui en résultera sera remis à André Giraud le 6 juin 1986 et restera curieusement enterré dans son tiroir jusqu'en octobre 1987. Plus de seize mois s'écouleront avant qu'une enquête administrative soit diligentée. Il faudra attendre tout ce temps pour que la plainte de Quilès soit suivie d'effet et qu'un juge d'instruction soit désigné. Après un début d'investigation, le magistrat inculpera un membre du cabinet du ministre Hernu, Jean-François Dubos, et deux dirigeants de la société Luchaire, dont Dewavrin, fils du chef des services secrets de De Gaulle à Londres et ingénieur de l'armement.

En juin 1989, près de deux ans plus tard, un communiqué laconique conclut à un non-lieu. Le juge d'instruction, n'ayant pu rassembler de preuves permettant d'étayer les trois inculpations, accuse publiquement le « complexe militaro-industriel » d'obstruction à la justice. Évidemment aucune sanction administrative n'est prise par l'exécutif, en particulier par le ministre de la Défense. Aucune enquête du pouvoir législatif, aucun débat parlementaire ne sera demandé. Certaines rumeurs, jamais contredites ni confirmées, affirment encore que ce trafic d'armes s'est prolongé en 1986 et 1987, ce qui semble d'ailleurs corroboré par la démission, imposée par le ministre Giraud, de M. Bernardy, P-DG de la SNPE (Société nationale de poudres et explosifs), autre société d'armement impliquée.

L'objet de ce chapitre n'est pas de s'interroger sur le caractère insolite d'une décision de justice qui stoppa net toute recherche sur les motivations — financement de partis politiques, trafic d'influences, corruption, volonté de sauver de la faillite une société d'armement dirigée par un ingénieur du corps de l'armement. Ce qui est certain, c'est que la société Luchaire a livré à l'Iran, entre 1982 et 1986, près d'un million d'obus d'artillerie, et que ce commerce s'est probablement poursuivi en 1986 et 1987. Ce qui est plus que probable, c'est que dans la même période, la SNPE a fourni à l'Iran de grandes quantités d'explosifs. Il est avéré que ces trafics ont fait l'objet de nombreux rapports de la DGSE, de la DPSD et de la DST, tous restés lettre morte. Il est établi que la commission interministérielle d'étude pour l'exportation des matériels de guerre (CIEEMG) a émis des avis favorables à des exportations, par les deux sociétés, pour des destinations fausses, fantaisistes même. Toutes les instances de la Défense savaient qu'il s'agissait de pays ne disposant pas de canons du calibre correspondant aux obus livrés.

Ainsi ces trafics ont été autorisés et se sont poursuivis pendant plusieurs années grâce à la connivence active ou passive de nombreux hauts fonctionnaires civils et militaires, en particulier du ministère de la Défense. Ils se sont effectués en contravention formelle avec la politique étrangère de blocus, adoptée par le gouvernement français et explicitement confirmée par des déclarations de François Mitterrand. Aucune sanction administrative n'a été prise, et la justice est restée impuissante du fait de l'obstruction pratiquée par toutes les instances du ministère de la Défense, ministre inclus. Cette affaire constitue une étonnante illustration des liens occultes et de la solidarité des hommes qui composent le complexe militaro-industriel, explicitement dénoncé par le juge. Elle nous fait entrer côté cour dans son intimité. Mais l'énorme budget de la défense et les programmes que nous avons déjà rencontrés dans les domaines aéronautique, nucléaire et naval, sont aussi les produits de ce système tentaculaire.

Prenons-en d'abord la mesure. Dans la mouvance du complexe vivent 3 600 000 Français, soit 6 % de la population totale. Il dépense un budget total annuel de 185 millliards de francs, soit 3,7 % du PIBM. Il mobilise 10 % de l'effort national de recherche et de développement, presque exclusivement dans des technologies de pointe. Ses industries d'armement emploient 280 000 personnes de haute qualification, 8 % de la population industrielle totale, c'est-à-dire entre 10 et 15 % pour six des régions françaises.

Ces quelques chiffres donnent une idée de la dimension du complexe. Son poids dans la société se trouve encore renforcé par la charge émotionnelle, positive ou négative, qu'il véhicule, par les aspects de sécurité et de secret qui lui sont appliqués, par les dimensions de patriotisme et de prestige qui lui sont attachées, ainsi que par ses fortes connotations historiques dans un pays si souvent et si sévèrement affecté par la guerre.

Le citoyen imagine un ensemble bien structuré et hiérarchisé où le pouvoir exécutif élu exerce la fonction d'autorité et de contrôle qui lui incombe. On lui dit que l'instance suprême est le président de la République, chef des armées. S'appuyant sur les avis du Conseil supérieur de défense, celui-ci est supposé décider des orientations générales et des options principales et nommer aux principaux postes de responsabilité. Il conserve le contrôle direct de la mise en œuvre des moyens nucléaires.

Le Premier ministre dispose lui aussi d'un cabinet militaire. Le secrétariat général de la Défense nationale lui est directement rattaché, et il est presque toujours dirigé par un officier général.

Et puis il y a le ministre de la Défense, lui aussi assisté d'un cabinet militaire et d'un cabinet civil qui interviennent dans toutes les affaires importantes... et quelquefois moins importantes comme l'affaire Luchaire. Ils constituent le canal par lequel l'autorité de l'État devrait s'exercer sur l'ensemble du système, le lieu privilégié où devraient se réaliser l'animation, la concertation et la coordination de ses différents organes.

Les choses sont pourtant loin de se passer aussi simplement. Dans un système aussi vaste, aussi tentaculaire, d'énormes intérêts sont en jeu, souvent de nature financière, mais qui touchent aussi au domaine des ambitions, de la réussite, de la puissance, du prestige. Au cœur de cette stratocratie se développe donc tout un jeu d'influences pas toujours légitimes, caché sous l'ésotérisme qui entoure souvent les questions de défense et à l'abri du secret dont on les affuble aisément, même — et quelquefois surtout — lorsque c'est injustifié.

Le premier acteur du complexe, celui qui noue et développe de nombreuses opérations, c'est la Délégation générale à l'armement (DGA). Créée en 1962 par le général de Gaulle sous le nom de Délégation ministérielle à l'armement, elle est la pièce centrale du dispositif militaro-industriel, chargée de la mise en œuvre de la politique d'équipement. Elle sera réorganisée par une loi de 1977 qui définit ses attributions et lui donne le nom qu'elle porte aujourd'hui.

La seule énumération de ses fonctions suffit à souligner le caractère exceptionnel, presque exorbitant, d'un organe qui paraît n'avoir d'équivalent dans aucun pays. Elles lui confèrent un rôle à la fois étatique, technologique, industriel et commercial. La DGA constitue par essence le lieu de rencontre et le centre de dialogue des différentes parties militaires, techniques, industrielles qui concourent à l'effort de défense. Elle conduit et assure la concertation et la coordination entre utilisateurs, ingénieurs et constructeurs pour la détermination des programmes d'équipements nécessaires à la conduite de la stratégie et de la tactique. Elle est le maître-d'œuvre des lois quinquennales de programmation et des budgets annuels d'équipements. Elle chapeaute les organes techniques et industriels chargés de la conception et de la réalisation des systèmes d'armes. Les établissements d'État sont, de plus, placés directement sous sa tutelle.

Pour assumer toutes ses missions, la DGA dispose de moyens puissants. Elle emploie 73 000 personnes dont plusieurs milliers d'ingénieurs ou techniciens supérieurs. Elle se compose d'une direction de recherche avancée, de cinq directions par type d'armement, qui gèrent directement un ensemble imposant d'établissements industriels (48 000 personnes), comprend des centres d'essais et des laboratoires. Son budget recherche-développement s'est monté en 1989 à 26 milliards alimentant ses services de recherche de l'industrie. Elle joue aussi un rôle clé dans le développement des technologies de défense : industrie aérospatiale, construction navale, matériels terrestres, équipement électronique et informatique. Seul le nucléaire, qui relève de la Direction des affaires militaires du CEA, échappe à son action directe mais non à sa compétence de coordination. Elle contribue ainsi significativement à l'effort national de développement des hautes technologies.

La DGA dispose en son sein d'un organe de promotion des ventes à l'étranger et de coordination des coopérations internationales, la Direction des affaires internationales (DAI). Nous l'avons déjà vue à l'œuvre dans le domaine aéronautique et elle est très active dans les exportations d'armes... ainsi que dans certaines affaires. Cette direction dispose d'un réseau important auprès des ambassades, missions techniques de l'armement ou attachés militaires. Elle dispose à cet effet de toute une panoplie sophistiquée d'aides directes et indirectes, de garanties et de prêts d'État, ce qui lui confère une grande influence sur l'activité internationale des industries. Elle joue un rôle clé dans la préparation, la mise en œuvre et le contrôle de l'application d'autorisations élaborés par la commission interministérielle d'étude des exportations de matériel de guerre (CIEEMG), dont elle assure le secrétariat.

Les missions de la DGA, les pouvoirs qu'elle détient en matière de technologie et d'industrie, l'importance de ses moyens propres, lui confèrent une puissance et une influence qui en font le point focal du complexe militaro-industriel. De plus, le délégué général placé directement auprès du ministre est investi d'un grand pouvoir, plus important, disent certains, que celui du chef d'état-major des armées. La DGA s'appuie en outre sur le corps des ingénieurs de l'armement, son noyau dur.

Ce corps militaire est né en 1968 de la fusion des corps des ingénieurs de l'Aéronautique, des Fabrications d'armement, du Génie maritime, des Poudres et des Télécommunications d'armement, auxquels se sont joints en 1970 les ingénieurs hydrographes. Un décret de décembre 1982 en définit le statut particulier et les missions, essentiellement « préparer, diriger, contrôler l'exécution scientifique, technique et industrielle des programmes d'armement ». Il est composé d'hommes issus de l'École polytechnique — une trentaine par promotion — qui reçoivent ensuite une formation appropriée dans deux écoles d'application de haut niveau. Il comprend en 1989 environ 2200 ingénieurs en activité, un des plus fort contingents en France d'ingénieurs d'État. Ils sont affectés pour moitié à la

DGA elle-même, le reste étant pour l'essentiel réparti dans les sociétés d'armement.

Leur qualification supérieure scientifique et techniquc semblerait les désigner aux fonctions de conception. C'est en fait rarement le cas, et ils sont surtout employés comme administrateurs technologiques. Ils réussissent bien dans la conduite et la coordination d'opérations complexes dont la plus significative fut la réalisation du sous-marin à propulsion nucléaire. Ils s'attachent en particulier à la mise au point des plans et des budgets auxquels ils apportent continuité et perspective. En matière de conception, ils dépendent largement des bureaux d'étude et des services d'essai, soit de la DGA elle-même, soit surtout des firmes. Ainsi, par exemple, dans le domaine aéronautique de nombreux développements sont le fait des services d'études de sociétés presque toujours composés et dirigés par des ingénieurs non membres du corps de l'armement. Ils ont par ailleurs peu de goût et de compétences pour les tâches industrielles et commerciales pour lesquelles ils dépendent d'organes *ad hoc*. D'où des dérapages perfectionnistes dans les définitions, des dépassements de budget et des dérives dans les coûts et les délais de fabrication, tels que nous les avons observés dans les domaines aéronautique et naval.

Les ingénieurs de l'armement pratiquent sur une grande échelle le « pantouflage », c'est-à-dire le passage, souvent sans transition, du service de l'État à celui des entreprises travaillant sous contrat avec ce dernier. Citons quelques exemples : l'ancien directeur de la DAI, De l'Étoile, est recruté en 1975 par Dassault pour devenir un de ses directeurs généraux adjoints. Le délégué général Martre est nommé en 1984 président de l'Aérospatiale. Le délégué général à l'armement Blanc passe en 1985 au service de la SNECMA, dont il devient un des principaux responsables. Benoît Bazire, ancien directeur de cabinet du ministre Giraud, devient en 1987 un des responsables de Thomson-Brandt armement. Michel Lagorce, directeur des programmes aéronautiques, passe directement au service de General Electric, la firme américaine des moteurs d'Airbus. Le corps considère ces migrations comme allant de soi, et comme normal le maintien d'un faisceau de connivences entre l'État et le secteur privé. Les ingénieurs du corps sont d'ailleurs regroupés dans une organisation savoureusement appelée

« confédération amicale des ingénieurs de l'armement », archétype du groupe de pression et du réseau de solidarité entre ses membres.

Le corps de l'armement contrôle étroitement tous les secteurs techniques et industriels de l'armement. C'est le cas d'abord des organes d'état-major et industriels de la DGA. Mais c'est aussi le cas de la quasi-totalité des firmes nationales ou privées d'armement dont les membres occupent tous les postes importants de direction et de responsabilité.

Le corps de l'Armement constitue, à l'instar d'autres castes élitistes françaises, un monde clos, fermé sur lui-même, pratiquant l'autopromotion, l'autodésignation, l'autocontrôle, l'autosanction... et quelquefois l'autosatisfaction. Son incapacité ou sa réticence à la confrontation avec d'autres groupes de pensée, ses tendances monoculturelles, l'inclinent au conformisme et le rendent moins apte à saisir et intégrer des situations structurelles ou des évolutions conjoncturelles sortant de ses domaines de compétence et de ses façons de voir. Son recrutement est caractérisé, depuis quelques années par l'impossibilité de remplir le quota prévu à la sortie de Polytechnique. C'est un signal d'alarme quant à une désaffection que certains attribuent exclusivement à des questions de rémunération, alors qu'il y entre certainement une large part de désillusion. C'est aussi une menace de vieillissement, qui pourrait radicaliser la tendance au repliement et au conservatisme.

La psychologie collective du corps est celle du technologisme triomphant. Ses effets sont magnifiés par son règne sans partage sur les diverses composantes du secteur de l'armement qui dialoguent par l'intermédiaire d'ingénieurs de même culture, parlant le même langage et partageant les mêmes ambitions. Ils sont ainsi enclins à promouvoir vigoureusement des solutions techniques, même si elles conduisent à l'impasse, lorsqu'elles servent leurs ambitions ou satisfont leur ego technique. Les conséquences peuvent en être sérieuses du fait du monopole technique collectif qu'ils détiennent.

Le deuxième acteur du complexe se compose des forces armées qui regroupent 700 000 militaires, dont environ 300 000 de carrière et 140000 fonctionnaires civils. Si l'on excepte la gendarmerie, placée sous l'autorité d'un haut fonctionnaire civil, chacune des trois autres armes est commandée par un état-major lui-même sous l'autorité d'un officier général. Ces organes sont chargés de la préparation des forces, de leur mise en condition, et de leur commandement en cas de conflit. Ils doivent en principe proposer les options stratégiques et formuler les choix tactiques et, en conséquence, exprimer les besoins en armement et en équipement découlant des orientations qu'ils ont à charge de définir. Les grandes unités opérationnelles sont placées sous l'autorité de généraux de l'arme à laquelle elles appartiennent.

Depuis la réorganisation de 1962 un chef d'état-major des armées (CEMA) est nommé auprès du ministre. Il est assisté d'un organe propre qui travaille en parallèle avec les états-majors des autres armes et se réserve les choix principaux, souvent préparés à des niveaux hiérarchiques insuffisants. Les quatre chefs d'état-major composent certes le « Comité des chefs d'état-major ». Mais celui-ci ne se réunit qu'une fois par trimestre sous la présidence du ministre de la Défense. Si les réunions au niveau du CEMA sont plus fréquentes, elles présentent un caractère facultatif et intermittent, et se déroulent en fonction d'un ordre du jour expressément autorisé par le ministre. Il en résulte une concertation sommaire et limitée entre les quatre armes, ne permettant pas de saisir dans toute leur complexité les nombreuses questions spécifiques aux missions et aux stratégies interarmes. Les travaux de préparation des grandes options en souffrent, et ils débouchent fréquemment sur des choix qui doivent plus à la concurrence entre armes ou au désir de trouver des satisfactions équilibrées qu'à un examen systématique et rigoureux des différentes solutions en présence.

Cette organisation diffère profondément de celle du Pentagone américain. Là, les quatre chefs d'état-major se regroupent en un organisme collégial, le « Joint Chiefs of Staff », présidé par l'un d'entre eux, *primus inter pares,* et doté d'un organe de synthèse réduit. Ce collège se réunit fréquemment, souvent une fois par semaine, réalisant ainsi avec le maximum de souplesse la concertation et la coordination des quatre armes.

Le noyau dur des forces armées est constitué par la haute hiérarchie militaire. Il s'agit d'officiers généraux qui occupent les postes de commandement au niveau de l'état-major des armées, de celui des quatre armes et des grandes unités. Au total, une cinquantaine d'hommes par génération.

Ce qui frappe d'abord, lorsqu'on est en contact avec la haute hiérarchie, c'est qu'elle constitue un club fermé où les affrontements — généralement feutrés, même s'ils tiennent parfois de la lutte au couteau — ne sont pas exclus, par exemple pour les promotions ou le partage des budgets, mais qui présente néanmoins un front uni et une grande cohésion vis-à-vis du pouvoir civil. Cette caste se distingue aussi profondément du corps des autres officiers cantonnés dans une carrière ordinaire. Ce qui prédomine à ce niveau n'est plus tellement le goût du métier des armes et l'acceptation de ses risques — qui ont peut-être existé avant l'accession aux grades supérieurs — que l'ambition ou la réussite personnelles, l'appétit de prestige ou de pouvoir. Le corps des officiers ordinaires en ressent bien normalement de l'amertume et de la frustration. Cela explique les nombreux malaises qu'on voit s'y développer.

L'accès à ces hauts postes fait généralement suite à une carrière d'administrateur, d'attaché militaire à l'étranger ou de membre de cabinet ministériel, entrecoupée de quelque temps de commandement. Il passe par la formation supérieure et le crible des écoles d'état-major et de guerre, essentiellement des exercices d'aptitude intellectuelle et la capacité à faire des exposés brillants, dans le plus grand respect de la doctrine stratégique et des choix tactiques du moment. Il n'est jamais question d'y vérifier les qualités de caractère, les aptitudes au commandement, ou la propension au courage, encore moins de mesurer ou de développer les potentialités novatrices susceptibles de faire avancer la réflexion militaire... Car ce qui compte avant tout, c'est le conformisme à l'éthique et au choix du Club. Celui qui fait preuve d'imagination créative suscite la plus grande méfiance, et il est en général écarté par une cooptation rampante, tactique qui contribue puissamment à l'indigence de la pensée stratégique.

S'y ajoutent les critères de loyauté au régime, de « républicanisme ». Les hommes politiques de la IIIe République avaient été marqués par le souvenir du 18 Brumaire, du 2 Décembre, par les débuts difficiles de la République avec l'affrontement de Mac Mahon, la rocambolesque tentative du général Boulanger et l'affaire Dreyfus. Ils considéraient qu'il était capital de limiter l'accès aux postes de haute responsabilité à des officiers dits « sûrs ». Ainsi se trouvaient choisis ceux qui donnaient des gages de soumission, fréquentaient les milieux politiques ou les salons en vogue, à Paris mais aussi en province, lorsqu'un commandement les mettait au contact de notables de préfecture.

Après la Première Guerre mondiale, les politiques n'ont plus eu besoin de vérifier le conformisme et la « fiabilité » des membres de la haute hiérarchie. La cooptation et l'auto-sélection y pourvoyaient, tant cette dernière avait été conditionnée par la période antérieure à 1914, et préparée à écarter elle-même ceux qui ne remplissaient pas les critères « politiques ».

La singularité de l'activité militaire, qui ne connaît pas de sanctions périodiques ou continues en dehors des conflits armés, fait que ces méthodes de désignation se paient très sévèrement. Nous en avons déjà observé les effets dans le domaine naval.

La préparation et la conduite des opérations de la Première Guerre mondiale en ont fourni une autre dramatique illustration. La défaite ne fut évitée sur la Marne, début septembre 1914, qu'après le remplacement en catastrophe de 54 des 100 généraux en opérations (on forgera alors le terme de limogeage, du fait de leur affectation à Limoges). Ils furent remplacés par des colonels qu'ils avaient précédés à l'avancement en temps de paix. Un Pétain, par exemple, futur généralissime, qui, en août 1914, n'était que colonel et à la veille de prendre sa retraite. L'indigence de la pensée stratégique et l'insuffisance du haut état-major pesèrent lourdement dans les massacres de 1915 et 1916.

La situation se reproduisit en 1938, où l'armée française aborda la guerre avec une doctrine obsolète. La haute hiérarchie se révéla incapable de tirer les conséquences des nouveaux armements et de comprendre le parti à tirer du couple de rupture char-avion. Mais, cette fois, la rapidité de l'avance allemande en mars 1940, la vitesse de déplacement des unités blindées de la Wehrmacht, ne permirent pas de rééditer l'opération d'assainissement d'août 1914.

Le processus de désignation de la haute hiérarchie se perpétue sous la IVe et la Ve République, avec, certes, quelques exceptions liées à la situation de conflit des années 1944-1962. Avec aussi des différences de méthodes dues à la personnalité des présidents successifs et à leur appréciation des affaires militaires

— pour de Gaulle, un certain mépris accompagné du « ce n'est pas à moi que vous allez la faire » — pour Pompidou, un grand scepticisme matiné de rouerie paysanne — pour Giscard, un intellectualisme autocratique non dénué d'arrière-pensées politiciennes — pour Mitterrand, une méfiance viscérale doublée de répugnance vis-à-vis des sujets hautement techniques.

Au fil du temps, les comportements de la haute hiérarchie s'affinent et se diversifient. Elle prend goût aux manœuvres de couloir et d'antichambre, à la manipulation du pouvoir civil. Seule l'armée de l'air n'y participe pas, du fait des difficultés des ingrates années 1945-1960, des exigences de technicité et de la complexité du jeu à trois avec les ingénieurs et les industriels.

On en arrive ainsi à une haute hiérarchie manipulatrice et particulièrement habile aux jeux d'influences, certes déchirée par le heurt des ambitions internes mais très unie face aux instances politiques et civiles pour tout ce qui concerne son pouvoir et son influence. Une haute hiérarchie qui contrôle étroitement les admissions et les promotions en son sein, qui fait montre de la plus grande vigilance dans le choix et la mise en place des hommes aux postes clés, en particulier auprès du président de la République, du Premier ministre, du ministre de la Défense — ce que certains appellent le triangle de fer — ainsi qu'aux fonctions de directeur général de la DGSE et de secrétaire général de la Défense nationale. Une haute hiérarchie qui dispose d'un vaste réseau d'influences pour agir aux principaux niveaux de l'État, comme l'a montré l'affaire Greenpeace.

Bien sûr, l'habileté manœuvrière et la capacité d'influence du club dépendent de la personnalité de ses leaders. Et de ce point de vue, les personnalités des chefs d'état-major, en particulier du chef d'état-major des armées, constituent un facteur important.

Le général Lacaze est choisi par Giscard d'Estaing, il passe par-dessus de nombreux officiers généraux plus anciens et brûle les étapes pour être promu chef d'état-major des armées en 1976. Exploitant une carrière d'officier comportant deux passages au SDECE, il passe maître dans l'art de la manœuvre de couloir et de la construction d'un faisceau d'officiers courtisans, il parvient, après l'arrivée de la gauche au pouvoir en 1981, à se maintenir quatre ans au poste suprême auquel l'a nommé Giscard, puis à se faire désigner comme conseiller auprès d'un chef d'État africain. Il utilise, pour conforter son influence, des réseaux qu'il a contribué à organiser au sein ou en marge des services secrets. Il se permet même de donner en 1985 une longue interview à un hebdomadaire, où il détaille ses conceptions en matière de politique de défense. Il réussit ainsi dans la manipulation des ministres successifs de la Défense, en particulier de Charles Hernu qui deviendra son homme lige. Cette situation, s'ajoutant à sa connaissance supposée de la DGSE et à sa position de chef d'état-major interarmes au moment de Greenpeace, le désigne comme le premier responsable de fait de cette affaire. Son passage au CEMA a laissé un souvenir médiocre, celui d'un vide conceptuel. Ses inclinations politiques apparaissent enfin en plein jour en 1989, lorsqu'il est candidat sur la liste de droite aux élections européennes, puis porté à la présidence du Centre national des indépendants.

Je pense à cet autre membre de la Haute Hiérarchie qui a fait carrière à force de complaisance vis-à-vis d'hommes politiques. Ses silences cachent un grand vide conceptuel, qu'il compense par un goût prononcé pour les détails et une propension à l'inquisition. Il dispose d'une grande expérience des intrigues d'antichambre pour monter les échelons et renforcer sa position.

Je pense aussi à ce haut responsable militaire dont les exposés brillants ont attiré l'attention des autorités politiques. Bien que petit, son allure patricienne a retenu l'intérêt d'un dirigeant en mal de grandeur. Il cache sous le prestige de ses étoiles, un caractère et une autorité qui ne sont pas à la mesure de ses qualités intellectuelles.

Une autre pratique s'est développée sous la Ve République, à l'instar de celle qui a cours chez les ingénieurs ; le passage d'officiers généraux, entraînant avec eux un certain nombre d'officiers supérieurs, à des postes d'autorité dans l'industrie d'armement. Le plus bel exemple en est fourni par le général Jacques Mitterrand dont je ne cherche pas ici à mettre l'honorabilité en cause. J'ai pu l'apprécier en travaillant avec lui à la direction de l'Aérospatiale. La carrière de ce frère du président de la République n'en est pas moins symbolique. Mis en 1975 à la retraite de son grade de général à quatre étoiles, inspecteur général de l'armée de l'air, il est nommé sans transition président d'Aérospatiale. Puis, de nouveau atteint en 1984 par la limite d'âge des dirigeants d'entreprises publiques, il reste pendant un an président du GIFAS, c'est-à-dire chef de lobby de l'industrie aérospatiale, avant de prendre la présidence de l'Office général de l'air, organe privé s'occupant de la commercialisation de cette industrie dans la moitié de la planète. Son cas n'est pas unique même s'il a connu toutes les activités du complexe. Le général Fleury, chef d'état-major de l'armée de l'air, devient en 1981 président de l'OFEMA. Le général Capillon, chef d'état-major de la même arme, est nommé en 1985 président de la SNECMA. Évidemment, l'exemple aidant, de nombreux officiers généraux ou supérieurs passent au service de l'industrie. Nous avons déjà vu comment Dassault était devenu spécialiste du recrutement d'officiers généraux et supérieurs de l'armée de l'air, et combien les offices d'exportation aéronautique (OGA et OFEMA) en étaient truffés.

Le troisième des acteurs principaux du complexe est constitué par le réseau des 6000 industries d'armement, par leurs sous-traitants et par leurs fournisseurs. Elles emploient 280000 personnes, dont 256000 dans des tâches industrielles, réparties en :

Établissements publics	48000
Entreprises nationales	99000
Entreprises privées	98000

Ce sont pratiquement toutes des activités de haute technologie[1] :

Aérospatiale	76000
Nucléaire	10500
Naval	78000
Électronique	58000
Terrestre	17000
Divers	18000

1. Annexe II : Liste des entreprises.

Ces industries disposent dans l'Hexagone d'une large implantation régionale[1] : elles y sont des créatrices d'emploi de haute qualification, servant de locomotives au développement économique, du moins aussi longtemps que les activités d'armement seront porteuses.

Ces industries se retrouvent dans des groupements ou des syndicats patronaux très actifs, pour soutenir les activités de défense et en particulier les programmes d'armement. Les firmes maîtresses-d'œuvre y côtoient sous-traitants et fournisseurs, ce qui facilite la création et la poursuite des liens commerciaux. Ainsi, à tous les niveaux des industries d'armes, le régime de concurrence est largement absent, et la manne des programmes de défense vient nourrir des profits exceptionnels du haut en bas de la chaîne de production.

Le complexe militaro-industriel comprend aussi ses auxiliaires et ses supplétifs. On trouve d'abord les réseaux de commercialisation à l'exportation. Une des singularités du système, c'est l'existence d'offices disposant de l'exclusivité des ventes à l'étranger. Implantés en permanence dans de nombreux pays, ils entretiennent des contacts suivis avec les autorités locales. Ils utilisent les services d'intermédiaires souvent douteux, qui sont en fait des trafiquants d'armes. Ces offices recrutent l'essentiel de leur personnel parmi les officiers généraux ou supérieurs, en particulier au moment de leur prise de retraite. La personnalité de leurs dirigeants donne la mesure de leur influence. Dans l'aéronautique, par exemple, en 1989, le général Jacques Mitterrand pour l'OGA, et le général Fleury, qui a succédé au général Larché, pour l'OFEMA, sont tous deux d'anciens chefs d'état-major de l'armée de l'air. Il est aisé d'imaginer la force et l'étendue de leur réseau de relations.

Ces offices, points de passage obligatoire pour les exportations d'armes, manipulent les fameux FCE (frais commerciaux extérieurs), commissions souvent occultes qui rémunèrent les prestations ou les services rendus par des intermédiaires. Compte tenu du niveau des contrats — qui peuvent atteindre plusieurs milliards de francs — et des pourcentages habituels — qui peuvent se monter à 5 % —, il s'agit de sommes considérables. Les offices disposent ainsi de fortes potentialités d'influence, en

1. Annexe III : Répartition géographique des entreprises.

principe dans les pays acheteurs, mais aussi en France. Les firmes industrielles qui ont tenté de remettre en cause leur exclusivité ont dû renoncer devant la résistance acharnée qu'ils leur ont opposée et sous la pression des appuis dont ils disposent.

Les offices utilisent tout un réseau de supplétifs, largement rémunérés, pour préparer les interventions, nouer les contacts et huiler les mécanismes de décision dans les pays acheteurs. Ils coexistent avec des petites officines et des affairistes, constituent un milieu interlope, et un peu apatride, où les coups bas ou tordus sont monnaie courante ; ils peuvent aussi se livrer à des trafics d'armes illégaux... et d'autres produits moins recommandables.

Ils font surface, parfois discrètement, à l'occasion de certaines affaires : Luchaire en France, Irangate aux États-Unis, Bofors en Suède. Ce sont des entremetteurs ou des affairistes, parfois militaires à la retraite, de nationalité diverse : libanaise, saoudienne, iranienne, italienne, portugaise, américaine, française... Ils travaillent indifféremment pour les fournisseurs, du monde entier. Ils trempent souvent dans d'autres genres de trafics, manipulent des sommes considérables et accumulent profits faciles et richesses. Ils pratiquent le blanchiment de l'argent, alimentent des comptes en Suisse, sont engagés dans des actions d'influence, en principe à l'étranger, mais pas toujours...

Inévitablement, des passerelles se créent entre eux et les décideurs politiques et économiques avec qui leurs activités les mettent en contact. On se souvient de l'apparition dans l'affaire Péchiney du Libanais Samir Traboulsi. Certains ont été surpris qu'il ait alors empoché 12 millions de francs pour avoir organisé quelques rendez-vous, mais cela constitue une somme ridicule comparée à ce qu'il a coutume de gagner comme intermédiaire pour de gros contrats d'armes. Son intimité avec Bérégovoy, pourtant un des hiérarques socialistes les plus honorables, et avec Boublil — alors son directeur de Cabinet et antérieurement grand maître à l'Élysée des affaires industrielles — donne la mesure de la confusion des genres qu'induit ce commerce [1].

A la catégorie des auxiliaires, appartient toute une série d'organisations et d'hommes, permanents ou occasionnels, qui

1. Bérégovoy lui remit la Légion d'honneur et l'invita à une réception très privée ; Boublil passait des vacances sur son yacht pendant les négociations sur le rachat d'American Can par Péchiney.

font profiter le complexe d'appuis et d'assistances. Certains membres des assemblées parlementaires constituent des relais efficaces pour soutenir des projets ou des intérêts particuliers. Dassault poussait la chose à un haut degré de raffinement, étant lui-même, pendant de longues années, député RPR. Il ne siégeait pas souvent à l'Assemblée mais profitait pleinement de la tribune qui lui était ainsi offerte.

Les membres des commissions de défense nationale de la Chambre, ou du Sénat, constituent également des relais particulièrement utiles. Ils font l'objet d'une attention très soutenue de la part des acteurs du complexe, en particulier des industriels. Il est frappant de noter qu'ils représentent souvent des circonscriptions où se situent des implantations sensibles, et leur sollicitude n'est jamais en défaut lorsque certaines sont menacées de réduction, voire de fermeture. Ils se recrutent fréquemment parmi les « spécialistes » de défense des partis politiques, presque toujours de fidèles supporters du complexe. Qu'on se souvienne du rôle d'Hernu au Parti socialiste dans les années 1970, qui préfigurait son attitude lorsqu'il fut ministre de la Défense.

Il en va de même des politiciens dans les régions où sont basées des casernes ou des établissements industriels. Citons pour mémoire le cas folklorique des interventions en 1989 pour le maintien à Barcelonette d'un bataillon de chasseurs alpins menacé de déplacement. Des journaux ont alors fait paraître en bonne place une photographie de Mme le Maire au balcon, drapée de tricolore, ce qui faisait irrésistiblement penser à la chanson de l'Artilleur de Metz.

Et puis il y a les leaders d'opinion ou les simples citoyens qui ont développé une prédilection particulière pour la chose militaire. Ils sont informés et quelquefois mobilisés au travers d'organisations telles les associations d'officiers de réserve ou d'anciens combattants.

Il faut faire ici une mention particulière des anciens auditeurs de l'Institut des hautes études de défense nationale, cas intéressant de dévoiement d'une initiative qui aurait pu être constructive. L'institut aurait en effet pu être le lieu d'une confrontation de points de vue pouvant enrichir les réflexions militaires. Il organise des sessions où se rencontrent un tiers d'officiers supérieurs, un tiers de hauts fonctionnaires, et un tiers de dirigeants d'entreprise, pour des conférences et des travaux d'étude. En fait, ces anciens auditeurs ont été, en quelque sorte, retournés pour devenir d'efficaces relais de soutien (ils constituent le vivier où se recrutent les conseillers de défense des différentes administrations). Leur association forme finalement un groupe de pression très actif, animé par des personnalités proches du complexe, qui diffuse des informations et organise rencontres et visites d'installations militaires destinées à promouvoir sa cause.

Il convient de mentionner aussi les nombreuses personnes bien placées auprès du pouvoir qui tirent un profit individuel du soutien au complexe. Deux d'entre elles, entre autres, sont très proches de François Mitterrand : Patrice Pelat, cité dans l'affaire Péchiney, servait d'intermédiaire pour des transactions en Afrique, François de Grossouvre, ancien chargé de mission auprès du président, quitte son poste en 1985 pour devenir conseiller de Dassault (il sera actif au Proche-Orient), tout en conservant son bureau à l'Élysée.

Enfin il y a la presse, chez qui on trouve des attitudes très contrastées, et qui, à des degrés variables, joue le rôle d'un auxiliaire du complexe.

Viennent d'abord les journalistes qui entretiennent des liens étroits de complicité avec des responsables de la défense, et qui se livrent à des opérations de manipulation ou de désinformation. Je pense au rédacteur en chef d'un hebdomadaire de droite qui, en décembre 1981, n'hésitait pas, en liaison avec des membres de la haute hiérarchie et un clan d'officiers supérieurs de la DGSE, à tenter d'introduire des communistes notoires dans la centrale des services secrets. L'objectif était de discréditer le gouvernement socialiste et de me gêner dans mon action en donnant un coup d'arrêt à la réorganisation destinée à soustraire la DGSE à la tutelle des militaires. Tous les complices savaient parfaitement que les services secrets français en sortiraient disqualifiés à jamais aux yeux des services étrangers. Par la suite, le même rédacteur en chef ne craignit pas d'énoncer une contrevérité en m'imputant, dans un éditorial, la responsabilité de l'affaire Greenpeace, pourtant intervenue trois ans après mon départ de la DGSE !

Viennent ensuite les inconditionnels de l'institution militaire, prêts en toutes circonstances à voler à son secours. Je pense à ce journaliste d'un quotidien du matin, jadis engagé dans des activités qui lui ont valu une condamnation, qui rompt à l'occasion un silence de plusieurs semaines en trempant sa plume dans le vitriol pour prendre la défense d'un programme en difficulté ou pourfendre un « pacifiste ».

Il y a aussi ceux dont le métier est de diffuser des informations détaillées et favorables, et qui vivent en symbiose avec le complexe. Je pense à des parutions spécialisées comme *Aviation Magazine* ou *Air et Cosmos,* qui constituent d'efficaces caisses de résonance. Ces revues maintiennent le soutien de leurs lecteurs et les mobilisent, si nécessaire, par un éditorial vigoureusement orienté en faveur de tel budget ou de tel programme. Il faut savoir que ces parutions sont largement financées par les industries d'armement, par des subsides ou par le biais de contrats de publicité.

Il y a ceux qui, par une longue imprégnation au contact de responsables du complexe, ont fini par adopter leurs thèses, et à défendre leurs positions, souvent sans discrimination. Je pense à ce journaliste d'un quotidien du matin, qui n'hésite pas à donner des indications qu'il sait inexactes ou orientées.

Il y a ceux qui s'efforcent à l'objectivité, quelquefois au prix de contorsions rhétoriques, pour éviter de se mettre à dos certains responsables. Je pense à ce journaliste d'un quotidien du soir dont les articles font autorité, mais dont la rumeur militaire a tenté d'accréditer la qualité d'agent d'influence soviétique.

Il y a enfin ceux qui prennent le risque de dire la vérité, et qui font en général de courtes carrières dans cette spécialité. Je pense à ce journaliste dont le directeur du cabinet du ministre, en 1982, disait qu'il indisposait et qu'on envisageait de lui retirer son accréditation ; ce qui fut fait quelques mois plus tard.

Car le métier de journaliste de défense est soumis à des conditions très singulières. Il relève d'un statut exorbitant dans le domaine de l'information, celui de l'accréditation que le ministre de la Défense accorde selon son appréciation. Il peut aussi la retirer si les positions prises ne sont pas appréciées. Ces journalistes sont informés... ou désinformés, par un service du ministère, le SIRPA, dirigé par un officier général ou supérieur, qui prépare et émet à leur intention textes et documents minutieusement élaborés. Tous les journalistes dépendent ainsi de l'état de leurs relations avec les responsables. La réputation de compétence qui conditionne leur acceptation ne leur est accordée que par les membres influents du complexe. Que tel ou tel ingrédient vienne à manquer et le journaliste ne peut plus remplir sa fonction, il perd son activité et ses revenus. Les meilleurs et les plus indépendants doivent tenir compte de ces contraintes. Quelle différence avec les États-Unis, l'Allemagne et l'Angleterre, où l'on rencontre des chroniqueurs libres, sans attaches avec le complexe militaro-industriel, qui élaborent des analyses critiques prenant le contre-pied, ou à tout le moins se distanciant, de celles des stratocrates !

On sait que les activités de défense sont soustraites aux sanctions que peuvent motiver les résultats — sauf en cas de conflit, et il est alors souvent trop tard. La France en fait la douloureuse expérience depuis presque deux siècles. Cela s'applique aux hommes, à leur sélection, à leur carrière. Cela s'applique aux organisations, à leur efficacité, à leur pertinence. Cela s'applique à la compétition, aux choix des stratégies et des programmes, à la lutte entre firmes.

Le complexe à la française se caractérise, de surcroit, par l'absence de toute concurrence. Chaque firme publique ou privée participe à son monopole. Les pouvoirs publics ont été particulièrement attentifs à ce sujet, comme nous l'avons déjà observé dans les secteurs aéronautique ou naval. Et ce qui est tout à fait étonnant, c'est que cette situation s'est étendue à toutes les firmes, même au plus petit fournisseur des équipements les moins sophistiqués. Dans ces conditions, la préparation et la prise de décisions, l'expression de l'autorité et le jeu des contrôles suivent des processus et des cheminements tout à fait singuliers.

Certes, face au complexe, la présidence de la République est dotée de pouvoirs constitutionnels importants. Elle dispose d'un état-major particulier dont le chef l'aide à élaborer ses décisions. A l'inverse, la position de ce dernier, au contact direct du chef de l'État, constitue un puissant levier d'influence pour la haute hiérarchie, dont il fait partie et dont il est fréquemment appelé à devenir le chef suprême.

Certes, le Premier ministre est assisté d'un cabinet militaire et dispose du secrétariat général de la Défense nationale (SGDN) qui intervient dans l'élaboration de la politique de défense, en particulier par des notes d'analyse de situation. Il prépare aussi les délibérations du comité interministériel d'études d'exportation de matériel de guerre (CIEEMG) dont le secrétaire général assure la présidence et la DGA la fonction de rapporteur et secrétaire. Ce comité qui regroupe des hauts fonctionnaires civils et militaires rattachés au Premier ministre, au ministère de la Défense, et au ministère de l'Économie, instruit les demandes d'autorisation d'exportation et émet à leur sujet des avis qui préparent les décisions ministérielles. Les administrations participant à ce comité — en particulier le ministère de la Défense par l'intermédiaire des attachés militaires et de la DGSE, et le ministère de l'Économie par la direction générale des douanes — sont responsables du contrôle de leur application. Il s'agit donc d'un faisceau dense, on peut même dire redondant, pour éviter toute vente non autorisée.

Certes, le ministre de la Défense dispose d'une large autorité et s'appuie sur une vaste organisation comportant, outre la DGA et le commandement des armées, une administration pléthorique et un corps de contrôle général dont certaines affaires comme Luchaire et le rapport Barba n'ont pas attesté l'efficacité incontestable. Mais le ministre, confronté à des problèmes d'une haute technicité qui présentent souvent pour lui un caractère ésotérique, est soumis, pour les décisions technologiques, à la forte influence du délégué général à l'armement, au corps des ingénieurs, et aux industriels représentant un puissant secteur d'activité. Chargé d'arbitrer des conceptions tactiques, des doctrines d'emploi ou des problèmes de personnel, il doit affronter un vaste ensemble en uniforme, doué d'une forte cohésion face au pouvoir civil et coiffé d'une haute hiérarchie parée de décorations et d'un prestige que ne justifient pas toujours ses actions. Ainsi, très rares ont été, aussi bien sous la IVe que sous la Ve République, les ministres de la Défense qui ne soient pas devenus au fil du temps, et souvent rapidement, les meilleurs avocats du complexe. La défense de ses intérêts prend insidieusement le pas sur l'autorité du représentant de l'État et de l'intérêt général. Après 1981 cette situation a atteint des sommets avec Charles Hernu, en permanence sous hypnose des militaires. Le ministre actuel, Jean-Pierre Chevènement, semble également frappé de ce mal. Un de ses collègues ministres,

Michel Charasse, déclarait en 1989 : « Chevènement est un petit garçon en face des militaires. » Et les ministres socialistes sont loin d'être les seuls à connaître cette dérive.

Ainsi la conduite des affaires prend un tour particulier. Les décisions importantes sont bien, en général, prises ou entérinées, réellement ou nominalement, par le pouvoir exécutif. Mais il existe de nombreux cas où elles lui échappent de fait. Ou, plutôt, elles empruntent des voies souvent souterraines où s'entremêlent les actions des autorités légitimes et celles des trois acteurs principaux : la DGA, la haute hiérarchie et les dirigeants industriels. Et parfois celles des auxiliaires. Ce *modus operandi* spécifique à la stratocratie dévoie, de façon variable, les processus de décision, d'autorité et de contrôle du système de défense, tout en respectant en apparence la prééminence du gouvernement. Il peut s'analyser comme le jeu combiné d'effets divers, se substituant totalement ou partiellement au fonctionnement des canaux officiels.

Ce monde clos engendre en premier lieu un monolithisme qui s'applique soit à la branche militaire, soit à la branche de l'armement, soit aux deux ensemble lorsqu'elles conjuguent leurs efforts. Les cheminements occultes qu'il permet imposent souvent des programmes d'équipement dont la finalité stratégique ou le besoin pour la Défense sont fort douteux. Il peut aussi provoquer de très sérieuses dérives dans les budgets et les programmes. Il existe pourtant des crises et des conflits au sein de ce monde, en particulier entre logique technologique et logique stratégique (sur laquelle nous reviendrons dans un autre chapitre), quant à l'attribution de programmes, la répartition des crédits entre les armes, ou lorsqu'il y a heurt d'ambitions. Mais la convergence d'intérêts l'emporte le plus souvent quand il s'agit de définir l'enveloppe budgétaire ou le niveau général des moyens.

La deuxième conséquence est l'existence de passerelles qui renforcent la cohésion de ce monde clos. Les passages fréquents d'ingénieurs de l'armement ou d'officiers du service de l'État à celui de l'industrie provoquent un redoutable mélange des genres. Ces passages, qui s'effectuent souvent sans transition, devraient tomber sous le coup de la loi[1]. Mais les dispositions

1. Article 175 du Code pénal (voir Annexe IV).

n'en ont jamais été appliquées, aucune poursuite n'a jamais été engagée ni aucune sanction prise. Pourtant, cette obligation légale vise à empêcher des conflits d'intérêts qui ne manquent pas de se produire. Quelle peut être la liberté de jugement d'un fonctionnaire, civil ou militaire, en position de prendre ou d'influencer une décision de développement ou d'acquisition d'équipement, lorsqu'il va passer au service d'une des firmes intéressées, ou est engagé dans des pourparlers avec elle ? Il s'agit tout autant d'éthique professionnelle que d'obligation légale. Et il n'y a pas de différence de nature, que la société soit nationale ou privée. On peut certes trouver le deuxième cas plus choquant, du fait de l'implication de profits personnels, mais il s'agit toujours d'un effet contribuant à la perversion du système.

Troisième conséquence : la connivence qui résulte de ces passages du service de l'État à celui de l'industrie. Le cas le plus bénin concerne les organes industriels, qui se considèrent et fonctionnent comme des prolongements de services d'État. C'est le cas des divisions de l'Aérospatiale vis-à-vis des directions correspondantes de la DGA. Il n'est certes pas illégitime qu'aient lieu des échanges et des confrontations entre utilisateurs, concepteurs et réalisateurs. Mais cela devient inacceptable lorsqu'il n'existe pas, au plan de la décision et de son contrôle d'application, de frontière claire entre le donneur d'ordre et le receveur. La systématisation d'une telle situation conduit immanquablement et insidieusement à un grave mélange des genres. Les dévoiements dans les processus d'acquisition que peuvent provoquer les relations entre personnes ayant une longue histoire de collaboration et se retrouvant ensuite de part et d'autre de la barrière sont évidents.

Le cas le plus répréhensible est celui où le réseau de relations entretenu par l'effet de passerelle assure le soutien des représentants de l'État à certaines firmes, à ses fabrications et à ses exportations. Aussi condamnable paraît la solidarité entre agents de l'administration et responsables privés, qui empêche le cours normal de la justice. Nous en avons vu une illustration saisissante avec l'affaire Luchaire, où l'action et la connivence de dizaines de hauts fonctionnaires civils et militaires ont joué à fond pour soutenir, puis couvrir, les actions délictueuses d'une firme dirigée par un ingénieur du corps de l'armement.

Entre ces deux extrêmes se déploie toute une gradation de

l'effet de connivence : mode de sélection et de désignation des responsables, transmission préférentielle de documents ou de renseignements secrets ou sensibles, influences plus ou moins occultes dans les décisions de choix d'équipements, solidarité pour dévier des processus de contrôle, de recherche de responsabilité ou de prise de sanctions.

Il faut insister sur l'effet d'influence ! C'est d'abord l'intervention de responsables politiques, économiques ou syndicaux, nationaux ou régionaux, pour orienter des décisions sur des programmes, maintenir le plan de charge d'établissements industriels, s'opposer au déplacement d'unités militaires. Le devenir des gros bataillons de l'industrie aéronautique, le poids des chantiers navals dans leur région, la protection de l'activité des 17 000 agents dans les dix établissements du GIAT[1], l'attachement d'une municipalité à une implantation militaire, constituent de puissants motifs pour agir.

C'est ensuite la mobilisation de ces canaux de pression que constituent les associations de réservistes ou d'anciens combattants. C'est l'intervention discrète de personnalités bien placées auprès de l'organe de défense intéressé. C'est l'appel aux parlementaires sympathisants, l'utilisation d'un article favorable dans un organe de presse ou une revue traitant de défense.

Mais c'est surtout le potentiel d'influence des industriels, des commerçants ou des intermédiaires, qui joue un rôle particulièrement pernicieux lorsqu'il emprunte le circuit de l'argent.

Les besoins de financement des partis et de leurs campagnes électorales fournissent d'ailleurs un terrain très propice. Nous y avons déjà rencontré Dassault, qui savait utiliser toutes les ressources de ce terrain en combinant l'utilisation de son mandat de député et son appartenance à un parti politique. Cette pratique est répandue à tous les niveaux des industries d'armement. Et, contrairement à d'autres secteurs, il n'est pas besoin de fausses factures pour disposer d'argent noir. Les profits élevés venant s'ajouter à des commissions occultes, tant sur le marché français qu'à l'exportation, assurent l'alimentation du système. Et la boucle se trouve ainsi bouclée.

L'effet d'organisation joue à plein ! La superstructure des forces armées rend difficile le traitement de missions interarmes.

1. Groupement industriel d'armements terrestres.

Elle se prête en revanche très bien au jeu de la concurrence entre armes pour l'obtention des budgets et des programmes. L'expression des besoins peut subir de longues valses-hésitations comme ce fut le cas de l'armée de l'air dans la période 1963-1976.

Un effet de poids relatif des diverses instances intervient. La délégation et la proximité du ministre, dont bénéficie la DGA, fausse la dialectique entre stratégie et technologie. L'exclusivité technique des ingénieurs de l'armement leur donne un avantage qui en arrive à influencer les conditions d'emploi. Les gros bataillons des établissements et arsenaux militaires les font échapper à la direction et au contrôle des organes centraux du ministère. Le poids des firmes industrielles maîtresses-d'œuvre leur confère à la fois autonomie et puissance.

Le dernier paramètre est un effet de défense d'intérêts corporatifs ou particuliers. On se souvient de la profession de foi publique énoncée, en 1972, par le chef d'état-major de la marine, l'amiral de Joybert : « Je suis le premier chef syndicaliste de la marine. » On ne compte plus les interventions de la haute hiérarchie militaire pour s'opposer aux coupes envisagées par un gouvernement de droite ou de gauche dans les budgets, les effectifs ou les moyens. Leur panoplie est large : menaces de démission, déclarations publiques, dénonciation de « l'esprit d'abandon », accusation de « baisser la garde », mobilisation d'instances régionales, activation de groupes de pression, etc. Le ministre Chevènement n'a-t-il pas déclaré en octobre 1988, devant la Commission de défense de l'Assemblée à propos des réactions provoquées par un projet de déflation de 3000 personnes, que les responsables militaires étaient « poussés à une certaine schizophrénie par leur position de porte-parole à la fois des intérêts particuliers de leurs subordonnés et de l'intérêt général de la Défense » ? On connaît de nombreux cas d'interférence des problèmes propres à tel établissement ou telle firme industriels dans les décisions de programme.

Bien sûr, certains de ces effets pourraient jouer un rôle positif s'ils contribuaient à améliorer la concertation entre les divers acteurs du système. Mais leurs conséquences perverses apparaissent dès lors que l'on aboutit à une inversion des rôles ou à des interférences graves d'intérêts privés dans des décisions d'intérêt général. Faut-il faire le Rafale pour assurer une mission de combat, ou s'agit-il au contraire de donner du travail à Dassault et à son bureau d'études ? Faut-il développer les missiles Pluton, puis Hadès, pour des interventions préstratégiques ou s'agit-il de satisfaire l'armée de terre, seule à ne pas être dotée du nucléaire ? Faut-il construire un porte-avions à propulsion nucléaire pour répondre à une mission nécessaire de la marine, ou pour assurer le prestige de quelques pachas et continuer à faire vivre les arsenaux ? Faut-il se lancer dans un large programme de chars Leclerc pour répondre aux besoins de la stratégie terrestre, ou pour maintenir l'activité industrielle du GIAT et des firmes ? Pourquoi faut-il fermer les yeux sur les exportations de Luchaire, sinon pour sortir cette firme des difficultés ?

Cette descente au cœur du complexe nous a fait rencontrer ses acteurs, qui sont les nouveaux militaristes. Je sais que l'expression va choquer les ingénieurs du corps, et même quelques officiers, qu'elle va faire bondir les ouvriers de l'armement et leur syndicat. Elle traduit pourtant la réalité. Il n'existe pas d'autre terme pour désigner ceux qui privilégient les solutions militaires. C'est bien ce que font les hauts responsables du complexe lorsqu'ils réalisent, emploient ou vendent des avions de combat et non de transport, produisent des machines de guerre à la place de produits civils. Leur choix n'est pas innocent lorsqu'ils contribuent aux massacres du front Iran-Irak, ou à la mort des marins britanniques aux Malouines.

Mais les apparences sont sauvées parce que les armes modernes sont particulièrement mystificatrices. Les canons de Schneider étaient hideux avec leurs grandes gueules béantes. Les Mirage de Dassault sont beaux, presque des œuvres d'art. Et les citoyens s'y laissent prendre. Il n'y a qu'à voir la foule qui vient admirer les avions au salon du Bourget pendant que se signent à quelques mètres d'énormes contrats. On dénonçait au début du siècle les marchands de canons et leurs profits. On entoure aujourd'hui de considération les constructeurs d'avions de combat et leurs bénéfices. Mais le résultat final est le même... en plus meurtrier.

CHAPITRE 6

LE COMMERCE DE GUERRE

> Demain les peuples du tiers monde ne se battront plus par armes françaises interposées. Une politique internationale doit être fondée sur un certain nombre de principes et leur respect est la condition de la grandeur de la France. L'un de ceux-ci sera de remplacer notre commerce de guerre par un commerce de paix.

Ces nobles et généreuses paroles ont été prononcées en avril 1981 par le candidat François Mitterrand élu à la présidence de la République quelques semaines plus tard. Son premier geste lors de l'inauguration du salon du Bourget de juin 1981 sera de faire désarmer les aéronefs qui y sont présentés.

Il choisit comme ministre de la Défense Charles Hernu, co-auteur d'un projet de loi présenté en 1978 par le Parti socialiste et dont le préambule déclare :

> La France est le premier vendeur d'armes par habitant. Cette situation pèse lourdement sur la conduite de la politique étrangère et de la politique de défense de notre pays. En effet, l'on constate depuis plusieurs années déjà que les impératifs commerciaux et financiers qui prévalent en matière d'armes s'imposent trop souvent dans la détermination des objectifs de la politique extérieure de la France.

Pourtant, de 1981 à 1985, les livraisons d'armes à l'étranger augmenteront de 43 %, passant de 28,5 à 43 milliards de francs.

Les socialistes ne sont pas les seuls, une fois aux affaires, à appliquer dans ce domaine une politique diamétralement opposée à leurs déclarations publiques. Valéry Giscard d'Estaing ne déclarait-il pas pendant la campagne pour les élections présidentielles de 1974 :

> Certes, il y a des ventes d'armes et nous avons une capacité à vendre. Mais je ne pense pas que ce soit un secteur dans lequel nous devons accentuer notre effort. Par exemple sur le plan aéronautique, j'ai été — et j'ai été mal compris à certains moments — favorable à la reconversion vers la production civile de nos capacités aéronautiques.

C'est pourtant sous son septennat que les livraisons d'armes vont quadrupler, passant de 6,7 à 28,5 milliards de francs, et que l'exportation d'aéronautique militaire connaît un développement sans précédent.

Georges Pompidou analysait ainsi les motifs d'exportation des armes :

> C'est une grave erreur de croire que la France vend des armes pour des raisons économiques, diminution de prix de revient ou équilibre du commerce extérieur. Il s'agit là d'un argument mineur qu'utilisent naturellement les industriels et les financiers, mais qui politiquement n'est pas déterminant. S'il n'y avait que cet aspect des choses, la France serait prête à cesser de vendre des armes et à payer le prix.

Sa courte présidence (1969-1974) voit la multiplication par 3,5 des exportations d'armes. Déjà, en tant que Premier ministre du général de Gaulle de 1962 à 1968, il avait présidé à la rapide ascension française au sein du club des marchands d'armes. Il autorise même en 1971 la vente à la Libye de 110 Mirage III de Dassault, accord qui représente un des plus importants contrats jusque-là passés par la France.

Cette amnésie à répétition est surprenante. Elle n'est certes pas étrangère à la démagogie électorale qui caractérise la vie politique française, mais quelles sont les causes profondes de sa persistance ? Est-ce le souci de l'équilibre de la balance commerciale ou la volonté de réduire les prix de revient des armements français, contrairement à ce que déclarait Georges Pompidou ? Est-ce la prise en compte d'effets positifs sur l'état de l'économie, sur la situation de l'emploi, sur les avancées technologiques ou sur la compétitivité de l'industrie, contrairement à ce que semblait indiquer Valéry Giscard d'Estaing ? Ou sont-ce, comme le laissaient entendre les socialistes, les effets pervers du jeu d'influences commerciales et financières prévalant sur la conduite de la politique étrangère ?

Avant de répondre à ces questions, situons d'abord l'importance de ce commerce. On se souvient qu'au début du XXe siècle, il avait fait la fortune de ceux qu'on appelait alors les marchands de canons. Schneider et De Wendel en France, Krupp et Siemens en Allemagne. Il avait déjà ses trafiquants, dont le célèbre Basil Zaharoff que Bernard Shaw met en scène dans sa pièce *Major Barbara.*

A partir de la décennie 1960, le commerce des armes connaît un nouvel âge d'or avec la tension internationale, la modernisation des forces armées et le développement des nouvelles technologies. Puis, de 1973 à 1985, c'est la crise pétrolière qui provoque, en particulier en France, un commerce armes contre or noir. Dans un marché en expansion rapide, la France se place alors, avec 43 milliards de francs, et 10,2 % du chiffre d'affaires mondial, en troisième position dans le « Club des Six », derrière l'Union soviétique et les États-Unis, et devant la Grande-Bretagne, l'Allemagne et la Chine. Ce commerce, qui intéresse alors 40 % de sa production militaire et représente 5 % de son commerce extérieur, en fait le premier exportateur d'armes par tête d'habitant.

De 1960 à 1980, la France a constamment amélioré ses parts de marché dans le monde, en particulier dans l'aéronautique, plus récemment dans l'électronique[1]. Elle maintenait encore sa position au début des années 1980 grâce à un effort soutenu de promotion.

Mais le cours de ce commerce mondial s'est progressivement infléchi à partir de 1980. S'il a été en augmentation constante jusqu'en 1985, il subit depuis un infléchissement de la demande. C'est qu'il est pour l'essentiel orienté des pays industrialisés vers ceux en voie de développement. Ceux-ci traversent des problèmes aigus ou modifient leur comportement, notamment à cause de la baisse des revenus pétroliers des plus gros importateurs (Arabie saoudite, émirats du Golfe...), de l'aggravation de la dette extérieure des pays acheteurs (Égypte, Iran, Irak, Syrie...), de la réduction des programmes d'aides, de la meil-

1. Annexe V.

leure longévité des matériels, de l'amélioration de la maîtrise technique et administrative des clients, du glissement des besoins vers des armes moins sophistiquées et de la modernisation des matériels existants qui freine les achats. L'apaisement des conflits régionaux, en particulier la suspension des hostilités entre l'Iran et l'Irak, provoque une crise depuis 1987. Et la détente qui s'amorce entre l'Est et l'Ouest ne peut qu'induire une nouvelle régression de la demande internationale d'armes.

Par ailleurs, de nouveaux concurrents sont apparus sur le marché. La Chine, la Corée du Nord, le Brésil, Israël, la Roumanie, la Tchécoslovaquie offrent désormais des matériels développés à des prix très compétitifs. N'a-t-on pas vu apparaître des missiles chinois ou nord-coréens dans l'armement des forces irakiennes aussi bien qu'iraniennes ? Demain, le Japon risque de faire une entrée en force dans ce commerce auquel il s'est jusqu'alors peu intéressé.

Enfin, on assiste au développement de trafics dit « gris » ou « noirs », que certaines estimations évaluent à une dizaine de milliards de dollars. Il s'agit pour les premiers d'exportations masquées ou détournées, souvent connues des administrations du pays fournisseur : l'Iran, frappé d'embargo, en est un client important ; les résistants afghans s'y sont approvisionnés. Les trafics noirs suivent quant à eux des circuits occultes et sont le fait de trafiquants privés ; ils alimentent en particulier les organisations terroristes.

La structure des exportations françaises, pour lesquelles le Proche-Orient représente plus de 40 % des ventes, les rend particulièrement vulnérables. Déjà en 1986, une chute importante de commandes était enregistrée, qui, traduite à l'horizon 1990, indiquait un recul de 40 % des livraisons. L'évolution de la situation internationale risque fort de transformer cette crise en débâcle, surtout dans les firmes aéronautiques et électroniques.

La nouvelle donne internationale remet donc en cause les bases même de ce commerce, dont les effets sur l'économie nationale avant la crise méritent notre attention.

Pour les apprécier, il faut avoir conscience des interventions de l'État. Elles s'exercent dans trois domaines principaux. Les autorisations d'exportations sont d'abord accordées sur avis de la Commission d'études et d'exportation de matériel de guerre (CIEEMG) dont il a déjà été question. Le contrôle de leur application est assuré selon des procédures diverses, dont certaines affaires récentes comme Luchaire ont révélé les failles.

Ensuite, l'État participe puissamment à la promotion et à la commercialisation en venant à l'appui des firmes et des offices d'exportation. Il leur consacre des moyens importants, tant centraux (DGA, DGSE, forces armées, Direction des relations économiques extérieures) qu'à l'étranger (attachés militaires, missions techniques, conseillers commerciaux auprès des ambassades).

De plus, l'État intervient par toute une panoplie d'aides financières aux industriels exportateurs ou aux pays acheteurs (crédits fournisseurs, exonération de taxes, prêts pour les études et l'industrialisation, prise en charge des coûts de production avant enregistrement d'une commande, contrats spéciaux dont le remboursement par l'industriel n'est pas toujours effectué). En 1986, les affectations budgétaires correspondantes ont atteint 8 milliards de francs. L'État garantit aussi, par l'intermédiaire de la Compagnie française d'assurance pour le commerce extérieur (COFACE), les risques politiques ou commerciaux, ce qui l'amène à prendre en charge les déficits de certaines opérations. Il est également conduit à financer des développements spécifiquement destinés à l'exportation.

En outre, depuis le début de la décennie 1970, les ventes d'armes se réalisent de plus en plus grâce aux compensations consenties au pays acheteur. Il s'agit principalement du transfert d'une partie de la charge de travail générée par le contrat, de cessions de licence et de coproductions avec ou sans prise de licence. Les cas les plus notables sont, avec la Belgique et l'Espagne (Mirage F-1), l'Indonésie et le Brésil (hélicoptères Puma), ou l'Inde et la Grèce (Mirage 2000). Même la vente aux États-Unis de missiles Roland et du système de communication Rita a été obtenue grâce à des cessions de licences. Ces compensations peuvent aussi prendre la forme d'accords de troc, comme l'échange de raisins de Corinthe contre des radars, de blue-jeans contre des camions, voire de livraisons de pétrole contre des avions (Arabie saoudite, Émirats).

Enfin, dans certains cas, les forces armées françaises sont contraintes d'acheter des systèmes d'armes qu'elles ne souhaitent pas acquérir (Mirage F-1, M-53 de Dassault) pour servir de caution à une exportation. Elles peuvent aussi être appelées à assurer gratuitement un service après-vente à un client étranger par la formation ou la qualification de personnels, la fourniture de pièces de rechange, le dépannage, le détachement de spécialistes, etc. Dans le cas de la location de Super Étendard à l'Irak en 1984, l'armée de l'air est allée jusqu'à détacher des officiers et des sous-officiers pour assister les Irakiens dans la conduite d'actions offensives, adoptant ainsi un comportement fort proche de la cobelligérence.

Ces exportations auraient, selon certains, des effets positifs sur la balance du commerce extérieur et sur le soutien de l'emploi, par la réduction du coût des équipements pour les forces françaises, ou la standardisation des armements entre alliés. Il s'agit là d'appréciations inexactes ou largement surestimées.

Examinons d'abord la contribution de ces exportations à la balance du commerce extérieur. Pour la dernière année favorable (1985), son estimation officielle est de 31 milliards de francs. Mais ce chiffre ne tient pas compte[1] des aides qui grèvent le budget de l'État (10 milliards), ni des compensations consenties aux acheteurs (13 milliards), ni du différentiel d'importations (5 milliards). Il reste un solde positif inférieur à 3 milliards, qui serait sans doute réduit à zéro si l'on tenait compte de toutes les autres sujétions citées ci-dessus. En vérité, les exportations d'armes n'apportent aucune contribution à la balance du commerce extérieur. Obtenues grâce à un système d'interventions lourdes de l'État, elles ont servi à masquer la situation critique de nos échanges industriels. Elles ont joué un rôle de doping, dont l'effet s'évanouit avec la crise du marché. Et l'économie française est désormais ramenée à la seule politique saine d'exportation, celle de l'Allemagne et du Japon, qui fondent leur puissance commerciale sur des efforts de développement essentiellement appliqués aux productions civiles compétitives.

Quant au soutien de l'emploi, les exportations d'armes ont certes beaucoup plus conforté le plan de charge des industries d'armement, en particulier d'aéronautique et d'électronique, que celui des firmes de matériels terrestre ou naval. Mais il s'agit d'un effet trompeur et à court terme. Plusieurs analyses récentes

1. Voir à ce sujet la thèse de J.-P. Hébert, parue en 1988 aux éditions Syros/Alternatives.

d'experts des Nations unies ou des chercheurs privés[1] soulignent les avantages à cet égard des efforts et des investissements réalisés pour des productions civiles. Il n'est que de se référer aux succès à l'exportation de programmes de haute technologie comme Airbus, Ariane ou l'électronique grand public, sans parler de l'exemple donné par les Japonais, dont l'emploi est exclusivement supporté par des activités civiles de pointe. Et que vont maintenant devenir les plans de charge et l'emploi des entreprises d'armement touchées par la crise ? Déjà des compressions d'effectifs sont en cours chez Dassault, Matra, Thomson, Luchaire, dans les arsenaux d'État... et leur réseau de sous-traitants et de fournisseurs. Même l'Aérospatiale est touchée, qui pourtant proclame comme un succès que pour la première fois, en 1988, son chiffre d'affaires civil dépasse celui des productions militaires.

Toujours selon les défenseurs du complexe, les exportations d'armes ont un troisième effet positif : la réduction du coût des équipements pour les forces armées françaises. Il est exact que l'allongement des séries entraîne, en particulier pour les armes les plus coûteuses et notamment les avions, un abaissement du prix de revient, par l'effet conjugué de l'amortissement des importants frais initiaux (de développement et d'industrialisation) sur un nombre plus élevé d'unités produites, et de la réduction du temps de fabrication en fonction de la quantité fabriquée (courbe d'apprentissage, ou de Wright). Mais il s'agit de savoir à qui profitent ces économies d'échelle. Le général Fleury, chef d'état-major de l'armée de l'air, ne déclarait-il pas dans la *Revue de défense nationale* de mai 1981 :

> C'est l'armée de l'air qui achète les premiers exemplaires au prix coûtant selon une règle budgétaire immuable, chaque tranche annuelle constituant une opération financièrement indépendante et équilibrée. Les ventes à l'exportation ne démarrent généralement qu'ensuite, c'est donc celles-ci qui profitent en général de l'effet de série.

Effectivement, les réductions de coût sont loin de bénéficier principalement aux forces armées françaises. Elles peuvent

1. Voir à ce sujet l'étude : *Military Spending* de Léontieff (prix Nobel d'économie) et Duchin, Oxford University Press, 1983.

avantager des clients étrangers qui reçoivent des équipements produits plus loin dans la chaîne. Mais surtout elles profitent par un mécanisme subtil à l'industriel. Celui-ci traite d'abord avec la défense française aux prix élevés de démarrage, puis il reçoit les bénéfices des contrats à l'exportation, négociés et obtenus avec l'assistance des services publics, tout en empochant par ailleurs les aides que l'État lui verse. On comprend comment Dassault a arrondi sa prodigieuse richesse, lui qui faisait jusqu'à 70 % de son chiffre d'affaires à l'exportation. Et qu'a fait Luchaire pour se sortir de la banqueroute, si ce n'est de fructueuses ventes illégales à l'Iran ? Il existe en fait une voie beaucoup plus efficace, sûre et durable pour obtenir des réductions de coût par l'allongement des séries : la coopération transnationale.

Voyons enfin la standardisation des armements avec nos alliés, qui favoriserait « l'interopérabilité » et donc l'efficacité de la coalition Atlantique. Il s'agit certes d'un objectif important. Mais cette présentation est trompeuse, car la standardisation n'est que très marginalement le fait de l'exportation. Elle aussi ne peut être réalisée sur une grande échelle que par la coopération transnationale.

La coopération européenne constitue indiscutablement une voie d'avenir susceptible de produire des effets positifs en matière de réduction des coûts par allongements des séries et de standardisation des équipements facilitant l'interopérabilité entre alliés. Sous ces deux aspects, elle pourrait se substituer à la politique d'exportation. Son intérêt s'étend toutefois bien au-delà. Par le développement de programmes communs, les nations européennes prépareraient les voies d'une intégration simultanée des forces armées et des industries d'armement. L'extension progressive de tels programmes constituerait une démarche pragmatique vers une intégration européenne de la défense.

Les réalisations en matière de coopération transnationale ont été diverses et contrastées, nous l'avons déjà vu. Dans le seul domaine aéronautique, plusieurs types de solutions ont été appliqués.

Les voix hostiles à la coopération, en particulier Dassault, mettent en avant les difficultés à conduire à plusieurs des programmes complexes, qui entraîneraient, selon eux, des augmentations de délais et de prix[1]. Il s'agit d'une argumentation spécieuse. Il suffit de se souvenir de la réussite des missiles d'Euromissile et surtout des programmes civils : Airbus (à 5) et Ariane (à 7) ont fait la preuve d'une exceptionnelle compétitivité dans un marché hautement concurrentiel où la sanction est sans merci, tant au plan des performances que des délais, des prix et du service après-vente. Il est en fait transparent que l'hostilité à la coopération vient de ceux qui auraient souhaité faire cavaliers seuls et protéger leurs sources de profit.

La nouvelle donne des années 1990, avec la chute de la demande d'armes dans le monde et l'amorce d'un désarmement, rend d'ailleurs ce débat dépassé. Le problème n'est désormais plus de savoir s'il faut coopérer, mais comment. On assiste même depuis 1988 à une démarche vers des fusions transnationales d'entreprises d'armement, principalement dans l'électronique et l'aérospatial. C'est la seule voie susceptible de relever les défis de la concurrence, en particulier américaine et japonaise. On peut seulement déplorer que cette politique n'ait pas été mise en œuvre assez tôt et plus énergiquement.

Si les bénéfices tirés de l'exportation par la communauté nationale sont illusoires, elle en subit, en revanche, les redoutables inconvénients et de graves effets pervers. D'abord, la dissémination de nos matériels entraîne la divulgation de leurs spécificités. Elle facilite la connaissance par d'éventuels adversaires de nos technologies, la mise au point des parades. Il s'agit pourtant d'aspects particulièrement critiques, relevant en général d'un haut niveau de secret. Nous en avons fait en d'autres temps la cruelle expérience.

Ensuite, les armes exportées peuvent être utilisées contre nos forces ou celles de nos alliés. Cette éventualité ne s'est pas réalisée dans le cas de l'opération Manta au Tchad, en 1983, face aux Mirage libyens... bien que la livraison de pièces de rechange par Dassault se soit poursuivie jusqu'alors ! Par contre, la marine britannique a eu, pendant le conflit des Malouines, plusieurs navires coulés ou gravement endommagés par des missiles français Exocet vendus aux Argentins. A l'heure du resserrement des liens entre Européens, comment pourrait-on risquer la

1. Certains avancent que délais et prix seraient accrus d'un coefficient égal à la racine carrée du nombre de participants, par exemple 1,42 pour 2 coopérants.

répétition d'une telle situation ? Et que dire des risques que des armes ainsi mises sur le marché international ne soient retournées contre la collectivité nationale ou ses partenaires occidentaux si elles tombent entre les mains de groupes terroristes ?

On assiste aussi à des prélèvements d'armes sur nos propres forces pour satisfaire des clients étrangers. Le général Lacaze, chef d'état-major des armées, pourtant peu suspect de tiédeur vis-à-vis des entreprises du complexe, ne dénonçait-il pas dans le numéro de novembre 1981 de la *Revue de défense nationale* le danger « de divulguer les caractéristiques de nos matériels, d'avoir à affronter nos propres armes, de devoir prélever sur les équipements destinés à nos forces armées » ?

Enfin, le commerce des armes ternit gravement l'image de la France dans le monde et son crédit international. Les élites et les peuples du tiers monde nous accusent de contribuer à un détournement de richesses qui affecte leur économie, retarde leur développement et aggrave leur dette extérieure en même temps qu'il fragilise leurs sociétés déjà vulnérables. Nos armes favorisent le maintien au pouvoir de régimes répressifs et la perpétuation des atteintes aux droits de l'homme. Qu'on pense aux ventes d'armes faites aux généraux argentins (jusqu'en 1982), à l'Afrique du Sud (jusqu'en 1977), et de nouveau en 1985), au Chili de Pinochet (de 1981 à 1988), ou aux roitelets africains du style Mobutu ou Bongo [1]. Elles participent à l'aggravation des tensions régionales : qu'on se souvienne des massacres de la guerre Iran-Irak et au Kurdistan, du renforcement du dictateur mégalomane de Libye qui voyait ses entreprises de déstabilisation en Afrique consolidées. Et je ne reviens pas sur les dangers déjà évoqués, créés par la dissémination des technologies nucléaires, comme au Pakistan, en Irak ou en Afrique du Sud.

Il y a là une dimension morale fondamentale, celle-là même que soulignait François Mitterrand dans sa déclaration d'avril 1981 et qu'il devait oublier une fois élu. Le prix politique à payer est au total très lourd. La France hypothèque son autorité morale. Elle obscurcit son image de patrie des droits de l'homme. Elle affaiblit son rayonnement et son influence dans le concert des Nations.

Et il faut aussi mentionner les effets pervers, politiques

1. Voir à ce sujet le livre de Pierre Péan : *L'Argent noir : corruption et sous-développement,* Fayard, 1988.

d'abord, lorsque le commerce des armes influence notre politique étrangère. Au Proche-Orient, dans le sous-continent indien et en Amérique du Sud, notre diplomatie semble s'être fixé comme objectif principal la pénétration des armes françaises. Elle y consacre une part notable de son activité dans des pays comme l'Irak, l'Arabie saoudite, les Émirats, le Koweit, l'Inde, l'Argentine, le Chili ou le Pérou. En Afrique francophone, mais aussi en Afrique du Sud jusqu'en 1978, notre politique étrangère déploie de grands efforts pour le commerce militaire. Passons sur les exemples d'Eurodif, sur les ventes d'armes qui empoisonnent nos relations avec l'Iran et sont à l'origine de nombreuses prises d'otages.

Les effets pervers économiques sont d'une autre nature. Ils procèdent principalement des mécanismes financiers propres à ce commerce. La collectivité nationale ne retire aucun bénéfice des ressources mobilisées sous forme d'investissements, d'aides financières ou d'assistance à l'exportation, ni des sacrifices qu'elle consent sur ses forces armées. Les profits reviennent d'abord aux entreprises par le jeu des aides, des garanties et des contrats avantageux dont l'État leur facilite l'obtention auprès de clients étrangers. Nous avons déjà cité Dassault et Luchaire, mais cela s'applique aussi à Thomson, Matra, Turbomeca et à toute la kyrielle de leurs sous-traitants et équipementiers. On peut même s'interroger sur la finalité de certains programmes d'armement, comme telles versions du Mirage III et du Mirage F-1 de Dassault, dont les débouchés étaient notoirement à l'exportation, et non en France.

Il existe même des cas de pays insolvables ou en difficulté financière, dont les achats sont en fait payés à l'industriel par l'État français lui-même grâce au jeu des différentes garanties. C'est ainsi qu'en 1989, un débat public a opposé le ministère des Finances à Dassault sur la poursuite des ventes de Mirage à l'Irak et sur des opérations avec Abou Dabi. Les conclusions d'une note de l'administration soulignaient leur caractère « désastreux » (sauf pour le plan de charge d'AMBDA). Ces ventes risquent en fait de constituer un transfert gratuit, le recouvrement des 8 milliards de francs de dette de l'Irak restant très aléatoire. C'est ainsi que la vente de 26 Mirage en 1984 au Pérou, pays qui se trouve dans une situation financière catastrophique, pose de sérieux problèmes de récupération par le Trésor français. Certains vont même jusqu'à dire que pour un certain nombre d'opérations, nous nous vendons à nous-mêmes, autrement dit que la communauté nationale supporte le poids financier des contrats et garantit le chiffre d'affaires et le bénéfice de l'industriel.

Il y a encore ce poison qui se diffuse lentement dans la nation. C'est d'abord la corruption pratiquée par ceux qui disposent, grâce à l'exportation, de confortables bénéfices. Dassault en a poussé l'usage très loin en arrosant généreusement des partis politiques ou leurs candidats. Mais il n'est pas le seul : toutes les firmes se livrent à ce petit jeu, du maître-d'œuvre au plus obscur équipementier.

Il y a aussi les commissions occultes (les fameux FCE) destinés en principe aux décideurs des pays acheteurs ou à des intermédiaires. Ils ont atteint au plus fort des ventes un total annuel de l'ordre de 1,5 milliards de francs. Certaines commissions individuelles se montent à plus de 100 millions de francs. De prodigieuses capacités d'influence sont ainsi créées, à la mesure du commerce lui-même. Et il est aisé de retourner une partie de cette manne en France vers des objectifs de concussion ou de financement occulte, par exemple de partis, de politiciens ou de campagnes électorales, avec l'insigne avantage de ne pas devoir se livrer à ces acrobaties comptables, comme l'émission de fausses factures.

L'on voit ainsi émerger de temps en temps, à l'occasion d'affaires ou de scandales, des négociants de haut vol travaillant au profit d'exportateurs fort divers : Kashoggi, Ojjeh, Gorbanifhar, Secord, Pharaon, Kamel, Rappaport, Traboulsi... ne sont que quelques-uns d'entre eux. Venus souvent du Proche-Orient, ils se construisent d'honorables pignons sur rue en Occident, en particulier en France. Il faut savoir que les malheurs du Liban n'ont pas été perdus pour tout le monde ; les fortes consommations d'armes et d'obus qui y sont faites ont arrondi la fortune de certains affairistes libanais... et celle de responsables politiques auxquels ils servent de conseillers.

On se souvient des inculpations aux États-Unis du général en retraite Secord, très actif avec des intermédiaires israéliens, ou du riche trafiquant d'armes Kashoggi, qui a trempé dans des opérations délictueuses concernant la fortune de l'ex-président des Philippines, Marcos. Nous avons déjà observé à l'occasion de l'affaire Luchaire des perversions comparables en France.

Sans qu'il soit question de ramener le commerce des armes à ces aspects méprisables, on mesure par leur seule existence son caractère malsain et sa capacité à instiller le poison dans le corps social. Il s'agit au plus haut degré « d'argent facile, d'argent qui corrompt », au sens où l'entendait François Mitterrand, en parlant des profits boursiers, dans le plaidoyer qu'il prononça à la télévision en février 1989 pour défendre son ami Pelat inculpé dans l'affaire Péchiney. Avec cette différence que dans le trafic d'armes, il y a plus d'argent, plus de corruption, et au bout du processus, la mort de millions d'êtres humains ; tout ceci à la connaissance des responsables politiques, administratifs ou industriels lorsque ce n'est pas sur leur incitation.

On saisit alors la force des pressions qu'exerce sur les décideurs l'action conjuguée de puissants intérêts privés et d'intermédiaires riches et habiles disposant de relations privilégiées. On comprend mieux l'origine des perversions que subissent les mécanismes politiques, économiques et diplomatiques. Cette dimension ne doit pas être négligée lorsqu'on s'interroge sur la dynamique de la poursuite et du développement du commerce des armes.

L'industrie d'armement est en définitive devenue beaucoup trop dépendante de l'exportation dont la crise affecte gravement son équilibre et peut même mettre en cause sa survie. L'aéronautique, qui dépend à 50 % des ventes à l'étranger, est particulièrement vulnérable. Dassault se trouve gravement menacé avec un chiffre d'affaires à l'exportation qui a atteint 70 %. Son plan de charge s'était jusqu'alors maintenu grâce au remplacement des F-1 irakiens (24 par an), mais il n'a enregistré aucune commande nouvelle en 1986, une seule en 1987, quelques-unes en 1988. S'il a connu d'incontestables succès avec le Mirage III, le Mirage 2000 souffre déjà d'un prix plus élevé et de performances moins compétitives. Quant au Rafale, il a subi une série d'échecs avec le refus de plusieurs États européens de participer à son financement, ce qui hypothèque sérieusement ses chances de ventes à l'étranger.

Aérospatiale est dans une position moins vulnérable du fait de sa moindre dépendance des exportations (41 %), du meilleur équilibre entre productions civile et militaire, ainsi que de la qualité de ses missiles et de sa politique de coopération. Les motoristes SNECMA et Turbomeca (41 % à l'exportation), les firmes électroniques, en particulier Thomson-CSF (part à l'exportation : 47 %), les sous-traitants et équipementiers sont affectés à proportion de leur participation aux programmes militaires et ne peuvent maintenant espérer s'en sortir que grâce aux fabrications civiles. Les constructeurs de matériel terrestre sont aussi très menacés, leur dépendance de l'exportation ayant atteint 40 %, dont 53 % pour Manhurin et 45 % pour les arsenaux d'État.

Cette situation montre bien les limites et les risques d'une politique de développement des secteurs de pointe appuyée de façon disproportionnée sur des marchés étroits à l'exportation. Les résultats satisfaisants, dans certains cas, voire brillants, dépendent beaucoup trop d'une conjoncture fragile. Les firmes qui n'ont pas préparé d'activités de substitution risquent maintenant de connaître des jours difficiles.

Malgré les apparences, le commerce des armes n'a pas servi non plus les intérêts de la communauté nationale. S'il a pu accompagner l'effort de modernisation de la défense française dans un contexte favorable, il a par contre coûté fort cher sur le plan moral, politique et économique, tant à l'échelle nationale qu'internationale. Pour servir, au bout du compte, essentiellement des intérêts privés ! On comprend qu'il ait particulièrement retenu l'attention du complexe militaro-industriel qui a mobilisé à son profit toutes ses capacités d'influence.

Les interrogations de Georges Pompidou et les réserves de Valéry Giscard d'Estaing étaient largement fondées. Il est clair que le commerce des armes soulève bien les questions morales et politiques que formulaient François Mitterrand en avril 1981. Pourtant, ils ont tous trois présidé à la poursuite et à l'accélération de ce commerce. Soumis aux pressions du complexe militaro-industriel et aux influences des intérêts privés, confrontés aux difficultés transitoires qu'un changement de politique aurait entraînées, en particulier sur la situation de l'emploi, ils ont choisi de prolonger les choix précédents même si, comme le suggèrent leurs déclarations publiques, ils auraient réellement souhaité changer le cours des choses.

La situation du monde en 1990 ne permet plus de considérer

ce commerce comme un complément efficace à l'effort national d'armement. L'objectif d'indépendance de la défense ne peut désormais être poursuivi que dans le cadre de l'Europe, seule capable de donner une assise suffisamment large au plan économique et stratégique. Seul un effort de coopération permettrait aux nations européennes d'atteindre l'échelle suffisante, de préparer une intégration de leurs forces armées et de leurs industries d'armement. Les intérêts à courte vue du complexe militaro-industriel constituent un frein très sérieux à cette démarche. Ses défenseurs se plaisent à souligner les difficultés d'une telle entreprise et les lourdeurs qui l'accompagneront immanquablement. Mais il n'y a plus d'alternative à cette coopération, surtout pas dans la poursuite de programmes nationaux confortés par des exportations qui ne sont plus au rendez-vous.

CHAPITRE 7

TECHNOLOGIE ET STRAGÉGIE

On entend souvent dire que la France est toujours, depuis 1815, « en retard d'une guerre », et que cela vaudrait surtout en ce qui concerne la préparation et la conduite des deux guerres mondiales. Ce constat se réfère aux défaillances du système de défense français, plus particulièrement à l'insuffisante adéquation entre stratégie et technologie.

De tout temps, des interactions ont existé entre la conduite de la guerre — ou, pour s'exprimer autrement, la stratégie — et la nature des armes disponibles — ou, pour employer un terme moderne, l'état de la technologie militaire. Un survol rapide de l'histoire permet d'en saisir la nature et d'en retracer l'évolution.

Jusqu'au XVIe siècle, les armes peu diversifiées n'évoluent que lentement. Pour l'attaque : épées, lances, arcs, flèches, catapultes, piques, hallebardes... Pour la défense : boucliers, armures, fortifications. Les déplacements à terre se font à pied, à cheval ou sur des véhicules à traction animale ; sur mer, à l'aide de bateaux principalement à rames, servant aussi de véhicules d'assaut. Ce que l'on appellera, au XXe siècle, le système d'armes est réduit à sa plus simple expression.

Même pendant cette longue période, certaines novations dans les armes, qui paraissent mineures à l'aune de l'époque moderne, influençaient la conduite des combats ou créaient des asymétries plus ou moins grandes entre forces opposées. L'éperon naval dans la deuxième guerre du Péloponnèse au Ve siècle av. J.-C., l'armement très étudié de la légion romaine, l'étrier des chevaliers de Charles Martel au VIIIe siècle, la fin de leur suprématie à Azincourt au XVe siècle sous les flèches des archers anglais, en constituent quelques exemples. Mais pour l'essentiel, la différence tenait à l'intelligence et à l'audace tactiques des capitaines, à leurs capacités de commandement et d'entraînement, ainsi qu'au courage, à la cohésion et à l'endurance des guerriers.

Une première révolution intervient au XVIe siècle avec l'apparition des armes à feu, nées de la combinaison de la poudre — inventée par les Chinois au début du XIVe siècle — avec les progrès européens dans les techniques de fonderie. La panoplie que constitue le canon accompagné du pistolet, de l'arquebuse et du mousquet, est disponible dès 1550. Sur terre, elle provoque l'augmentation continue des contingents, le développement des fortifications, l'accroissement des pertes et des destructions. Sur mer, elle donne naissance aux vaisseaux — remplaçant progressivement les galères — qui combinent un bâtiment à voiles aux formes élancées avec une artillerie standardisée installée dans les entreponts. C'est le premier système d'armes, à la fois plate-forme de tir, véhicule d'assaut et transport de troupes, qui nécessite la création d'unités préindustrielles, les arsenaux, et obère sérieusement les finances de l'État. Les voyages au long cours que permet ce vaisseau doté de nouvelles techniques de navigation lancent les nations européennes dans l'édification d'empires coloniaux et le développement du grand commerce maritime. La forme et la conduite des combats s'en trouvent profondément modifiées, tant sur terre que sur mer.

Les armements évoluent ensuite au rythme des améliorations techniques : puissance et calibre des canons, fortifications de Vauban, fusil individuel à plusieurs coups inventé en 1777... Les innovations sont pour l'essentiel l'œuvre d'inventeurs civils, ou la conséquence de perfectionnements apportés aux méthodes et procédés de fabrication par les artisans puis par les premiers entrepreneurs. Les stratégies adaptées à cette révolution des armes à feu s'élaborent pendant la majeure partie de cette phase historique de trois siècles. Elles culminent à la fin du XVIIIe siècle dans les guerres de la Révolution et de l'Empire avec la levée en masse décrétée en 1792 par le gouvernement de salut public, et grâce au génie militaire de Napoléon.

La deuxième révolution dans les armes naît de l'industrialisation développée en Europe à partir de la fin du XVIIIe siècle. Il faudra attendre un demi-siècle pour qu'en apparaissent les effets militaires, avec le fusil à balle, le canon à culasse, le transport à vapeur sur terre et sur mer, la mécanisation des productions permettant interchangeabilité et fabrication en série. Leurs inventeurs sont essentiellement des civils ou des industriels inspirés par des mobiles d'enrichissement, très rarement des officiers. Les responsables militaires en France subissent : ils ne sont à l'origine d'aucune des nouveautés. Et ils ne les accompagnent pas de réflexions stratégiques ou tactiques. Seul le haut état-major prussien pressent dès 1840 le parti à tirer des moyens de combat. Il les mettra en œuvre moins de trente ans plus tard dans les guerres courtes et décisives contre l'Autriche, puis la France, nations qui ne tireront pas les conséquences des nouvelles technologies. Entre-temps, il met en place une organisation minutieuse de préparation, de logistique et de commandement, et crée une amorce de système militaro-industriel.

Ainsi la longue période de paix d'un demi-siècle, fruit de l'équilibre de puissance élaborée par le Congrès de Vienne en 1815, se solde-t-elle par la création de nouveaux moyens de guerre et de destruction d'une ampleur jamais égalée. La guerre de Sécession américaine (1861-1865) est la première occasion de leur application. Son déroulement sur un large théâtre d'opérations met rapidement en lumière la domination et la capacité meurtrière des armes individuelles à longue portée. Les États du Nord finissent par l'emporter grâce à leur supériorité industrielle, après des combats sanglants qui causent 400 000 morts. Les nouvelles technologies ont fait irruption dans le combat, mais la leçon ne sera pas retenue en Europe.

Trois nouvelles inventions apparaissent dans la décade 1860 : le télégraphe, outil de communication, de commandement, de coordination, le précurseur de la mitrailleuse imposé aux généraux par Napoléon III (arme restée tellement secrète qu'elle n'aura pas de doctrine d'emploi et ne jouera qu'un rôle insignifiant dans le conflit à venir), et le canon lourd du Prussien Alfred Krupp. Bien qu'ultra-nationaliste, cet industriel est tellement avide de gains qu'il parcourt l'Europe pour présenter ses monstres minutieusement astiqués. Mais c'est l'armée prussienne qui lui assure sa fortune, lui permettant de construire un immense empire et de devenir le premier archétype de l'industriel commerçant militariste.

Le chancelier Bismarck trouve dès lors dans l'armée prussienne, ainsi équipée et organisée, l'instrument qui va lui permettre de remodeler la carte politique de l'Europe. En 1886, il règle son compte à l'Autriche en quelques semaines. La guerre avec la France va lui permettre de réaliser son objectif. Du côté prussien, tout est mis en œuvre pour tirer le meilleur parti des nouvelles armes : mobilisation rapide et méthodiquement planifiée de plus d'un million d'hommes ; artillerie puissante et nombreuse ; réseau ferroviaire conçu pour obtenir le maximum de mobilité et de concentration ; corps de télégraphistes bien entraînés assurant d'excellentes communications ; plans d'opération, logistique, intendance, collecte d'informations minutieusement préparée. Du côté français règne l'improvisation : mobilisation exécutée dans le plus grand désordre, plans d'opération pratiquement inexistants, approvisionnement des troupes en campagne insuffisant. L'armée française ne dispose ni des moyens, ni de la préparation, ni des doctrines d'emploi nécessaires à une guerre de mouvement et de concentration.

Ainsi, à la fin de juillet 1870, lorsque l'action se noue après que Napoléon III tombé dans le piège de la dépêche d'Ems eut pris l'initiative de la guerre, les forces françaises ne peuvent opposer que 250 000 hommes, partiellement équipés et organisés, aux 400 000 hommes et aux 4 000 canons que von Moltke a rapidement concentrés sur le Rhin. A partir de là, malgré des actes d'héroïsme du côté français, la décision est enlevée en trois mois de combats meurtriers qui font 200 000 morts. C'est l'humiliation pour les deux principaux corps français qui se sont jetés sans préparation dans les pièges de Metz et de Sedan. On connaît la suite : l'effondrement du IIe Empire, le siège de Paris qui dure cinq mois malgré des tentatives de percées improvisées, la capitulation après de terribles souffrances infligées à la population civile. La Commune de Paris est réprimée par le gouvernement de Thiers au prix de 20 000 morts, alors que l'Empire allemand est proclamé à Versailles. La IIIe République prend naissance dans une nation traumatisée et amputée de ses provinces de l'Est.

Cette défaite aux conséquences redoutables n'est pas exclusivement imputable à un déséquilibre des moyens, sauf dans le domaine de l'artillerie — et c'est là un constat bien affligeant puisque ce corps est commandé par les officiers français issus de la plus haute formation scientifique et technique, l'École polytechnique, qui forme aussi les futurs ingénieurs de l'armement. Elle est essentiellement le fait d'un manque d'adéquation de la stratégie française à l'état de la technologie.

La fin du XIXe siècle voit apparaître de nouveaux développements qui vont encore accroître la puissance du feu : amélioration de la rapidité de tir, de la portée et du calibre des fusils et canons (le 75 français, supérieur au 77 allemand, efface pour l'artillerie l'affront de la guerre de 1870), apparition de la grenade, de la balle Dum Dum (qui éclate à l'impact), et surtout de la mitrailleuse créée en 1889 par l'inventeur civil Maxim et fabriquée par des entrepreneurs, d'abord privés, dans la quasi-indifférence des responsables militaires (ses capacités hyper-meurtrières feront pourtant merveille dans les expéditions de colonisation et seront particulièrement illustrées à la bataille d'Omdurman en 1898 où 400 Anglais massacreront en moins d'une heure 10 000 Soudanais avec six mitrailleuses Maxim tirant 600 coups à la minute !). L'augmentation des capacités de destruction amplifie dès lors le caractère meurtrier des conflits, de la guerre des Balkans en 1863 (300 000 morts), à la révolte de Taiping en 1888 (2 millions de morts) et à la guerre de 1892 où le Paraguay perd la quasi-totalité de sa population mâle.

De son côté, la Marine, qui a participé de façon négligeable aux conflits du XIXe siècle et qui est dominée par la suprématie de la Royal Navy, connaît des développements importants directement induits par la révolution industrielle : bateaux à coque métallique, propulsion à turbine, canon à longue portée, torpille, mine, dreadnought, torpilleurs, contre-torpilleurs, sous-marins. L'emploi de ce nouveau matériel provoque l'affrontement de deux écoles : l'anglo-américaine, qui prône le cuirassé, la « jeune école » française qui s'entiche du torpilleur. La valeur stratégique du sous-marin combiné à la torpille pour l'attaque des flottes marchandes échappe largement aux états-majors et n'est curieusement pressentie que par le romancier Conan Doyle.

Les nations européennes tirent avantage des nouvelles armes pour se lancer dans une nouvelle vague de colonisation en Afrique et en Asie. Elles prennent le contrôle de vastes zones sans difficultés majeures et sans recourir à de nouvelles stratégies, tant sont grandes les disparités entre armements. C'est la répétition de la situation créée par les arquebuses des conquistadores contre les Indiens d'Amérique du Sud. L'Europe sème alors, par ses actes de violence et son impérialisme politique et commercial, les germes des guerres de libération à venir, dès lors que les peuples colonisés auront pu se doter, après la Deuxième Guerre mondiale, de moyens de combat équivalents aux siens.

Dans la seconde moitié du XIXe siècle, une nouvelle puissance fait son apparition, le Japon, qui va ouvrir la première brèche dans l'hégémonie jusque-là incontestée de l'Europe. Après deux siècles et demi d'isolement volontaire complet dans une forme féodale de société, il fait l'apprentissage rapide — en moins de vingt ans — des technologies occidentales, faisant ainsi irruption sur la scène mondiale. Mais plus remarquable encore, ses responsables politiques et militaires, en s'appuyant sur un corps social industrieux, soudé et discipliné, réussissent dans le même temps à forger l'instrument et à assimiler ses stratégies d'emploi. Ainsi le Japon a-t-il raison, d'abord de la Chine en 1895, puis de la Russie en 1905, au terme de deux courtes guerres où il fait un emploi dévastateur des nouvelles armes ; il remporte en particulier à Tsushima, en 1905, une grande victoire navale sur la flotte de haute mer russe en faisant usage des armes nouvelles, des mines en particulier. S'amorce dès lors la constitution en Asie de l'Est d'un empire qui sera habilement conforté et élargi à l'occasion de la Première Guerre mondiale.

Préoccupés par la croissance rapide des moyens de destruction et réagissant à la montée de mouvements pacifistes, les dirigeants politiques européens réunissent à l'initiative de la Russie — déjà ! — deux conférences de désarmement qui rassemblent à La Haye, en 1899 et 1907, vingt-six nations. Elles se bornent à émettre quelques recommandations — condamnant en particulier l'usage de moyens hétérodoxes comme les mines marines et les gaz de combat — sans prévoir d'ailleurs de modalités pour assurer le contrôle et les sanctions.

Les responsables militaires, à quelques rares exceptions, ne tirent pas les conséquences stratégiques ou tactiques des nouvelles armes. Les conflits trop courts et l'européocentrisme occultent les leçons de la guerre de Sécession. La nature des conflits coloniaux fait négliger la prise en compte du développement exponentiel des capacités meurtrières. Le haut commandement français, interprétant la défaite de 1870 comme un manque d'esprit offensif, retient la doctrine de l'attaque à outrance, jusqu'au corps à corps à la baïonnette, du combat sans esprit de recul, de la contre-attaque en toutes conditions. Tout est mis en œuvre à cet effet : depuis l'enseignement à l'École militaire dirigée par Foch — qui aura l'honnêteté intellectuelle de le reconnaître en 1917 lorsqu'il modifiera les instructions de combat — jusqu'aux uniformes bleu horizon, les cazoars et gants blancs des saint-cyriens en passant par l'abandon, au début du siècle, de la chaîne des forts vers l'Est — qu'il faudra rééquiper à la hâte au moment de la bataille de Verdun. Et la même absence de novation stratégique existe sur mer, en particulier pour ce qui concerne la guerre sous-marine.

Dès lors, la guerre, qui commence le 2 août 1914 et oppose au sein de deux larges alliances des forces de 2 millions d'hommes, va s'avérer extraordinairement meurtrière et destructrice. Dès le départ, Allemands et Français passent à l'offensive dans deux directions qui ne se rencontrent pas ; les premiers appliquent le plan Schlieffen (invasion par un vaste mouvement tournant), les seconds attaquent suivant le plan 17, en direction de la Lorraine, abandonnant ainsi à l'occupant la partie nord de la France. L'offensive allemande est stoppée à la bataille de la Marne le 5 septembre, du fait de l'étirement de ses axes d'attaque et de ses lignes de communication ainsi que du retrait de deux corps d'armée de son aile droite ; l'armée française rétablit « miraculeusement » la situation grâce au redéploiement rendu possible par le réseau ferré, au canon de 75, et aux taxis de Gallieni... seule intervention de l'automobile dans cette phase du conflit ! Il a fallu entre-temps mener de meurtrières contre-attaques — qui coûtent à l'armée française 300 000 pertes humaines en deux semaines — et remplacer en catastrophe, pour incompétence, la moitié des généraux du temps de paix. Les Français, lancés à la poursuite des Allemands en retraite, se heurtent aux premières tranchées, et le massacre se poursuit dans une course à la mer, au rythme d'attaques et de contre-attaques sanglantes. Au bout de trois mois, le front est stabilisé, deux lignes de tranchées s'assiègent mutuellement ; on dénombre 940 000 pertes du côté franco-anglais, 680 000 du côté allemand.

Et la leçon ne sert toujours à rien puisque, durant toute l'année 1915, la stratégie de grignotage d'une armée allemande enterrée, conduite en Artois et en Champagne en application de la doctrine de l'offensive à tout prix, coûte encore plus de

300 000 morts (certaines sont provoquées en avril par l'emploi des gaz de combat décidé par le haut commandement allemand, dans une sorte de dérapage technologique et sur proposition d'un savant allemand futur prix Nobel). La lutte prend dès lors la forme d'une guerre d'usure nécessitant des deux côtés des sacrifices humains inouïs et des efforts industriels considérables. Le degré zéro de l'imagination stratégique est atteint à partir de la fin 1915 à la bataille de Verdun, qui provoque en dix mois près de 400 000 morts dans une série d'offensives et de contre-offensives qui ne déplacent le front que de quelques kilomètres. Jamais les soldats n'avaient payé d'un tel torrent de sang l'inadaptation et l'incohérence des stratégies... et la gloire de leurs généraux. La technologie a pris la direction des opérations et transformé le combat en boucherie.

Sur mer, les gros cuirassés des deux bords, fortement armés mais dépourvus de doctrines d'emploi efficaces, se révèlent incapables de rompre un face-à-face interminable. La bataille de Jutland, qui oppose en mai 1916 la flotte de haute mer allemande à la Royal Navy, est, de ce point de vue, exemplaire. Après une seule journée de combat, la première doit rejoindre son port d'attache tandis que la seconde, secouée par des torpilles, perd définitivement sa suprématie ; les deux flottes ne s'affronteront plus. Les percées seront le fait des sous-marins allemands, très en avance sur leur temps. Ils mènent début 1915 une première offensive meurtrière contre les navires marchands, suspendue au bout de six mois sous l'effet de la réprobation internationale. Une deuxième attaque, démarrée début 1917, se heurte rapidement à la défense anglo-américaine faite de convois escortés de destroyers (construits en hâte en contradiction avec les doctrines stratégiques anglo-américaines), d'équipements de détection, de grenades sous-marines, et de longues chaînes de mines en mer du Nord. En moins de six mois l'hémorragie est stoppée, la guerre sur mer est gagnée. Les Allemands n'ont pas su se servir des potentialités de l'arme sous-marine en l'utilisant trop tard et à une échelle insuffisante. Ils se souviendront de la leçon. La flotte française ne participe quant à elle que de façon marginale et insignifiante, se manifestant surtout par des opérations amphibies aux Dardanelles en 1916, et, à terre, par l'emploi des fusiliers marins.

Cette guerre voit encore deux innovations technologiques

importantes : l'avion et le char de combat, produit du moteur à explosion dû aux découvertes du XIXe siècle. Le premier fait son apparition dans les premiers mois. Il reste d'abord confiné aux duels singuliers, aux allures chevaleresques, tellement loin de la tuerie au sol, qui marqueront profondément et durablement sa doctrine d'emploi. Son utilisation est étendue d'abord à l'observation, puis au bombardement (celui sur les villes d'Angleterre provoque la mise en place d'un réseau d'alerte, embryon de la défense de 1940) et enfin, à l'automne 1918, à l'appui tactique des offensives au sol. Quant au char de combat, rendu possible par l'augmentation de puissance des moteurs, sa mise en œuvre en novembre 1917 par les Anglais, puis en juillet 1918 par les Français, n'apporte qu'une contribution secondaire à la conclusion des hostilités ; celle-ci viendra essentiellement de l'épuisement des combattants russes en juillet 1917, allemand et français mi-1918 (à l'issue d'un affrontement qui aura provoqué la mort de près de 10 millions d'entre eux), et de l'entrée en scène massive du corps expéditionnaire américain qui aligne, en octobre 1918, 2 millions d'hommes frais.

Ainsi l'avion et le char n'auront-ils joué qu'un rôle marginal, mais les observateurs attentifs pouvaient déjà pressentir que leur emploi combiné serait décisif à l'avenir. Du côté français cependant, les responsables militaires refusent pendant l'entre-deux-guerres d'en tirer les conséquences stratégiques et tactiques. Ils ne prennent pas non plus suffisamment en compte les moyens nouveaux de communication (téléphone et surtout radio), la mobilité décuplée par les progrès du véhicule automobile et la nouvelle augmentation de la puissance de feu.

Alors que les stratèges allemands ont compris après la guerre d'Espagne la valeur stratégique des nouvelles armes, le colonel de Gaulle prêche dans le vide pour la création d'unités blindées. Mais il ne distingue pas clairement, lui non plus, du moins jusqu'à la campagne éclair de Pologne en 1939, que l'emploi combiné du tank et de l'avion sera déterminant, et néglige l'importance de la supériorité aérienne sur le champ de bataille. La haute hiérarchie, sous l'influence archaïque du maréchal Pétain, choisit une stratégie de défense s'inspirant de l'exemple de Verdun et appuyée sur la construction d'une ligne continue de forts, la ligne Maginot, présentée comme la « novation » technologique. La ligne ne couvre d'ailleurs qu'une partie du front, procure aux Français une fausse et trompeuse impression de sécurité, coûte 7 milliards de francs, somme énorme prélevée sur le budget de défense, et se révélera, en 1940, d'une efficacité nulle. Des chars compétitifs, les SOMUA, seront tout de même fabriqués, mais en petit nombre, et disséminés dans les divisions d'infanterie. Quant à l'utilisation de l'arme aérienne, il suffit de relire les déclarations du chef d'état-major, le général Vuillemin, au retour d'une visite en Allemagne pour prendre la mesure de l'incapacité du haut commandement à formuler une doctrine d'emploi cohérente malgré la mise au point par l'industrie d'avions... qui, au moment de la bataille, n'existeront qu'à l'état de prototypes. A partir de 1935 et à l'initiative de l'amiral Darlan, la marine fait l'objet d'un effort considérable d'équipement, fort coûteux pour le budget de défense. Il ne comporte pas d'effort de novation, en particulier en ce qui concerne l'aviation embarquée ou la défense contre les attaques aériennes. De plus, le haut état-major néglige les indications pourtant précises qui lui sont fournies par les services de renseignement militaire (Deuxième Bureau) comme il négligera au début de la guerre les informations sur le plan d'attaque de la Wehrmacht par la trouée des Ardennes, les plus hauts responsables, y compris Pétain, continuant à affirmer le caractère impénétrable de cette région.

Il faut attendre les premiers mois de 1940 pour que soient constituées deux maigres divisions blindées dépourvues de toute aviation de soutien, sans véritable doctrine d'emploi ni soutien logistique. Après l'attaque allemande du 10 mai, l'exécution du plan transfert en Belgique les meilleurs unités et provoque leur prise à revers par les Panzerdivisionen — qui ont crevé le front à Sedan et Dinant — et la tragédie de Dunkerque. L'armée française est culbutée et balayée en un mois par la poussée des divisions blindées qui ne représentent guère plus de 10 % du potentiel militaire allemand. Il ne reste plus à la ligne Maginot qu'à capituler. La rapidité des percées et la mobilité des chars et de l'infanterie motorisée ne laissent pas le temps d'élaborer les doctrines et de remplacer les généraux incompétents du temps de paix. Quant à la flotte, elle n'a qu'une participation insignifiante et sera sabordée ou désarmée en 1942 ; son rapport coût-efficacité est exorbitant.

La défaite qui parachève l'effacement de la France des premiers rôles mondiaux a certes des causes multiples, mais les principales sont l'insuffisance des généraux et l'incapacité de la haute hiérarchie à saisir les conséquences des découvertes technologiques, à élaborer une stratégie cohérente avec les nouvelles armes. Son conformisme et son manque d'imagination sont des caractéristiques indispensables pour faire carrière aux postes élevés. Les thèses du colonel de Gaulle, insuffisantes au plan aérien, sont restées frappées du sceau de l'iconoclaste. Les armées étrangères ont aussi connu certaines carences d'adéquation entre stratégie et technologie, mais les hauts responsables militaires français, eux, ont eu tout faux.

Le conflit, qui prend à partir de 1941 une extension mondiale, va être affecté par les nouvelles technologies : tanks de plus en plus lourds et puissants — en particulier le T-34 qui devient le symbole de la combativité soviétique, artillerie à tir rapide, pistolets-mitrailleurs, lance-flammes, bombardiers à long rayon d'action, chasseurs à réaction, missiles V-1 et V-2 et premiers missiles tactiques, lance-roquettes multiples, porte-avions utilisés en *task force* pour détrôner les croiseurs et cuirassés dans le Pacifique, sous-marins perfectionnés employés par les Allemands dans l'Atlantique, puis par les Américains dans le Pacifique, radar, sonar... Leur mise en œuvre conduit à une technicité et une spécialisation croissantes des utilisateurs. Le conflit prend aussi une nouvelle dimension de par le gigantesque effort industriel qu'il provoque, en particulier aux États-Unis et en Union soviétique. Le bombardement stratégique devient l'arme de la guerre totale, anéantissant de 1942 à 1945 les concentrations urbaines de l'Allemagne et du Japon, entravant l'effort industriel surtout chez le second. Son emploi avec la bombe atomique en août 1945 à Hiroshima et Nagasaki — ultime combinaison des deux plus récentes technologies, l'aéronautique et le nucléaire — ponctue la défaite du Japon et la fin de la guerre. Celle-ci ouvre l'ère de la dissuasion et de l'hégémonie des deux superpuissances sur un monde rapetissé par la vitesse, la portée et la puissance des nouvelles armes.

Ce survol était nécessaire pour souligner les défauts d'adéquation entre stratégie et technologie. Il va nous permettre de mieux comprendre l'origine du complexe militaro-industriel moderne et la tentative qu'il représente pour remédier à ces défaillances traditionnelles.

Les innovations technologiques de l'armement ont connu une accélération progressive avec trois ruptures : les armes à feu au XVIe siècle, les conséquences de la révolution industrielle au XIXe siècle, l'atome en 1945. Entre chaque rupture, les évolutions, lentes jusqu'au XVIe siècle, s'accélèrent de plus en plus pour atteindre un cycle court au XXe siècle. Elles affectent la puissance de feu et de destruction ainsi que, depuis le début du XIXe siècle, la mobilité des contingents et des plates-formes de tir.

Aux différentes étapes, les armements acquièrent une complexité et un coût dont la croissance est de plus en plus rapide. On passe progressivement des armes individuelles à des systèmes d'armes combinant des technologies de plus en plus diversifiées. Jusqu'au XVIIIe siècle, les techniques de fabrication artisanale relèvent du travail sur métaux, de la confection de la poudre, et de la construction de fortifications. Seule la marine, qui constituait par le mixage des techniques maritimes et d'artillerie le premier système d'armes complexe et coûteux, doit s'appuyer sur des organes préindustriels, les arsenaux, travaillant en osmose avec des utilisateurs spécialisés, les officiers de marine. A partir du milieu du XIXe siècle apparaissent les premières combinaisons de technologies traditionnelles avec les moyens issus de la révolution industrielle — machine à vapeur, électricité, moteur à explosion... — en même temps que naissent de nouvelles techniques et méthodes de fabrication. Les interfaces entre technologies différentes commencent à devenir nécessaires, mais il s'agit jusqu'à la Première Guerre mondiale d'interfaces simples, ne nécessitant pas de processus complexes, et généralement réalisées par simple transfert sur les équipements militaires des progrès réalisés sur les produits civils. Cette évolution s'accompagne de la création d'organes industriels et de la production en série. C'est l'ère des « maîtres de forge » et des « marchands de canons » de la fin du XIXe siècle — le meilleur exemple en est Krupp — à côté de qui coexistent, en particulier au début du XXe siècle dans la construction aéronautique, des organes artisanaux créatifs.

Jusqu'à la décade 1930, les novations et évolutions en matière d'armement sont le fait d'individus créatifs, généralement des civils, parfois des militaires marginaux. Surgit alors la nécessité de combinaisons et d'interfaces entre technologies avancées, au premier rang desquelles l'aéronautique, le naval, l'électronique et la chimie prolongée par le nucléaire. Il en résulte progressivement la constitution d'unités lourdes capables de maîtriser à la fois conception et fabrication. Apparaissent aussi des budgets spécifiques de recherche et développement, concept pratiquement absent jusqu'aux années 1930 même si la chose existait à petite échelle. En même temps, est introduit, aux États-Unis puis en Europe, l'entretien systématique préventif. Les États, qu'ils soient capitalistes ou communistes, prennent peu à peu directement en charge les dépenses de développement ainsi que le contrôle industriel de certaines productions. Le système appliqué à la marine depuis le XVIIe siècle s'étend dès lors aux autres armes.

Et comme la marine dans les siècles précédents, les armements complexes font appel à des utilisateurs de plus en plus spécialisés. A partir de la fin du XVIIIe siècle déjà, certaines armes « techniques » sont confiées à des militaires, en particulier des officiers ayant reçu une formation supérieure. C'est ainsi que ceux de l'artillerie et du génie sont issus en France de l'École polytechnique créée en 1794, d'où sortent également plusieurs ingénieurs, en particulier du génie maritime. C'est ainsi que sont créées les écoles de Saint-Cyr et de Navale, d'un niveau de recrutement et de formation scientifique et technique élevés. C'est ainsi que les cavaliers, qui disposaient déjà d'une certaine spécificité, se reconvertissent après 1914 d'abord dans l'aviation, puis dans les véhicules blindés et les unités motorisées dont ils constituent le noyau. Même dans l'infanterie certaines spécialisations se font jour, comme les unités servant les mitrailleuses.

L'aviation, arme de pionniers au cours de la Première Guerre, devient dans la décennie 1930 et surtout pendant la Deuxième Guerre mondiale une arme de spécialistes à la formation poussée et à l'entraînement continu. Son emploi relève dès lors d'une stratégie spécifique combinant la chasse pour la maîtrise du ciel, le bombardement au rayon d'action croissant, l'appui tactique au sol, l'observation et enfin le transport. Stratégie spécifique certes, mais qui s'intègre aussi dans la conduite générale des opérations, en particulier dans l'utilisation du couple char-avion. Il en va de même pour certaines unités de l'armée de terre qui mettent en œuvre des armes complexes, comme blindés et motorisés, artillerie, génie... De son côté, la marine conforte sa spécificité en s'équipant de nouveaux éléments comme les sous-marins et les avions de l'aéronavale.

La puissance du feu suit une augmentation continue qui va du mousquet au XVIe siècle à la bombe atomique en 1945. La mobilité des contingents connaît des développements considérables, passant des déplacements à pied ou à cheval du XVIIIe siècle au chemin de fer, au véhicule automobile, puis à l'avion de plus en plus rapide. Celle des plates-formes de tir aussi, qui passe de l'arme individuelle et du canon tracté, au char, au bombardier stratégique et à la fusée. La prise en compte et la combinaison dans l'élaboration de la conduite de la guerre d'éléments aussi rapidement évolutifs bousculent les schémas de pensée et exigent de grandes aptitudes d'adaptation et de renouvellement conceptuels.

Ainsi les mutations ou évolutions des technologies d'une part, les modifications de la stratégie d'autre part, conduisent-elles à la nécessité de systèmes capables de maîtriser leurs interactions et d'assurer leur cohérence. La marine les avait créés dès le XVIIe siècle dans les grands ports de guerre où coexistent les bases navales et les arsenaux. Leur coordination, variable suivant les périodes, était confiée sous le Premier Empire aux préfets maritimes qui subsistent jusqu'au XXe siècle. L'artillerie et le génie disposent dès le XVIIIe siècle d'embryons de passerelles entre producteurs et utilisateurs, qui s'organisent plus systématiquement au XIXe siècle avec la création des corps d'officiers et d'établissements spécifiques.

C'est en Prusse, au milieu du XIXe siècle, que se forgent les premiers liens entre industriels et responsables militaires. D'abord lâches, ils s'intensifient après 1870 sous l'œil bienveillant de Bismarck puis avec le soutien actif de Guillaume II pour se transformer en alliance militariste. C'est elle qui agira de concert dans les années 1920 pour tourner les clauses militaires du traité de Versailles (avec le soutien jusqu'en 1933 de l'Union soviétique), elle aussi que Hitler transformera en système pour mettre sur pied sa machine de guerre.

L'Union soviétique de Staline donne dès l'origine, avec ses premiers plans quinquennaux, une priorité marquée à ses forces armées et à ses industries d'armement qui constituent rapidement un complexe militaro-industriel coordonné par le Politburo et placé sous la surveillance de la Tcheka (précurseur du KGB). Quant au Japon, il joue depuis la révolution Meiji (décade 1860) la carte de l'industrialisation et de la militarisation. A partir de 1925, il accélère sa politique impérialiste et expansionniste en s'appuyant sur l'étroite combinaison du haut commandement militaire et du réseau industriel des Zaibatsu.

Historiquement, le complexe militaro-industriel moderne est apparu à la fin du XIXe siècle dans les puissances expansionnistes. Son perfectionnement et son renforcement coïncident au XXe siècle avec la montée des régimes totalitaires.

Dans les démocraties, le phénomène est beaucoup plus diffus avant la Deuxième Guerre mondiale. En France en particulier, certaines convergences existaient dès le début du XXe siècle entre les magnats de l'industrie lourde, les « marchands de canons » et la haute hiérarchie. Mais on avait vu se produire aussi des antagonismes, en particulier pendant la Première Guerre, lorsque les producteurs firent de la rétention de fournitures pour obtenir des révisions de prix. Un premier système est introduit en 1933 avec la création du ministère de l'Air, ayant autorité à la fois sur les militaires et l'industrie nationalisée. L'état de l'armée de l'air et de ses doctrines en 1940 montre que l'organisation — qui disparaît alors — n'a pas eu le temps de se roder. Seule la marine dispose depuis le XIXe siècle d'un ministère intégré qui remplit en principe les fonctions de coordination, mais ce système n'a jamais été réellement soumis, depuis lors, au test de cohérence et d'efficacité d'un vrai combat.

La Deuxième Guerre mondiale intensifie et accélère le développement du complexe dans les pays totalitaires. L'Allemagne crée le puissant ministère de la Production industrielle, met sur pied des organes spéciaux de développement technologique tel celui des fusées à Peenemunde. Elle engage la mobilisation de ses capacités technologiques et industrielles. L'Union soviétique, après l'intermède des purges et des exécutions massives de généraux et d'officiers par Staline à la fin des années 1930, renforce encore le poids de son complexe militaro-industriel. Après l'offensive allemande de juin 1941, le gigantesque transfert de ses organes industriels et de recherche-développement derrière l'Oural joue un rôle clé dans la lutte contre l'Allemagne. Quant au Japon, il renforce la militarisation de son régime et mène un effort d'équipement auquel coopèrent étroitement les Zaibatsu sous la conduite du ministère des Munitions.

Les États-Unis et la Grande-Bretagne se lancent en 1940 dans un titanesque effort technologique et industriel. Des organes spécifiques sont créés à cet effet aux USA : le War Production Board et l'Office of Scientific Research and Development, dont fera partie le « Manhattan Project » (bombe atomique). L'État prend en charge le financement de la recherche-développement, et les installations industrielles, procède à une large mobilisation des firmes privées. Les progrès sont rapides, en particulier dans les activités de pointe — aéronautique, électronique, nucléaire, construction navale. Cette montée en puissance donne naissance au complexe militaro-industriel que dénoncera vingt ans plus tard Eisenhower. L'Angleterre suit le même chemin. La France, sortie trop tôt des combats et occupée par l'Allemagne, ne participe pas alors à cette transformation.

Durant la longue phase historique qui se termine avant la préparation de la Deuxième Guerre, le développement technologique des armements est déterminé par l'évolution générale des sciences et des techniques bien plus qu'il ne les influence. La révolution introduite au XVIe siècle par l'arme à feu dérive de la découverte de la poudre quelques siècles plus tôt par les Chinois qui n'en font aucun usage militaire et en réservent l'emploi à des réjouissances publiques. Son utilisation, qui aura une influence capitale sur la forme des combats et la stratégie, est rendue possible par les progrès des techniques métallurgiques. Les découvertes scientifiques du XVIIIe siècle ouvrent la voie à la révolution industrielle et à ses énergies nouvelles (machine à vapeur, moteur à explosion, électricité) mais il faudra attendre la deuxième partie du XIXe siècle pour que la conduite des combats en soit affectée, et le XXe siècle pour qu'elles bouleversent les stratégies. Les progrès de la chimie au XIXe siècle ne donneront naissance que longtemps après à de nouveaux métaux utilisés en particulier pour les fabrications aérospatiales, malheureusement aussi aux gaz de combat. Les découvertes du XIXe siècle en physique, électricité, magnétisme, optique, propagation des ondes, rayonnements, trouvent rapidement des utilisations civiles, mais resteront près d'un siècle sans application militaire. Elles exerceront à partir de 1930 une influence considérable sur les communications et le renseignement, puis sur la détection, la conduite des plates-formes de tir et le guidage des projectiles. Les découvertes du début du XXe siècle sur la structure de l'atome, son rayonnement et sa désintégration resteront un demi-siècle sans application militaire, avant de faire irruption à partir de 1945 pour provoquer une révolution dans les capacités de destruction, dans les stratégies et dans la hiérarchie des puissances.

Ce rappel souligne combien est erronée l'idée reçue suivant laquelle la recherche à finalité militaire sert en définitive la cause des applications civiles. L'évolution générale des sciences et des techniques n'a presque jamais été influencée par des considérations militaires, mais au contraire elle a déterminé les innovations en matière d'armement et d'art de la guerre. Pour ce qui est des développements technologiques depuis la révolution industrielle, l'économie civile n'a profité de retombées militaires — si l'on excepte les cas où la situation de conflit a fait taire les scrupules de chercheurs, comme en témoignent les progrès de la chirurgie pendant la Première Guerre mondiale — que parce que des situations exceptionnelles de sécurité ou d'ambition nationales ont amené les États à réunir de puissants moyens, en particulier financiers, qui n'auraient pas été mobilisés en d'autres circonstances. Le projet Manhattan de développement de la bombe atomique exécuté de 1942 à 1945 est de ce point de vue très caractéristique. Mais cette nécessité ne correspond plus désormais à l'état des pays industriels. Point n'est besoin de circonstances exceptionnelles pour que des ressources importantes soient affectées au développement des technologies. Au contraire, de telles décisions font maintenant partie du cours normal des économies civiles, au profit desquelles l'État ou les firmes débloquent d'importants budgets de recherche et de développement.

Cet état de choses est illustré par l'histoire du Japon depuis 1945. Ce pays est empêché d'affecter une part significative de ses ressources aux dépenses de défense ; son budget militaire n'a pas dépassé, sauf marginalement au cours des trois dernières années, 1 % du produit intérieur brut (PIB) et il a dû limiter ses moyens militaires à une force d'environ 300 000 hommes pour des missions d'autodéfense terrestres, navales et aériennes. Il concentre son effort sur les recherches à applications civiles, qui incombent pour l'essentiel — contrairement à la France et à d'autres pays occidentaux — à des firmes privées, coordonnées et contrôlées par le gouvernement et en particulier par le MITI[1]. On connaît les conséquences de cette politique : percées significatives dans les technologies civiles les plus avancées ; compétitivité élevée sur les marchés internationaux ; réalisation de conversions économiques et industrielles à répétition ; excédents considérables, année après année, de la balance commerciale en particulier vis-à-vis des États-Unis ; accroissement très rapide du niveau de vie et des réserves financières ; nombreuses prises de contrôle dans l'économie d'autres pays en Amérique du Nord, Asie et Europe ; contribution rapidement croissante à l'aide aux pays en voie de développement.

Et l'on assiste aujourd'hui à l'émergence au Japon d'un phénomène à l'inverse de la thèse des retombées civiles. La solidité des bases économiques construites au cours des trente dernières années, les avancées technologiques civiles, permettent maintenant à ce pays, en l'absence de menace de conflit, de se tourner vers des recherches et des développements d'application militaire. On peut penser — ou craindre — au vu de l'efficacité dont il a fait preuve jusqu'ici, qu'il est maintenant capable de faire irruption dans le domaine des technologies de guerre et qu'il pourrait s'y tailler à l'horizon de l'an 2000 une part significative des marchées internationaux, au détriment des pays en place et en particulier de la France.

Pour revenir aux relations entre technologie et stratégie, il est rarissime que l'évolution de la technologie militaire procède d'une demande explicite de la haute hiérarchie ou de la concertation de cette dernière avec les concepteurs. Le cas de deux des plus grands chefs de guerre, Alexandre et Napoléon, est de ce point de vue très éloquent. Tous deux se sont désintéressés de l'évolution des armes pour se concentrer sur leur emploi. Les transformations sont le fait d'individus inventifs, presque toujours civils, ou d'industriels perfectionnant leurs procédés de fabrication.

Et ceci reste vrai après la révolution industrielle, malgré la haute formation scientifique et technique dispensée aux officiers, en France notamment où ils sont complètement assimilés à

1. Ministry of International Trade and Industry.

des ingénieurs. Le cas de Polytechnique est symptomatique, qui forme parallèlement des officiers et des ingénieurs de haut niveau. Mais cela vaut aussi, à un degré moindre, pour Saint-Cyr, Navale, l'École de l'air, d'où sortent l'essentiel du corps des officiers et la quasi-totalité de la haute hiérarchie. On trouvera bien sûr des cas qui font exception, mais la règle reste bien celle de l'absence d'initiative des militaires dans la conception des armes.

Ce qui est encore plus étonnant, c'est l'incapacité des responsables militaires, en particulier de la haute hiérarchie, à assurer l'adéquation des doctrines et des stratégies à l'évolution des technologies — exception faite lors de brèves phases suivies de longs décrochages, de ceux que l'histoire appelle les grands capitaines. Et cette incapacité s'est encore accentuée depuis la révolution industrielle du fait de la complexité croissante et du rythme accéléré des transformations, et malgré le renforcement considérable de la formation des officiers. On aboutit à l'exemple caricatural des batailles de la Première Guerre mondiale où les responsables militaires abandonnèrent la conduite des opérations à la technologie.

Cette situation est aggravée par la particularité propre au domaine de la défense de ne pas subir, en dehors des périodes de guerre, de tests de cohérence entre technologie et stratégie. Des carences adéquates ou des erreurs de jugement peuvent persister longtemps, au prix de lourdes dépenses inappropriées ou inutiles, sans être détectées et corrigées, souvent jusqu'à la catastrophe finale. *Ex post facto,* de nombreux écrans sont même mis en place, par les organes et les corps intéressés, pour cacher aux citoyens les raisons réelles et pour éviter la mise en cause des responsabilités. Il n'est pas besoin de souligner les dangers mortels qui peuvent en résulter pour une nation à l'âge nucléaire où la décision d'intervention peut être obtenue en quelques heures.

Depuis le début du XIXe siècle, la France souffre dans ce domaine d'une insuffisance critique, que ce survol historique a souligné dans la préparation et la conduite des trois guerres de 1870, de 1914 et de 1939. Le prix payé fut exorbitant en termes humain, politique et économique. État de choses bien singulier puisqu'il s'agit de l'essence même du rôle des responsables militaires issus des grandes écoles. Nous en avons noté certaines causes dans le chapitre 6. Le mode de sélection à l'entrée aux grandes écoles et l'enseignement qui y est dispensé privilégient à l'excès l'intelligence théorique au détriment de la créativité, du sens de l'organisation et de la préparation à la conduite des hommes. Ces traits sont encore renforcés par le cursus militaire, par la sélection et la formation dispensée dans les cours et les stages militaires supérieurs. Ils sont pour ainsi dire exacerbés par les critières de désignation aux échelons les plus élevés de la haute hiérarchie militaire et par la place accordée au conservatisme et au conformisme. Il n'est pas surprenant, au terme de ce parcours, que l'imagination et la créativité ne soient presque jamais au rendez-vous.

Cet état de fait doit pousser la collectivité nationale à la plus grande circonspection vis-à-vis de stratégies et de programmes élaborés et proposés par des responsables qui sont, tant dans le domaine technologique que militaire, issus des mêmes écoles, des mêmes formations, des mêmes cursus et des mêmes corps que les responsables de défense des XIXe et XXe siècles.

CHAPITRE 8

PROGRAMMES ET SYSTÈMES D'ARMES

L'incohérence entre stratégie et technologie qui a eu des effets si graves aux XIXe et XXe siècles, serait susceptible de conséquences encore plus dévastatrices en cette fin de siècle, du fait de la rapidité fulgurante des armes modernes, et en particulier du couple fusée-atome. L'existence du complexe militaro-industriel, notamment la réorganisation en 1962 du ministère de la Défense, répondent-elles au moins à l'exigence d'adéquation ?

Comment ce système assure-t-il l'adaptation entre logique technologique et logique stratégique, qui avait si cruellement fait défaut ? Comment s'organise l'expression des besoins par les utilisateurs ? Comment se règle le jeu des interactions entre les parties prenantes ? Comme se noue et se développe la dialectique entre technologie et stratégie ? La technologie détermine-t-elle la stratégie, ou les choix stratégiques orientent-ils les développements technologiques ? Qui prédomine ? le militaire, l'ingénieur ou l'industriel ? L'intervention du politique est-elle décisive ?

Il n'est pas dans l'objet de cet essai d'apporter des réponses exhaustives à ces interrogations. Les réponses des experts diffèrent fortement sur l'évaluation des stratégies choisies, la pertinence de certains armements, le choix de leurs doctrines d'emploi. On peut toutefois formuler certaines observations quant à l'adaptation du système militaro-industriel actuel, et la pertinence stratégique des programmes principaux.

Il faut d'abord remarquer qu'on ne dispose pas de tests de cohérence significatifs depuis 1962, la France ne s'étant trouvée engagée que dans des opérations secondaires qui n'ont pas apporté d'enseignements intéressants. Seule l'opération Manta au Tchad a mis en œuvre des moyens de grande ampleur. Mais l'emploi d'un dixième seulement de la Force d'action rapide y a fait ressortir de sérieuses inadaptations, en particulier en matière de logistique et de doctrine d'emploi. Les conflits importants, tel celui du Proche-Orient, n'éclairent pas la défense française. Les conditions y sont trop différentes du théâtre européen ou des projections lointaines de forces, *a fortiori* en ce qui concerne l'emploi de la force atomique. Certaines expériences peuvent même avoir des effets pervers d'appréciation, comme l'emploi des avions de combat.

Pour ce qui touche à l'organisation militaire, la structure retenue ne réalise pas une intégration suffisante des trois armes. Certes, la création du CEMA visait un tel objectif. Mais elle a ajouté un échelon supplémentaire à un ensemble déjà fortement hiérarchisé, et l'intégration ne se trouve pas suffisamment assurée. L'élaboration des options concernant armements et doctrines d'emploi suivent souvent des cheminements qui court-circuitent les responsables de chaque arme et s'établissent à des niveaux subalternes. La prise en compte des besoins interarmes est négligée. Il n'existe pas, comme au Pentagone américain, de confrontations et de débats suffisants pour l'élaboration de stratégies communes, coordonnées et surtout interarmes.

Ce manque d'intégration conduit à la persistance de réactions corporatistes au niveau de chacune des armes. L'élaboration des programmes et des budgets d'armement suscite la concurrence entre elles. Et l'arbitrage rendu se ramène souvent à l'équilibre des satisfactions, à la prolongation de solutions existantes ou au choix de systèmes d'armes — souvent fort onéreux — dont l'attribution vise surtout à faire taire les revendications. La remise en cause d'équipements devenus obsolètes est en général très malaisée du fait de l'attachement que leur manifeste l'arme intéressée.

De plus, l'absence de moyens et de capacités de conception à la disposition de la haute hiérarchie militaire constitue pour elle un handicap sérieux. Le dialogue entre utilisateurs et ingénieurs s'en trouve faussé : ou bien les seconds se substituent aux premiers dans l'expression des besoins opérationnels, ce qui semble être le cas de l'armée de l'air ; ou bien des ambiguïtés persistent, par exemple dans la marine où les militaires se plaignent d'être mis devant le fait accompli par les concepteurs alors que le directeur des constructions navales continue à siéger à l'état-major de la marine, rue Royale, et échappe ainsi largement à la mouvance de la DGA ; ou encore les ingénieurs s'approprient les définitions, comme cela se produit pour les matériels de l'armée de terre.

Quant à l'organisation technologique et industrielle, le système souffre d'autres difficultés. La DGA est un ensemble très lourd, qui emploie directement 70 000 personnes, met en œuvre de considérables budgets annuels de recherche-développement, gère des achats très importants et diversifiés. Son encadrement est constitué d'ingénieurs du corps de l'armement qui, du fait de leur formation et de leurs prédispositions, s'en remettent souvent aux organes d'études et de fabrication, qu'ils dépendent de la DGA ou des firmes. Ces dernières disposent ainsi de larges capacités d'initiatives et d'influences leur donnant un poids excessif dans les orientations et les choix de recherche et de développement. La maximisation de leurs chiffres d'affaires et de leurs profits ou le maintien de l'emploi influencent trop souvent les choix de programmes. Nous avons déjà noté les effets pervers du *modus operandi* du complexe.

Certes, la programmation quinquennale adoptée depuis 1960 correspond bien à la nécessité de situer les orientations dans un cadre temporel compatible avec le rythme de développement qui, pour les armes les plus complexes, peut atteindre douze à quinze ans. Elle constitue un progrès qui place la France en position favorable vis-à-vis d'autres pays, en particulier les États-Unis. Malheureusement cette méthode est profondément perturbée par les révisions opérées tous les deux ans. L'initiative prise par la DGA de développer des plans de recherches (PRR) et de développement (PPA) inscrit judicieusement ses tâches dans une perspective technique — à condition toutefois de ne pas privilégier les contraintes technologiques au détriment des réflexions stratégiques.

Examinons maintenant quelques programmes, et d'abord la force de dissuasion dont on dit qu'elle constitue la pierre angulaire du système de défense. On se souvient qu'en matière atomique, le premier pas fut franchi dans les années 1950 par des ingénieurs du CEA. On sait que dans le domaine aérospatial, les choix, en particulier ceux du Mirage IV et des lanceurs balistiques, devaient beaucoup à l'influence des industriels. Le choix de la force atomique est ainsi d'inspiration essentiellement technologique, sans impulsion significative des militaires. Lorsque le général de Gaulle retient et formule la doctrine de dissuasion, il rencontre l'indifférence, pour ne pas dire l'opposition, de la haute hiérarchie. Cette théorie bouscule trop d'habitudes et menace trop de positions acquises. Elle fait aussi, d'ailleurs, l'objet d'un violent rejet de la part de socialistes, en particulier de François Mitterrand. Il faudra attendre 1978 pour qu'ils s'y rallient, d'abord avec réticence, puis avec de plus en plus d'enthousiasme au fur et à mesure que se dessine la possibilité d'accéder au pouvoir, jusqu'à en faire un credo après 1981.

La dissuasion est depuis devenue un consensus national. Mais c'est un consensus mou fait de non-dits, qui ne se nourrit pas de débats informés, un consensus fallacieux qui exalte une indépendance trompeuse, un consensus figé qui occulte l'évolution du paysage stratégique et technologique. C'est un consensus dangereux qui endort la vigilance des citoyens.

Dès l'origine, le vecteur pilote Mirage IV ne tient pas ses promesses : sa capacité à atteindre l'Union soviétique dépend du ravitaillement en vol par les KC-135 achetés aux États-Unis, puisque de Gaulle a refusé les moteurs américains qui lui auraient donné le rayon d'action nécessaire. Puis, lorsque deviennent opérationnelles ses deux autres composantes, sol-sol en 1972 et mer-sol en 1975, le débat n'est pas rouvert malgré les déclarations sur le caractère intérimaire du Mirage IV, et en dépit de sa bien plus grande vulnérabilité. Certains mettent en avant le supplément de crédibilité que procurerait la composante pilotée, mais à quel coût-efficacité ? On imagine la formidable opposition que rencontre sa suppression face à la coalition de la DGA, des pilotes de l'armée de l'air et de Dassault.

La force atomique a fait l'objet d'une collaboration secrète avec les Américains qui relativise sérieusement la fameuse indépendance de la France. Cette collaboration avait été précédée par l'imprégnation des officiers détachés dans les états-majors de l'OTAN à l'organisation et à la doctrine américaines en matière nucléaire. D'abord informelle dans les années 1950, elle s'est pour ainsi dire institutionnalisée avec Georges Pompidou, à partir de 1970, pour les technologies nucléaires les plus avancées. Elle s'est étendue depuis 1981 avec François Mitterrand au domaine stratégique, et a été pour l'essentiel confiée aux militaires. Elle couvre désormais, en plus des aspects technologiques, les questions de mise en œuvre, notamment la coordination des objectifs en Union soviétique et l'assistance américaine dans le renseignement sur les sites de fusées et leur détection.

La stratégie de dissuasion a vieilli depuis le début des années 1960. L'exactitude de portée acquise par les vecteurs américains et soviétiques (150 mètres à 15 000 kilomètres) et le développement des armes conventionnelles intelligentes à longue portée rendent possibles des frappes d'une précision chirurgicale, même non atomiques, sur des objectifs militaires. Les vecteurs basés au sol (plateau d'Albion et aérodromes) deviennent très vulnérables à une première frappe. La riposte à leur destruction par l'atomisation de certaines villes soviétiques serait totalement disproportionnée et de nature à provoquer une attaque nucléaire totale. Seule la composante mer-sol échappe à ce risque, aussi longtemps que persiste l'indétectabilité des sous-marins. La perspective de systèmes antimissiles — mêmes s'ils ne débouchent à moyen terme que sur une application limitée à des installations prioritaires — est susceptible d'affecter sérieusement la crédibilité de notre dissuasion. L'insuffisance de nos moyens de détection en satellite d'observation, radar et infrarouge, ne nous permet pas une connaissance efficace des défenses soviétiques et du départ de leurs missiles, alors qu'à l'inverse, le plateau d'Albion et les Mirage IV sont sous observation russe permanente.

La doctrine de dissuasion connaît des hérésies. La France a, en principe, rejeté la doctrine de la riposte graduée adoptée par l'OTAN en 1965, après que l'Union soviétique a obtenu la parité nucléaire. Elle s'en tient à la dissuasion dite du faible au fort qui tient en otage les populations civiles de villes soviétiques. Mais cela ne l'a pas empêchée de se doter d'armes « préstratégiques » : l'artillerie atomique Pluton puis Hadès, et le Mirage 2 000 équipé de missiles de croisière ASMP. Leur doctrine d'emploi est de dernier avertissement, ce qui laisse entendre que les Soviétiques pourraient ne pas être suffisamment déterminés et abandonner, sur cet avertissement, l'initiative qu'ils auraient prise d'engager le conflit. Comment imaginer une situation assez critique pour décider l'emploi d'un missile préstratégique, mais d'un niveau insuffisant pour déclencher une réaction soviétique qui détruirait les missiles du plateau d'Albion et les Mirage IV, voire qui vitrifierait l'Hexagone ? Et puis, il s'agit de bombes polluantes que leur rayons d'action et leurs conditions d'emploi destineraient à des régions fortement urbanisées de l'Allemagne de l'Ouest ou de l'Est. En 1988, le chancelier Kohl répondait ironiquement à François Mitterrand, qui vantait l'augmentation de portée du Hadès (400 kilomètres) par rapport au Pluton (120 kilomètres) : « Vous savez, en RDA, ce sont aussi des Allemands. » C'était avant les événements de l'Est et les perspectives de réunification. Comment penser qu'un décideur français prendrait la responsabilité d'initier un échange atomique préstratégique touchant d'abord un territoire allemand, risquant ensuite de déclencher un conflit nucléaire ? Il s'agit de toute évidence d'une addition marginale et fallacieuse au système de dissuasion, qui remet même en question sa crédibilité puisque son emploi éventuel présuppose que la dissuasion principale n'aurait pas fonctionné. Et tout ceci à quel prix et à quel rapport coût-efficacité lorsqu'on sait que le nucléaire préstratégique aura coûté 40 milliards de francs.

Ainsi se trouve sérieusement ébranlée l'indépendance stratégique française proclamée et célébrée par les présidents successifs. On laisse croire à l'opinion que nous disposons d'une autonomie stratégique garantissant l'intégrité du « sanctuaire national », on induit à minorer, comme en d'autres temps avec la ligne Maginot, la nécessité des alliances pour assurer notre sécurité.

Il conviendrait au contraire de relativiser l'importance de l'arme atomique dans notre panoplie. Il faudrait admettre que son utilité ne peut se concevoir qu'au sein de l'Alliance atlantique ou, demain, d'une défense européenne, et que son emploi exige une concertation sérieuse avec la République fédérale allemande. Il faudrait surtout reconnaître que son utilisation comporte des risques considérables pour l'humanité et l'environnement. Il faudrait enfin sortir du secret qui l'entoure et ne peut être de mise de façon durable dans une société démocratique dont la détermination, surtout en cas de crise grave, dépend toujours en dernier ressort du soutien éclairé du corps des citoyens.

Enfin, la crédibilité de notre dissuasion, qui suppose une

décision par la France de la première frappe, est sérieusement affaiblie par le rejet croissant des opinions publiques et la prise de conscience de ses effets sur l'humanité et l'environnement. Les accidents de centrales nucléaires, en particulier celui de Tchernobyl, ont souligné les risques liés à la libération de l'énergie nucléaire. Le paysan français sait maintenant qu'un bombardement atomique sur Kiev comporte des risques de retombées sur son village. Cette opposition, déjà très forte en Europe du Nord et surtout en RFA, s'étend maintenant à la France comme l'ont montré les dernières percées électorales des Verts et les derniers sondages d'opinion. Elle a toutes chances de s'accentuer si l'Union soviétique réussit à accréditer dans l'opinion occidentale une image moins menaçante. Quelles difficultés aurait un dirigeant français à décider l'emploi de la bombe, préstratégique ou stratégique, si un développement le justifiant provoquait le siège de la chancellerie de Bonn par 500 000 manifestants ouest-allemands !

Les événements de 1989 ont encore déprécié notre capacité de dissuasion. Ils l'ont en quelque sorte contournée, comme l'ont fait en 1940 les chars de la Wehrmacht avec la ligne Maginot. Peut-on désormais imaginer une situation où la France pourrait menacer de faire usage la première de l'arme atomique ? Quel rôle notre dissuasion nucléaire pourrait-elle jouer, face par exemple à une tension régionale sérieuse en Europe centrale ? Comment imaginer qu'elle pourrait amener les Allemands à renoncer à se réunifier, ou à étendre leur emprise économique sur leurs voisins de l'Est ?

Dans un autre domaine qui pèse lourd sur les budgets, celui des avions de combat, on se souvient de la valse-hésitation de 1963 à 1978 sur le choix des missions et des programmes. Elle en dit long sur la fragilité des justifications stratégiques. Pourtant, le budget aéronautique du premier plan quinquennal (1960-1964) accordait déjà au Mirage III 40 % des crédits aéronautiques. La dernière loi de programme prévoit encore plus de 200 milliards de francs pour l'aviation, soit 39 % du total, qui seraient presque totalement affectés aux avions de combat tactiques. Sans compter le programme Rafale, lancé en 1988 au prix d'une première tranche de 13 milliards de francs de développement ; nous avons déjà parlé des incertitudes pesant sur sa justification et son avenir.

En fait, les avions de combat de Dassault sont des armes hybrides essayant de marier diverses performances ; d'une part pour les missions de pénétration offensive et d'appui au sol, d'autre part pour celles d'interceptions, si précieuses pour l'exportation et si chères au cœur des pilotes. Les conséquences ne se sont pas fait attendre : les seules interventions au sol de l'aviation française — en Mauritanie et au Tchad — ont été le fait des Jaguar, beaucoup mieux adaptés, qui avaient été conçus par Bréguet avant la fusion AMD-BA. Les Mirage n'ont jamais été utilisés pour de telles missions.

Il apparaît surtout que ces programmes aéronautiques tiennent un compte insuffisant des missiles sol-air ou sol-sol, qui ont fait pourtant merveille depuis presque dix ans dans les affrontements du Proche-Orient, en particulier entre Israël d'une part, l'Égypte en 1973 et la Syrie en 1982 d'autre part. Tout indique que leur efficacité contre les avions en missions d'interception ou d'appui au sol continuera à s'affirmer, que les opérations contre les forces terrestres peuvent, à l'inverse, être prises en compte par des missiles sol-sol.

Il est intéressant de s'arrêter sur le cas de ces missiles tactiques. Dès la fin de la décennie 1940, un petit groupe d'ingénieurs de la société Nord-Aviation, exploitant des recherches allemandes, développent deux engins antichars guidés par l'intermédiaire d'un fil se déroulant à partir du déclenchement du tir ; ce sont les SS-11 et 12 d'une portée de 2000 mètres. Ils sont les premiers d'une famille qui ne va cesser de se développer avec Hot, Milan, Roland et Exocet de Nord-Aviation, puis d'Aérospatiale, suivis par les missiles développés par Matra. Ces armes vont révolutionner le combat terrestre, le combat aérien et la défense antiaérienne, leur efficacité sera prouvée dans les conflits du Proche-Orient et des Malouines, et remettra en cause l'emploi des chars de combat et de l'aviation tactique. L'usage que feront les résistants afghans de la version américaine Stinger contre les hélicoptères et les avions soviétiques jouera un rôle décisif et amènera l'URSS à constater son incapacité à réduire la guérilla, et donc à retirer ses troupes d'Afghanistan. Il s'agit donc de toute évidence d'une innovation technologique ayant des répercussions profondes sur les stratégies et les tactiques. C'est la première arme efficace contre les chars et les avions dont la mise en œuvre ne nécessite pas une plate-forme de tir lourde, détectable et vulnérable, puisqu'elle peut être lancée par un simple fantassin. On la doit à des ingénieurs agissant sans l'incitation des militaires. On est encore loin en 1989 d'avoir épuisé l'évaluation de ses effets et d'en avoir tiré toutes les conséquences stratégiques et tactiques, en particulier pour le combat terrestre, y compris sur le théâtre européen.

Dans le domaine aéronautique, les moyens de détection nécessaires à l'emploi des avions de combats restent insuffisants malgré l'achat, en 1987, de trois AWACS « *made in USA* » ne disposant pas d'équipements au sol pour exploiter leurs renseignements. La défense contre les missiles à moyenne portée est inexistante.

L'aviation de transport, pourtant indispensable au déploiement de la force d'action rapide et aux interventions outre-mer, est complètement négligée. Il a fallu, en 1987 et 1988, que le ministre prenne la décision d'acheter quelques avions américains d'occasion — les Hercule. Il faut même dans certains cas faire appel aux avions de transport américains.

Ainsi la politique de programmes et de systèmes d'armes de l'armée de l'air est-elle influencée par des considérations technologiques, industrielles et commerciales, plus que par une doctrine stratégique. Les officiers de l'armée de l'air font certes montre à la fois de compétence technique et opérationnelle, ainsi que de combativité en privilégiant des tactiques offensives. Mais leur attachement aux traditions de la chasse les rend complices des industriels et des ingénieurs. Et la haute hiérarchie ne tient pas suffisamment compte des nouvelles technologies, en particulier des missiles et des moyens de détection, ni des contraintes interarmes.

En ce qui concerne le combat terrestre, on est loin d'avoir tiré toutes les conséquences des derniers développements technologiques, notamment des engins tactiques et des mines de troisième génération. Leur efficacité constamment améliorée au cours des dernières années a été démontrée dans les affrontements au Proche-Orient, en particulier en 1973 entre Israël et la Syrie, et plus récemment dans les combats Iran-Irak et en Afghanistan. Elle affecte sérieusement la pertinence des programmes d'armements terrestres, tels le char Leclerc et l'hélicoptère d'attaque.

Le premier souffre d'une dérive perfectionniste de définition et d'une surabondance d'équipement que la DGA a mal contrôlées. Son coût unitaire exorbitant — 32 millions de francs, en vérité, 50 — limite considérablement la quantité que l'armée de terre peut acquérir. Il obère pourtant son plan d'équipement où il compte pour près de 50 %. Sa très grande vulnérabilité aux engins tactiques et aux mines en fait un armement dont le rapport coût-efficacité est prohibitif, et dont l'adaptation à la nouvelle donne technologique est fort sujette à caution. Il faut ajouter que l'absence d'approche commune entre pays européens (les Allemands développent un char compétitif) tourne le dos aux volontés d'intégration et d'interopérabilité.

Quant à l'hélicoptère d'attaque, lui aussi sophistiqué et onéreux, son utilisation tactique est loin d'être assurée. Son maintien est mis en question par l'efficacité des engins tactiques tirés du sol, comme l'ont montré les résistants afghans contre les Soviétiques. Il s'agit d'un équipement dont le rapport coût-efficacité est certainement élevé, et qui pâtit de plus des vicissitudes de la coopération entre Français et Allemands.

On se trouve ainsi devant des équipements dont l'adéquation au combat moderne est fort douteuse. Ne conviendrait-il pas de baser la défense européenne sur un réseau de fantassins fortement équipés en armements défensifs, antichars et antiaériens (principalement missiles et engins tactiques), qui s'appuieraient sur tous les obstacles naturels, y compris urbains, et mèneraient des combats d'usure contre les unités blindées et motorisées ? Un tel système présenterait de plus l'intérêt de matérialiser l'intégration et la communauté d'intérêt entre Européens.

En ce qui concerne la marine, nous avons déjà observé combien, depuis maintenant presque deux siècles, sa politique d'équipement s'est traduite, à l'expérience, par un rapport coût-efficacité exorbitant. Il s'agit d'une défaillance particulièrement significative puisque cette arme est la seule à disposer, depuis le XVIIIe siècle au moins, d'un système militaro-industriel, et à s'appuyer sur des hommes (les ingénieurs du génie maritime et les officiers de marine) suivant depuis près de deux siècles le même recrutement, la même formation et le même cursus.

Elle a la chance d'avoir été dotée, avec les SNLE de la composante sous-marine, de la dissuasion la plus crédible et la moins vulnérable — aussi longtemps qu'il n'y aura pas de percées dans le domaine de la détection. Elle dispose aussi avec les sous-marins nucléaires d'attaque (SNA) d'une arme redoutable qui a fait ses preuves et pourrait contribuer à la défense des lignes maritimes, en particulier de l'Atlantique Nord. Elle mérite des louanges, malgré certains dépassements de crédit et des dérives perfectionnistes, pour la qualité du travail de développement de cet armement, réalisé grâce à une collaboration entre utilisateurs, ingénieurs et industriels, aussi bien dès l'origine, dans les années 1960, qu'à l'occasion des modernisations auxquelles elle procède depuis. Nos sous-marins à propulsion nucléaire ont d'indiscutables qualités de fiabilité et d'endurance qui se manifestent en particulier dans le rapport relativement élevé unités à la mer sur nombre total. Et les équipages qui les manœuvrent font montre de compétence et d'endurance dans des conditions difficiles.

En revanche, nous avons déjà mentionné l'inadaptation à nos besoins stratégiques des moyens lourds, en particulier du porte-avions à propulsion nucléaire et de son aviation embarquée. Il ne se justifierait que pour une stratégie de maîtrise des mers à laquelle la France ne saurait prétendre. Il est beaucoup trop lourd, onéreux et vulnérable pour les missions d'intervention qui nous sont accessibles.

L'effort principal pour la flotte de surface devrait plutôt porter sur des navires de plus faible tonnage, qui s'ajouteraient aux SNA pour des missions d'intervention ou de protection ponctuelles. Les gros navires pourraient être réduits à une dizaine de bâtiments importants, parmi lesquels un ou deux porte-aéronefs (ou croiseurs à pont continu) pour l'emploi d'avions à décollage vertical ou d'hélicoptères. Des technologies nouvelles devraient être développées, comme les réseaux d'hydrophones de détection ou les systèmes informatiques de traitement du renseignement naval. Le budget d'équipement mériterait d'être allégé par la suppression de moyens fixes surabondants et sous-employés, surtout dans les bases aéronavales et les arsenaux.

Il faut bien souligner combien la notion d'indépendance est illusoire pour l'arme navale. La défense de nos intérêts, qu'ils soient littoraux, lointains ou concernant les routes d'approvisionnement, ne peut se concevoir que dans un ensemble intégré, seul capable de réunir les moyens de puissance nécessaire.

Les systèmes d'armes évoqués ci-dessus révèlent une insuffisante cohérence entre technologie et stratégie, l'absence de prise en compte des évolutions, voire même, dans certains cas, la perpétuation de schémas de pensée datant de la Deuxième Guerre mondiale. Cette situation est bien caractéristique des effets du *modus operandi* du complexe : insuffisante intégration interarmes des stratégies, conservatisme et conformisme de la haute hiérarchie, défense corporatiste des divers corps, prééminence de l'approche technologique, perfectionnisme des ingénieurs, influence excessive des industriels, maintien d'organes industriels inutiles, pesée conjuguée des pilotes et de Dassault privilégiant le vecteur piloté, poids de problèmes annexes tels les plans de charges et les emplois...

Ajoutons que les menaces et les conflits qui risquent de surgir ne sont pratiquement pas pris en compte, en particulier ceux de nature subversive. L'évolution divergente au Nord et au Sud de la démographie et de la richesse, la détresse des pays du tiers monde peuvent les conduire à exiger un jour un autre partage du gâteau. On se souvient du mot de Boumediène lorsqu'il présidait aux destinées de l'Algérie : « Un jour viendra où les peuples du Sud devront aller chercher les richesses là où elles se trouvent, dans les pays du Nord. » Cette situation existe des deux côtés de la Méditerranée, de part et d'autre de la frontière entre les États-Unis et le Mexique, entre différents pays d'Asie. Des tensions se développent déjà à l'initiative d'États ou de groupes qui veulent se soustraire à l'hégémonie d'une puissance comme l'Union soviétique ou la Chine. Des conflits régionaux entre puissances secondaires peuvent nécessiter des interventions pour la préservation d'équilibres ou d'intérêts vitaux, comme au Proche-Orient et dans le golfe Persique. Des tensions sérieuses peuvent être provoquées par des revendications religieuses ou ethniques. On assiste même à des affrontements violents avec des groupes privés (mafia, trafiquants de drogue, etc.).

Dans toutes ces situations, les nations occidentales, et la France, auront à affronter des pays ou des groupes utilisant des armements légers, voire chimiques, ou ayant recours au terrorisme et à la subversion. Il est indispensable que les stratégies et les programmes d'armes prennent en compte ces menaces qui ont une plus grande probabilité de se matérialiser qu'un conflit généralisé en Europe. Les moyens lourds, les unités blindées ou motorisées, les avions supersoniques ou les flottes de haute mer seront totalement inadaptés, les renseignements et les détections par moyen technique seront inopérants. Les pays occidentaux doivent se doter de moyens d'actions spéciaux, clandestins, et de commandos d'intervention dotés d'armements nombreux, légers et puissants, ainsi que de moyens de transport adaptés. Ils doivent étudier soigneusement les parades aux menaces d'emploi, par des pays méditerranéens par exemple, d'armes chimiques éventuellement portées par de petits missiles. Il y a là un domaine nouveau qui exige l'élaboration de stratégies adaptées et la mise au point de technologies spécifiques. C'est d'ailleurs ce que vient de conclure un groupe de réflexion américain composé de hautes personnalités et d'anciens responsables gouvernementaux.

Il faut dire enfin quelques mots des orientations actuelles retenues par la DGA pour la recherche. Certaines correspondent à des besoins, comme les satellites de renseignement optiques et infrarouges, ou les drones de surveillance de champs de bataille. D'autres, plus futuristes — armes et projectiles intelligents, nouveaux ordinateurs pour la conduite des opérations ou la simulation des essais, informatisation et robotisation des armements — procèdent de la logique de l'ingénieur, ne répondent pas à un besoin stratégique clair et peuvent être susceptibles d'entraîner des dérapages sérieux dans les formes de conflits. De plus, les contraintes budgétaires risquent fort d'en renvoyer la réalisation à un futur indéterminé.

Car en définitive, l'addition des différents programmes en cours relève d'un plan dont le financement sort largement des limites de l'épure : plus de 1700 milliards de francs[1] pour des annuités d'environ 100 milliards, soit une exécution sur dix-sept ans. Encore certains postes sont-ils sous-estimés, comme les porte-avions et leur aviation embarquée qui figurent pour 13,5 milliards au lieu de 55 milliards. Et ce calcul ne tient pas pleinement compte de l'évolution rapidement croissante des dépenses de développement des technologies les plus modernes, ni de l'augmentation accélérée du coût des armes.

Ce constat souligne à quoi peut conduire une élaboration programmatique qui ne procède ni d'une analyse comparative des rapports coût-efficacité dans le cadre d'une enveloppe financière, ni d'une appréciation cohérente et intégrée des

1. Annexe VI.

besoins stratégiques. Le mode de décision, soumis au jeu de nombreuses influences, juxtaposition de programmes nouveaux à l'efficacité incertaine et de programmes anciens devenus obsolètes, conduit à un état de fait dont ces chiffres montrent l'absurdité.

On a le sentiment que la défense française a voulu se doter d'une panoplie en modèle réduit de tous les systèmes d'armes dont disposent les autres nations. C'est d'ailleurs ce que déclarait en 1988 François Mitterrand lorsqu'il affirmait que la France ne s'interdisait pas de se doter de tous les armements existant dans le monde. On ne saurait exprimer de manière plus concise l'absence de doctrine stratégique.

Ce constat souligne surtout le caractère illusoire de l'indépendance en matière de défense à la fin du XXe siècle. L'énorme disproportion entre besoins et ressources souligne l'incapacité où se trouve la France de faire face seule à l'ensemble de ses objectifs et de ses missions de défense. La France peut certes riposter à des agressions secondaires comme le terrorisme ou des atteintes limitées à l'intégrité territoriale — y compris des régions lointaines — en temps de paix. Mais dès lors qu'il s'agirait d'un conflit majeur, telle une intervention soviétique en Europe, une menace sérieuse sur la route du pétrole, une tension grave qui affecterait nos territoires du Pacifique sud ou nos intérêts d'outre-mer, la France serait incapable d'y parer isolément. Seule la dimension européenne est à l'échelle des défis du XXIe siècle, elle seule peut permettre de soutenir des missions et de financer des budgets de défense au niveau planétaire, s'intégrant d'ailleurs de façon plus équilibrée dans une Alliance atlantique, nouvelle manière.

Enfin, les bouleversements qui se sont produits à l'Est en 1989 ouvrent la voie à une révision radicale de la politique de défense. Il existe maintenant des chances sérieuses que des réductions négociées d'armement puissent intervenir entre l'Est et l'Ouest dans les années à venir. Même si elles tardaient à se matérialiser, la nouvelle situation géostratégique d'Europe centrale nous protégerait des éventuelles intentions agressives de l'Union soviétique. Des tensions régionales peuvent certes en résulter, mais il semble peu vraisemblable qu'elles nécessitent la panoplie à laquelle prétend la politique des dernières décennies. Il est certain, par exemple, qu'elles ne motiveraient pas l'usage de la dissuasion atomique.

De plus, il est difficile d'imaginer que la politique de défense puisse ignorer la puissance de l'Allemagne. On peut regretter qu'il n'y ait pas eu plus d'initiatives pour créer avec elle des liens plus nombreux et plus solides. On ne voit pas maintenant comment pourrait être évitée une concertation sérieuse, en particulier dans le domaine de la force de dissuasion. Ce n'est pas l'existence d'une brigade franco-allemande qui pourra y suppléer.

Devant les réductions concertées d'armement initiées par le dialogue entre les États-Unis et l'Union soviétique, prolongées par les négociations de Vienne sur les armements conventionnels, la France va se trouver dans l'obligation de réorienter en profondeur sa politique d'armement. La diminution drastique des arsenaux nucléaires des deux super-grands ne pourra que peser sur notre propre force atomique. Il devient indispensable, face à ces évolutions, de dégager de nouvelles orientations stratégiques, et de nouveaux choix de programmes.

CHAPITRE 9

L'ÉCONOMIE DES ARMES

En 1989, la balance commerciale du Japon enregistre un excédent de 55 milliards de dollars. Les percées technologiques et la compétitivité de ce pays en ont fait, depuis la fin des années 1970, une superpuissance économique taillant des croupières à toutes les autres nations industrialisées et s'emparant de parts croissantes du marché mondial. Il est pourtant complètement dépourvu de richesses naturelles et ses 121 millions de citoyens s'entassent sur un archipel faisant les trois cinquièmes de la France, et qui a été, en 1945, écrasé sous les bombardements américains. Depuis, ses dépenses de défense n'ont pas dépassé 1 % du produit intérieur brut marchand (PIBM) et il n'a pratiquement rien investi en recherche-développement militaire.

En 1989 toujours, les deux superpuissances militaires connaissent de sérieuses difficultés économiques. Les dirigeants de l'Union soviétique sont contraints de reconnaître le délabrement de leur appareil de production. Ceux des États-Unis, confrontés à de colossaux déficits budgétaires et commerciaux, font part de leur inquiétude devant une situation jugée préoccupante. Ils dépensent pour leur défense respectivement 17 % et 7 % de leur PIBM, et privilégient les investissements de leur complexe militaro-industriel.

Il faut savoir que pour l'ensemble du monde, les dépenses consacrées à la défense ont atteint en 1988 870 milliards de dollars. Le nombre de personnes concernées dépasse 60 millions, dont 30 dans les forces armées régulières. La production industrielle militaire s'est montée à 475 milliards de dollars et consomme une part significative des ressources naturelles, entre 6 % et 12 % suivant les matières.

Les différentes écoles de pensée ne s'accordent pas sur le rôle et les effets des dépenses militaires dans l'économie. Celles-ci constituent-elles un gaspillage et un détournement de ressources au détriment des productions civiles ? Jouent-elles au contraire un rôle d'entraînement et de volant régulateur ? Leur réduction améliorerait-elle la croissance économique, la création de richesse et le niveau de vie, ou serait-elle susceptible de perturber sérieusement et durablement les équilibres actuels, en particulier en matière d'emploi ?

Les théories économiques n'aident pas particulièrement à éclairer le débat. Les marxistes voient dans le développement des dépenses militaires une conséquence des contradictions du capitalisme. C'est à leur avis un moyen utilisé pour réduire les surplus de production et augmenter les profits privés. Cela n'a pas empêché les dirigeants soviétiques d'être les promoteurs des plus gros budgets militaires, ni les nations communistes de s'affronter au cours de conflits armés. Les néo-classiques retiennent que ces dépenses procèdent de la détermination d'une « fonction collective d'utilité » et qu'elles peuvent contribuer à la relance de l'économie. C'est la politique suivie par le président Reagan de 1981 à 1986, mais de nombreuses voix, tant démocrates que républicaines, se sont récemment élevées aux États-Unis pour en dénoncer les effets pervers sur les équilibres budgétaires et commerciaux, et souligner l'érosion de la compétitivité américaine qui en résulte. Quant aux keynesiens, ils leur reconnaissent un effet sur le sous-emploi, tout en soulignant leurs conséquences inflationnistes.

En fait, les économistes ne s'intéressent que depuis peu aux relations entre dépenses militaires et développement économique. Les économistes américains Wassily Léontieff (prix Nobel) et Faye Duclin viennent de leur consacrer un ouvrage d'analyse[1]. D'autres chercheurs ont conduit des travaux à partir d'examens statistiques et de modèles économétriques. Leurs conclusions, résumées ci-après, tendent à critiquer l'effet de ces dépenses sur l'économie.

1. *Military Spending, Facts and Figures : Worldwide Implications and Future Outlook,* Oxford University Press.

Les investissements militaires ont des rendements beaucoup moins favorables que les investissements civils, dans la mesure évidemment où l'application de ces derniers est judicieusement choisie. La recherche-développement de défense n'entraîne, contrairement à l'idée reçue, que très peu de retombées civiles. Elle constitue un chemin détourné et onéreux qu'évite la recherche civile. La relance économique par les dépenses militaires crée des goulets d'étranglement et de sérieuses perturbations dans les cycles de production. Les charges de défense ont d'indiscutables effets inflationnistes de par leurs mécanismes propres qui induisent des surcoûts. La commercialisation des armes provoque des surcharges, soit du fait des conditions de passation des marchés, soit à cause de l'absence de réelle concurrence au niveau des maîtres-d'œuvre, des fournisseurs ou des sous-traitants, soit du fait de la pratique de commissions élevées. Tous ces facteurs se conjuguent pour appauvrir la communauté nationale et contribuer à l'enrichissement malsain des industriels et des intermédiaires.

La productivité représente un paramètre significatif et important. Des études comparatives font ressortir une différence marquée entre production civile et militaire au sein des mêmes firmes. L'absence généralisée, ou la réduction au strict minimum, de la concurrence et des sanctions du marché se traduit par une stagnation de la productivité. Les modes de fonctionnement de la production conduisent à une ossification des structures et des organisations, s'opposant à la conduite d'actions d'amélioration. L'hyper-administration de la défense introduit des lourdeurs créatrices de charges supplémentaires. Les productions militaires privilégient les performances au détriment des coûts. Des études comparatives menées sur neuf pays[1] pour la période 1960-1980 font ressortir une corrélation négative entre charges militaires (en pourcentage du PIB) et taux annuel de croissance de la productivité industrielle.

Quant aux effets sur l'emploi, ils sont loin d'être aussi positifs que le voudrait le mythe. Les dépenses militaires sont moins productrices d'emplois que les dépenses civiles. Si elles semblent réduire le chômage, c'est transitoirement. A moyen terme, elles

1. États-Unis, Japon, France, Angleterre, RFA, Italie, Danemark, Canada, Suède. Voir tableau, annexe VI.

diminuent les potentialités de création d'emploi et provoquent ainsi plus de chômage. Des experts des Nations unies ont déterminé sur modèle les capacités créatrices comparées. Elles sont, pour une même dépense, dans un rapport variant de 1,15 à 2 suivant les secteurs civils par rapport au militaire. Bien entendu, une brusque réduction des dépenses militaires serait de nature à perturber les équilibres économiques et donc à provoquer une flambée de chômage. Il est possible aussi qu'un effort d'armement aide transitoirement à résorber le chômage, comme ce fut le cas en Allemagne dans les années 1930 ou aux États-Unis dans les années 1940 et 1980. Mais il s'agit d'effets momentanés, non durables, la tendance lourde sur une période moyenne étant bien à la destruction différentielle d'emplois.

Si ces conclusions s'appliquent aux pays industrialisés, elles sont encore plus sévères pour les pays en voie de développement dont les économies sont lourdement handicapées par les charges militaires à cause de la combinaison de plusieurs facteurs : détournement de ressources limitées, retard à la formation du capital fixe, diminution du taux de croissance, aggravation des déficits budgétaires et de la balance commerciale, augmentation critique de la dette extérieure, accroissement des tensions inflationnistes. Les achats aux pays développés peuvent aider transitoirement les industries d'armement de ces derniers, mais ils provoquent un appauvrissement des pays acheteurs, ce qui se retourne, en définitive, contre les échanges commerciaux et donc contre l'économie mondiale. Les pratiques commerciales introduisent en outre, par le jeu des énormes commissions et dessous-de-table, des distorsions malsaines qui empoisonnent le corps social des nations du tiers monde, avec souvent des retours de bâton dans les pays industriels.

L'analyse historique[1] confirme ces conclusions. Les cycles qu'ont connus l'Empire romain du IIe siècle av. J.-C. au Ier siècle ap. J.-C., la Chine des Sung puis des Tung, et l'Empire ottoman du XVe au XVIIIe siècle, conduisent aux mêmes conclusions : une nation à l'économie vigoureuse, au commerce extérieur florissant, capable d'innovations technologiques, se dote d'une armée et d'une marine puissantes, et se lance dans une politique

1. Voir Paul Kennedy, *The Rise and fall of the Great Powers,* New York, Random House, 1987.

expansionniste. Puis, après une période d'apogée pendant laquelle ses conquêtes maximisent sa richesse, elle s'engage dans un déclin dû aux effets conjugués de la lourdeur des charges militaires, de l'hyper-extension territoriale et de la bureaucratisation de ses administrations, en particulier militaires.

L'histoire se répète entre les XVIe et XVIIIe siècles avec les empires coloniaux de l'Espagne et du Portugal, avec les tentatives d'hégémonie des Habsbourg en Europe, puis celles de la France de l'Ancien Régime. Dans chaque cas, les charges militaires provoquent un affaiblissement économique de l'État et des sociétés civiles. Pour la royauté française, elles contribuent puissamment à la crise économique et financière qui contraint le gouvernement à convoquer en mai 1789 les états généraux, avec les conséquences que l'on sait. La politique militaire de la Révolution et la tentative hégémonique de l'Empire laissent une France exsangue, à la démographie chancelante, qui a pris près de cinquante ans de retard dans son industrialisation. Par contraste, l'Angleterre, qui a su se doter d'une assise économique et financière solide et qui proportionne son effort de défense à ses ressources, commence à émerger comme puissance dominante, avec plusieurs décennies d'avance dans son industrialisation.

Après 1815, l'Europe traverse pendant plus d'un demi-siècle une période de paix. Les efforts militaires son limités, même si le développement de nouvelles armes entraîne une modernisation rapides des forces armées. La révolution industrielle et les progrès techniques provoquent la croissance continue des capacités de production, une progression ininterrompue de la productivité, une internationalisation progressive des échanges. A des degrés différents, tous les pays européens profitent du développement de l'économie civile dans le cadre des nouvelles formes politiques et constitutionnelles élaborées au XVIIIe siècle. La principale bénéficiaire est l'Angleterre, qui atteint son apogée au début de la décennie 1870. Les grandes perdantes sont les sociétés paysannes situées hors d'Europe, qui ne s'industrialisent pas et subissent une nouvelle vague de colonisation. Lénine la caractérise à tort comme le stade ultime du capitalisme, alors qu'elle traduit la puissance industrielle en termes de dominance politique et militaire.

La décennie 1890 marque le zénith de la suprématie européenne. Mais une redistribution des hiérarchies de puissance, d'une ampleur sans précédent, s'annonce. L'Allemagne réunie s'affirme et ébranle l'équilibre européen : sa production industrielle passe de 8,5 % en 1880 à 14,8 % en 1913 de la production mondiale. Les États-Unis deviennent déjà une superpuissance, leur part passant de 14,7 % en 1880 à 32 % en 1913, sans que cela se traduise encore en puissance globale du fait de leur grande résistance isolationniste.

L'évolution la plus spectaculaire se produit en Asie, où le Japon émerge de deux siècles et demi d'isolement volontaire et féodal. La révolution Meiji galvanise une société dotée d'une cohésion et d'un dynamisme exceptionnels autour d'un objectif national que résume parfaitement le slogan « *Fukoku-Kyochi* » (« Pays riche, armée forte »), et poursuivi grâce à une auto-injection fulgurante des technologies occidentales. Les Japonais bousculent l'ordre mondial par leurs victoires retentissantes sur la Chine en 1895, et sur la Russie en 1905, amorçant leur domination sur l'Extrême-Orient qu'ils consolideront habilement à l'occasion de la Première Guerre mondiale.

L'émergence de puissances hors d'Europe va se poursuivre en s'accélérant pendant tout le XXe siècle. La Première Guerre mondiale, par le caractère eurofratricide de ses 20 millions de morts et de ses immenses destructions, en accélère le processus. Elle porte à un très haut degré la mobilisation totale et industrielle qui a été esquissée au XIXe siècle. Son déroulement — le long enlisement des trois premières années, la lente désagrégation de la Russie, le caractère décisif de l'intervention américaine, l'effondrement final des empires centraux — épouse phase après phase le rapport des forces de production économiques et industrielles. La France et la Grande-Bretagne, dont les fondements économiques n'ont pas supporté le choc des charges militaires, se trouvent engagées, durant l'entracte de 1918 à 1939, dans un cycle vicieux d'affaiblissement de leurs forces et de leurs compétitivités économiques, d'érosion de leur puissance politique militaire et coloniale.

Les nations totalitaires et révisionnistes, l'Allemagne et le Japon, s'engagent à marche forcée dans le développement économique et industriel. Elles espèrent en percevoir les dividendes politiques grâce à une victoire militaire obtenue par la mobilisation totale de leurs hommes et de leurs ressources, et suffisamment rapide pour prendre de vitesse le jeu des rapports de forces économiques.

Malgré les percées stratégiques audacieuses réalisées par les Allemands en 1940 et 1941, et par les Japonais dans le Pacifique après Pearl Harbor, la victoire sera finalement remportée grâce à la prodigieuse puissance économique et industrielle des États-Unis. Le « Géant sommeillant », comme l'appelait l'amiral japonais Yamamoto, se réveille pour se transformer en « arsenal des démocraties » et de l'Union soviétique. Il met en œuvre une armée soutenue par une gigantesque mobilisation technologique et industrielle, qui vient à bout des forces japonaises au cours d'une guerre impitoyable dans le Pacifique, en même temps qu'elle joint son poids à celui de l'armée soviétique pour rendre raison à la machine militaire nazie.

La Deuxième Guerre mondiale constitue une exceptionnelle illustration de la primauté économique et industrielle de la force des armes et de la suprématie militaire. La progression considérable du coût des armements et de la dimension des contingents porte à des niveaux jamais atteints les charges militaires et la mobilisation industrielle. Elle provoque 50 millions de pertes humaines et des destructions considérables. Elle entraîne le reclassement des puissances en donnant naissance à un monde bipolaire dominé par les États-Unis d'Amérique et l'Union soviétique. Elle parachève l'abaissement de l'Europe dont les nations s'effacent sous l'effet des coups portés à leur économie par les dépenses de guerre.

Ainsi l'analyse historique souligne-t-elle que jusqu'en 1945, l'économie des armes a toujours pris appui sur les fondements des richesses de la nation. Cette économie a soutenu la réalisation de la puissance militaire et politique qui a permis l'accession à de nouvelles sources de richesses. Mais l'Histoire enseigne aussi qu'il arrive toujours un moment où la dynamique de puissance et de domination exige l'affectation à des fins militaires de ressources toujours croissantes, qu'elle entraîne ensuite l'érosion progressive de la puissance et de la compétitivité économiques. La boucle se referme sur le recul de la richesse relative de la nation, la détérioration de ses capacités militaires, enfin la remise en cause de sa prééminence. C'est ainsi par exemple que sont nés et se sont développés les empires avant de se déliter et de disparaître.

L'Histoire souligne la vanité de la voie militaire pour affirmer la puissance. Voilà deux nations — l'Allemagne et le Japon — qui à force d'ingéniosité et de travail étaient en passe d'atteindre les premières places grâce à leurs réussites industrielles et économiques ; en choisissant à deux reprises la voie des armes, elles ont ruiné des années d'efforts et de réussite, et anéanti leurs chances de supériorité civile. Quel paradoxe que ces nations qui ont travaillé rudement pendant vingt ans pour perdre tout le profit de ce labeur dans des aventures guerrières voulues par des dirigeants mégalomanes ! La leçon ne sera pas oubliée après 1945, ni par l'Allemagne, ni par le Japon.

Le monde bipolaire enfanté par la Deuxième Guerre mondiale se révèle, quarante ans plus tard, beaucoup plus ambigu qu'il n'y paraissait. Certes, les États-Unis et l'Union soviétique disposent d'une puissance inégalée de destruction avec leurs énormes forces armées et leur arsenal inouï d'armes nucléaires. Mais le choc en retour de leurs énormes charges militaires mine leur santé économique et cet effet se répercute sur les autres nations membres de l'Alliance atlantique et du Pacte de Varsovie.

La plus durement touchée est l'Union soviétique, géant militaire et colonial aux pieds d'argile économique. C'est que son régime a tout joué sur les armes, conférant au domaine de la défense une position malsaine de domination et de priorité dans l'appareil de production. Il en allait, depuis la révolution bolchevique, de la cohésion d'une union disparate et centrifuge. L'enjeu était aussi, depuis 1945, la colonisation contre nature des pays de l'Est, plus développés politiquement et économiquement. Le soutien des ambitions messianiques d'un marxisme incapable de s'imposer par ses vertus économiques en dépendait. Il en allait enfin du système d'appropriation des richesses par la nomenklatura, y compris militaire. Mais l'édifice se lézarde à partir de la fin des années 1970 sous le coup des réalités sociales et économiques. L'affaire d'Afghanistan sert de révélateur à la fragilité du ciment militaire. A la fin de l'ère Brejnev, la direction politique doit se rendre à l'évidence, à l'initiative de responsables plus lucides, au premier rang desquels Iouri

Andropov qui soutient une équipe de « jeunes » où l'on remarque déjà Mikhaïl Gorbatchev. Il n'est plus possible de maintenir un budget militaire plus lourd que celui des États-Unis, dévorant chaque année 17 % du produit intérieur brut (PIB), quand ce dernier ne représente lui-même que 40 % du PIB américain. Ce budget soutient en particulier un puissant complexe militaro-industriel disposant de priorités exorbitantes dans l'attribution des ressources industrielles, ainsi que de substantiels avantages corporatifs pour ses membres.

Les États-Unis eux-mêmes, malgré leur richesse et leur puissance économique, ressentent, sans être aussi gravement touchés que l'URSS, le poids des charges militaires que leur imposent la course aux armements majeurs et les obligations de leur politique de présence mondiale. Ils ont engagé dans la décennie 1980, sous l'impulsion du président Reagan, un effort considérable visant à la fois à rattraper l'avance prise en armement par les Soviétiques dans les années 1970, et à relancer l'économie américaine par une combinaison de dépenses publiques et de réductions d'impôts. Après huit années de cette politique, les USA enregistrent un déficit record de 120 milliards de dollars du budget de l'État. L'énorme solde négatif de 110 milliards de dollars de leur balance des paiements en fait le pays le plus endetté. La compétitivité de leur industrie s'en ressent.

Sept anciens hauts responsables gouvernementaux lancent en juin 1988 un cri d'alarme : Deux anciens secrétaires d'État — Henry Kissinger et Cyrus Vance — alertent le 6 juin 1988 l'opinion sur la poursuite de l'effort d'armement. Ils déclarent en particulier :

> En dépit de notre vaste puissance militaire, notre aptitude à modeler unilatéralement le monde est de plus en plus limitée. Nous n'avons plus les moyens financiers d'agir par nous-mêmes sur la scène internationale comme nous le faisions dans l'immédiat après-guerre.

L'ancien adjoint pour la sécurité du président Carter — Zbigniew Brzenski — parle à la même époque de « l'indéniable déclin relatif de la primauté des États-Unis » dans le monde. Et le ministre de la Défense du président Bush, à peine nommé, envisage une réduction de 10 à 15 % du budget militaire.

Ainsi les deux superpuissances tirent-elles, dès 1987, les

conséquences d'une situation où l'accumulation des têtes nucléaires a atteint le niveau de l'absurde et où leurs économies se ressentent profondément du poids des charges militaires. Elles s'engagent dans un processus de contrôle et de réduction des armements dans lequel elles entraînent les autres nations des deux alliances. Car l'Europe de l'Ouest, à l'exception de la République fédérale allemande, est aussi affectée, et l'Europe de l'Est est dans un état de banqueroute économique.

Les deux vaincus de la guerre — l'Allemagne et le Japon — retrouvent la voie de la prééminence, sinon de l'hégémonie économique. Moins de quarante ans après leur défaite, ces pays relativement épargnés par les charges militaires rétablissent leur compétitivité et peuvent prétendre au rang et au rôle de superpuissances économiques. L'Allemagne est redevenu la locomotive de l'Europe, le Japon le tuteur de l'Asie. Peut-on rêver d'une plus brillante démonstration des effets pervers de la voie des armes que ce rapprochement du destin des deux pays avant et après la Deuxième Guerre mondiale ? Comment ne pas être frappé de la signification qu'a ce reclassement dans la hiérarchie des puissances ? Réalisé exclusivement par des voies pacifiques et économiques, il est encore plus évident en termes de hautes technologies.

Ce mouvement s'accompagne d'un déplacement de la production des richesses, du dynamisme économique et technique, et de la compétitivité dont profitent principalement les pays asiatiques, entraînés par le Japon. Leur part de production dans le monde passe, de 1965 à 1985, de 20 à 24 %, alors que les États-Unis régressent de 21 à 17 %. Il reste à voir pour l'Europe, qui passe de 24 à 20 %, quels seront les conséquences du marché unique et l'effet d'entraînement de l'Allemagne, y compris en Europe centrale.

Le Japon vient en tête de ce reclassement. Depuis 1945, son budget de défense n'a dépassé que marginalement 1 % du PIB. Le Japon a réussi à réaliser au cours des trente dernières années un développement fulgurant de son économie civile, ce qui lui a conféré une prééminence technologique et commerciale. Il a ainsi administré la preuve qu'une grande nation ne dépendait pas du soutien des productions militaires pour accéder à un haut niveau de compétitivité économique et que sa stratégie de développement civil lui donnait un dynamisme supérieur. Il a entraîné derrière lui les pays de l'Asie de l'Est, à commencer par les quatre dragons (Taiwan, Corée du Sud, Hong Kong, Singapour). La République populaire de Chine s'est elle-même engagée dans la voie de la modernisation de ses appareils de production, plaçant très significativement celle de ses forces armées en dernière position.

Ce sont les pays du tiers monde dont l'économie est le plus durement affectée. Leurs dépenses militaires, qui se montent en 1987 à plus de 130 milliards de dollars[1], ont connu une progression de plus de 15 % par an depuis 1980. Les plus touchés sont ceux du Proche-Orient, en particulier l'Iran et l'Irak qui, au terme de huit ans de guerre et avec plus de 2 millions de victimes, ont leur économie complètement détruite. Les pays les plus pauvres, ceux où règne un état de famine endémique, dépensent aussi beaucoup en armement : Éthiopie (13 dollars/habitant/an), Soudan (15 dollars), Tanzanie (16 dollars), Kenya (17 dollars), Somalie (20 dollars), et Zimbabwe (55 dollars).

Pour 1986, le Stockholm Institute (SIPRI) évalue à 35 milliards de dollars les achats connus d'armes par les pays du tiers Monde, chiffre sous-estimé du fait de nombreuses livraisons occultes ou non déclarées. Ces pays recevaient la même année 32 milliards de dollars d'aide. L'analyse du SIPRI souligne qu'au moins un cinquième de l'énorme dette des pays en voie de développement provient du financement des armements, si l'on excepte les producteurs de pétrole qui ont englouti, de leur côté, des sommes énormes pour l'acquisition de matériel sophistiqué.

> Les livraisons d'armes aux pays en voie de développement non exportateurs de pétrole ont plus que doublé entre 1972 et 1982 et leur part des livraisons mondiales est passée de 31 à 41 % seulement pendant la décennie où leur dette a commencé à s'aggraver. Ces pays auraient évité 20 % de leurs emprunts s'ils n'avaient pas acheté autant d'armements[2].

Ces conclusions sont confirmées par des études de l'ONU qui constatent qu'une réduction de 30 % des charges militaires du tiers monde auraient amélioré de 2 % par an son taux de croissance et précisent :

1. Annexe VII (SIPRI Yearbook 1987, chiffres extrapolés).

Si le chiffre des sommes consacrées aux armements dans le monde dans la période 1970-1980 avait été investi dans le secteur civil, la production annuelle aurait pu être supérieure de 200 milliards de dollars.

Certains pays (Inde, Brésil, Argentine, Afrique du Sud, Chine, Corée du Nord...) ont essayé la voie de l'autonomie dans la production des armes. A l'exception d'une petite minorité, ils en ont subi les effets pervers sous forme d'investissements non rentables, de détournement de main-d'œuvre qualifiée au détriment des secteurs civils, d'aggravation de leur dépendance par importation de matières premières stratégiques ou par achat d'équipements et de licences.

Ainsi le poids des charges militaires contribue-t-il puissamment au sous-développement du tiers monde et à son énorme endettement, voilà le plus redoutable problème et la plus grave menace contre l'équilibre mondial à l'horizon du XXIe siècle, qui joue aussi un rôle important dans l'accession ou le maintien au pouvoir de régimes répressifs, en particulier en Afrique et en Amérique du Sud, et constitue un frein puissant à leur démocratisation. Le détournement de ressources qu'entraînent ces charges provoque une spirale perverse de retard à la formation de capital fixe, de diminution du taux de croissance, d'aggravation du déficit budgétaire, d'accroissement des tensions inflationnistes et d'accentuation des dettes extérieures.

Cette situation avait déjà retenu l'attention de nombreux responsables. Les Nations unies s'en sont préoccupées à de nombreuses reprises, plusieurs conférences se sont réunies sur le désarmement et sur la contribution qu'il pourrait apporter au problème du sous-développement du tiers monde. La création d'un fonds international du développement pour le désarmement, proposée par la France, a été discutée par l'assemblée générale en 1978.

Il faut aussi rappeler les menaces que comporte l'accélération de la dégradation de notre environnement. Les dernières observations sur l'effet de serre et sur la déchirure de la couche d'ozone constituent des signes très alarmants, tout comme les accidents nucléaires, les déchets radioactifs ou la déforestation. Ces menaces vont s'aggraver rapidement avec l'explosion démographique, en particulier dans le tiers monde, et avec les besoins accrus en énergie. Les indispensables solutions à ces problèmes vont mobiliser des ressources croissantes.

La situation internationale avait jusqu'à maintenant inhibé tout effort dans ces domaines. Mais des perspectives nouvelles apparaissent avec le dégel des relations entre les superpuissances, les apaisements qu'il entraîne dans les conflits régionaux. La voie semble s'ouvrir pour que soient privilégiées des voies politiques et économiques. Des négociations sérieuses s'engagent pour des réductions d'armements aussi bien nucléaires que classiques. Il peut en résulter un nouveau souffle pour l'économie et le commerce mondiaux. La dissémination des technologies de destruction peut être arrêtée ; les menaces de conflit peuvent s'estomper.

On voit s'amorcer, à partir de cette nouvelle donne, un allégement des charges militaires des pays du tiers monde et un recul de leurs achats d'armes. Des initiatives commencent à se matérialiser pour remédier progressivement au sous-développement et à l'endettement.

Pour l'Europe, ces perspectives de détente qui ouvrent des potentialités comportent aussi des risques. Elles permettraient aux nations qui la composent de concentrer plus d'efforts technologiques et industriels sur les productions civiles en préparation du marché unique de 1993 qui s'accompagnera d'une accentuation de la concurrence.

Les réductions progressives d'armement qui pourraient intervenir à partir de 1990 soulageraient l'économie à un moment particulièrement opportun. L'Europe pourrait ainsi espérer retrouver un nouveau dynamisme commercial et récupérer les parts du marché mondial qu'elle a perdues.

La pause qu'autoriseraient ces perspectives accélérerait le processus d'intégration en matière de défense par des regroupements industriels. Une démarche pragmatique pourrait donner le jour à de nouveaux programmes menés en coopération. La suspension de systèmes d'armes conflictuels entre pays européens, l'élargissement de la concurrence, les effets d'échelle, et la concertation stratégique devraient contribuer à alléger les charges militaires. Surtout, la discussion transnationale permettrait d'aborder plus efficacement les réductions d'armement qui suivraient des accords nucléaires et conventionnels.

Mais on peut craindre, à l'inverse, que les événements révolutionnaires à l'Est ne modifient radicalement l'équation politicostratégique. La réunification de l'Allemagne peut affecter de fait, si ce n'est dans les déclarations officielles, la construction de l'Europe et d'un instrument commun de défense. On peut regretter que les rapprochements sur ce plan ne soient pas suffisamment avancés, et souhaiter que leur réalisation soit maintenant accélérée.

Pour la France en particulier, de telles perspectives seraient susceptibles de contribuer puissamment à la solution de problèmes essentiels. La situation de l'économie et de l'emploi (malgré de récentes améliorations marginales), l'insuffisante compétitivité industrielle et commerciale (que trahit la balance commerciale), appellent des actions de redressement : par l'allégement des dépenses improductives, le renforcement des développements technologiques, en particulier dans les secteurs de pointe, et les transferts de potentiel des industries d'armements aux industries civiles. Autant d'actions impérieuses et urgentes avant le rendez-vous du 1er janvier 1993 qui verra l'économie française soumise de plein fouet à la concurrence de ses partenaires européens, au premier rang desquels la RFA. Sans oublier bien sûr d'autres pays très compétitifs comme les États-Unis et le Japon. Ces perspectives permettraient également de sortir de l'impasse que constituent des obligations internationales et des dépenses d'équipement militaire que la France ne peut supporter seule.

Ainsi les perspectives de contrôle et de réduction d'armement, l'assainissement de l'économie mondiale, en particulier celle du tiers monde, la mise en œuvre de moyens pour enrayer la dégradation de l'environnement, l'accélération de l'intégration européenne sur les plans économique, militaire et politique, les nécessaires solutions aux problèmes économiques français, se conjuguent-ils pour appeler, et en même temps faciliter, une vigoureuse amélioration de la productivité et de l'efficacité du système de défense de la France et de l'Europe.

J'ai déjà rappelé que les productions d'armement ne contribuaient pas à l'effort général de productivité des économies et même qu'elles l'hypothéquaient. Dans le domaine de la défense, la productivité se révèle particulièrement faible aux quatre niveaux où agissent les décideurs dans l'économie civile :

conception des stratégies de développement, choix technologiques, organisation et gestion des moyens. Il s'agit pourtant de dépenses atteignant en 1989 190 milliards de francs, dont 110 milliards d'achat d'équipement ; un million de citoyens sont employés, dont 700 000 dans les forces armées et 280 000 dans les industries d'armement.

Au niveau conceptuel d'abord, l'analyse historique des conflits du XXe siècle met en relief un paradoxe particulièrement frappant. Alors que les technologies modernes ont fait faire des bonds considérables à la productivité en termes de puissance destructrice depuis un siècle, il n'en est résulté aucune amélioration de la productivité militaire en termes de résolution des conflits. Ce paradoxe est particulièrement cuisant dans le cas de la France. Son système militaro-industriel s'est révélé incapable depuis un siècle et demi de tirer parti des avancées technologiques dans le domaine des armements. Sa productivité de défense s'est révélée catastrophique dans tous les conflits de la fin du XIXe et du XXe siècle. Certains systèmes d'armes, tels ceux retenus dans les années 1930 (ligne Maginot, flotte de Darlan...), ont même exigé d'énormes investissements dont le rapport coût-efficacité exorbitant, a engendré une valeur ajoutée défense nulle.

En ce qui concerne le deuxième niveau, celui des choix technologiques — où, dans le domaine civil, se réalisent les progrès les plus nets de productivité, voire des sauts qualitatifs — j'ai dit combien ils procédaient peu de la logique stratégique et relevaient souvent de préoccupations annexes telles que la défense d'intérêts corporatifs, les jeux d'influences, la satisfaction des utilisateurs ou la perpétuation de programmes existants. L'absence de concurrence réelle pour le développement et la production de systèmes d'armes pèse lourdement sur le coût et la productivité des armements. Le perfectionnisme des ingénieurs conduit fréquemment à des raffinements superflus ou à la recherche de performances inutiles pour un coût élevé. Je ne reviens pas ici sur les exemples de programmes et de systèmes d'armes qui justifieraient une totale remise en cause[1].

Pour le troisième niveau, celui de l'organisation des structures et des procédures, dont l'expérience industrielle montre les

1. Voir chapitre 8.

mines de productivité qu'il recèle, rien d'important n'a été entrepris depuis au moins un demi-siècle dans le domaine militaire. Certes, les organes centraux de défense ont été structurés à plusieurs reprises depuis 1960 (en particulier en 1962, 1977, 1986). Certes, certaines réorganisations opérationnelles ont été effectuées comme la création en 1983 de la force d'action rapide. Certes, certaines réformes sont envisagées dans le cadre du plan Armée 2000 ou lorsque la DGA fait appel à l'audit d'un conseil en organisation, d'ailleurs curieusement américain. Mais ceci ne touche pas à des questions essentielles — au recouvrement des structures territoriales et opérationnelles de l'armée de terre et de l'armée de l'air, au maintien d'arsenaux et de bases portuaires, manifestement surabondants et sous-employés, à l'hyper-administration à tous les niveaux hiérarchiques et géographiques. Le niveau excessif des prix de revient des établissements industriels (au moins 30 %) est de notoriété publique. La Cour des comptes relève chaque année d'importantes anomalies sans que cela entraîne la prise de mesures correctives : son rapport 1988 note des dépassements sérieux pour des programmes majeurs.

Quant au quatrième niveau, celui de la gestion — où l'expérience civile obtient des améliorations significatives de productivité, de l'ordre de 3 % à 5 % par an, sur des organismes ayant connu une stagnation ou une ossification prolongée — aucune action n'a été sérieusement menée dans le domaine militaire. L'introduction de préoccupations de productivité pourrait faire gagner aisément en quelques années 10 % sur les dépenses, sans que soit diminuée l'efficacité opérationnelle. Bien au contraire.

Tout ceci explique que la corrélation entre niveau de budget et efficacité de défense soit en fait très lâche ; un pourcentage plus ou moins élevé du PNB peut ne faire aucune différence. Des dépenses élevées peuvent n'avoir aucune traduction en termes d'efficacité de défense. En fait, une des manières de « baisser la garde » consiste à traîner des dépenses de fonctionnement inutiles, à conserver des organisations trop lourdes, à retenir de coûteux systèmes d'armes inadéquats ou obsolètes, à concevoir des stratégies de défense inadaptées.

Ce n'est pas l'objet de cet essai d'analyser en détail les mesures susceptibles d'améliorer au plan français la productivité de défense. Je puis toutefois citer quelques exemples significatifs pour illustrer mon propos.

La remise en cause de l'implantation territoriale de l'armée de terre, qui obère son budget annuel de 5 milliards, allégerait ses structures et supprimerait les duplications de circuits d'autorité, génératrices de dysfonctionnements et de surcoûts. Son organisation logistique largement archaïque devrait être revue. Pour l'armée de l'air, l'existence autonome des bases aériennes, créatrices de doubles emplois, devrait être réexaminée. Pour la marine, il faudrait revoir le nombre d'installations portuaires, manifestement surabondantes. Plusieurs établissements, arsenaux ou ateliers en sous-charge (au moins six) devraient être fermés, et ceux qui subsisteraient feraient l'objet de mesures de réorganisation interne, de campagnes de productivité, de compressions d'effectifs, voire de soumission à un régime de concurrence.

L'hyper-administration militaire à tous les niveaux, central et décentralisé, constitue une mine d'économies en même temps qu'une cause d'alourdissement des coûts. Les procédures de passation des marchés sont génératrices d'un supplément significatif des dépenses. On peut rappeler à ce sujet que le gouvernement américain a engagé plusieurs réformes de son système d'acquisition d'armes. Encore récemment, une commission présidée par un grand industriel, ancien ministre adjoint de la Défense (David Packard), a proposé une série de mesures importantes dont elle attend un allégement annuel estimé à 50 milliards de dollars, soit près de 10 % du budget correspondant. Dès le début de son mandat, le président Bush en a décidé la mise en œuvre impérative.

Si l'on se place au niveau européen, l'adoption d'un régime généralisé de concurrence, les réalisations en coopération et le développement de l'interopérabilité amplifieraient considérablement les potentialités d'économie et permettraient, en particulier par l'allongement des séries, de diminuer la dépendance vis-à-vis d'exportations par ailleurs menacées.

La nouvelle donne internationale est susceptible d'affecter en profondeur les industries de défense déjà malmenées par la chute des exportations d'armes. L'adoption de mesures de productivité pourrait modifier le tissu industriel. Leurs efforts industriels exigent des actions cohérentes et coordonnées dans deux voies, la reconversion et la restructuration, la première concernant l'organisation de transferts vers des productions civiles et la recherche d'activités de substitution. L'histoire contemporaine fournit nombre d'exemples de réussite sur ce plan.

Les États-Unis, qui avaient procédé à une mobilisation de leur industrie pour supporter l'effort de la guerre alliée, ont réalisé à partir de 1945 une gigantesque reconversion, évaluée à 100 milliards de dollards. Elle a été accompagnée de la réintégration dans les emplois civils de 9 millions de démobilisés sans que le taux de chômage atteigne 4 %. La Grande-Bretagne a réalisé en dix-huit mois un effort comparable en réintégrant dans des activités civiles 4,3 millions de mobilisés et 3,5 millions de travailleurs de l'armement. L'Union soviétique a engagé en 1946, dans le cadre de son IVe plan quinquennal, une large reconversion, en particulier au profit des infrastructures et des transports, rendue possible par une réduction de 30 % du budget militaire et la démobilisation de 8 millions de personnes. Certes, de nombreux facteurs favorables ont alors facilité ce gigantesque transfert : reconstruction des économies européenne et japonaise dévastées par la guerre, développement de la demande de biens de consommation non satisfaite pendant les années de conflit, existence d'importantes ressources épargnées pendant la guerre, optimisme ambiant...

Depuis 1945, les conversions sont le lot commun des économies dynamiques. Les pays qui connaissent des réussites sont ceux dont les industries se sont constamment adaptées aux évolutions de la conjoncture et de la technologie. Le Japon en est l'exemple le plus frappant. Complètement détruit en 1945, sa population réfugiée dans les campagnes, devant rapatrier 8 millions de ses ressortissants disséminés en Asie, il reprend au début des années 1950, grâce à des aides financières américaines et à la guerre de Corée, son ascension économique sur la base de ses industries traditionnelles. En moins de trente ans, il réalise trois conversions drastiques successives de grande envergure, sans que son taux de chômage excède 2,5 %. C'est parfois au prix de l'abandon ou du transfert à l'étranger d'industries qui avaient assuré son succès dans la phase précédente : dans les années 1960, automobiles, motos, sidérurgie, fabrication chimique, chantiers navals ; dans les années 1970, électronique, robotique, bio-industries ; dans les années 1980, composants électroniques, aéronautique, espace, services. Ainsi le Japon accède-t-il progressivement au statut de superpuissance technologique, industrielle et financière, et sa compétitivité lui assure des parts croissantes de marché et une balance commerciale fortement excédentaire. Le Japon n'est pas seul à agir de la sorte : les États-Unis, l'Allemagne, les pays asiatiques en voie de développement rapide sont d'autres exemples de conversions économiques réussies.

En revanche, les nations qui n'ont pas su s'imposer cette discipline de conversions à répétition, qui continuent à traîner et à subventionner des activités et des emplois ayant cessé d'être rentables et compétitifs, subissent un relatif déclin économique.

La France quant à elle présente des aptitudes contrastées et incertaines. Certes, elle a fait la preuve de réelles capacités d'adaptation, d'innovation et de compétitivité dans des secteurs tels que l'aéronautique, l'espace et l'électronique. Mais elle a, dans le même temps, persisté dans des activités qui affaiblissent son économie, comme la sidérurgie, le charbon, ou les constructions navales. Les causes en sont connues. Elles tiennent à la résistance du travailleur français aux changements d'activité ou de lieu de travail, au caractère anachronique de certaines réactions politiques et syndicales visant au maintien à tout prix de *statu quo* dépassés, à l'insuffisance des mesures et des incitations de l'État pour réaliser par la formation professionnelle les transferts de qualifications techniques, ou manque d'esprit d'entreprise. Les petites et moyennes entreprises ne font pas preuve du dynamisme qui joue un rôle essentiel dans l'adaptabilité des appareils de production japonais et américains. La centralisation et la lourdeur des bureaucraties économiques, le manque de formation à l'économie des citoyens, et souvent aussi des élites, complètent le tableau. Bref, les mesures rectificatives ne sont pas toujours engagées avec suffisamment de détermination.

Aujourd'hui, la France n'a plus grand choix. Face au marché unique de 1993, devant l'accentuation de la concurrence de nombreux pays, y compris sur le marché européen, devant les perspectives qu'ouvrent les nouvelles données internationales et la volonté de pays retardataires, comme ceux de l'Est, de se redresser, elle doit s'engager résolument dans les adaptations indispensables. Ce constat est vrai pour l'ensemble de l'économie. Les industries d'armement ne constituent pas une exception : elles doivent, elles aussi, engager un effort de conversion.

Il est significatif que parmi les mesures retenues en 1989 par les responsables américains à la suite du rapport Packard, déjà cité, figure le développement par les industries d'armement de productions civiles (ce qu'ils désignent du nom d' « intégration »). Ils y voient non seulement une activité de substitution mais aussi la possibilité, pour les fabrications d'armement, de réduction des coûts, d'automatisation des usines, d'amélioration des qualités. Ils y voient aussi un moyen de mieux préparer des capacités de mobilisation rapide. Ils pensent enfin que la compétitivité civile en bénéficiera.

Pour cette reconversion, les industries d'armement françaises ne manquent pas d'atouts. Elles ont déjà atteint un niveau significatif d'intégration entre productions militaires et civiles. Les trois secteurs de l'aéronautique, de l'espace et de l'électronique, qui représentent 80 % des industries d'armements, ont déjà fait un gros effort vers les activités civiles, en particulier au sein des grosses firmes maîtresses-d'œuvre (à l'exception de Dassault). L'Aérospatiale, par exemple, a annoncé en 1989 que son chiffre d'affaires civil venait de dépasser le chiffre d'affaires militaire. Ces trois secteurs bénéficient d'une conjoncture particulièrement favorable qui ne peut que s'améliorer au moment où la détente internationale se confirme. Le transport aérien a repris un rythme de progression de 7 à 8 % par an. Les commandes d'avions civils atteignaient début 1983 43 milliards de dollars. Airbus dispose d'une excellente ligne de produits, de matériels très compétitifs, d'une très bonne réputation commerciale et d'après-vente. Le spatial civil européen a accumulé des succès techniques et commerciaux avec les lanceurs de la famille Ariane, qui seront prolongés par la navette Hermès et les satellites de météo et de communications. Le marché civil des télécommunications est en plein boom, avec une progression de 8 à 10 % par an. La demande d'électronique grand public et d'équipements plus sophistiqués type radar est stimulée par l'ouverture de nouveaux marchés. Les sociétés française disposent ainsi d'une gamme de produits civils très concurrentiels. Elles sont composées de bonnes équipes de direction, de bureaux d'études créatifs, d'une main-d'œuvre de qualité, et d'organes efficaces de commercialisation. Elles ont en outre la chance d'avoir déjà participé, en particulier pour Airbus et Ariane, à des groupements européens fortement intégrés, et donc d'avoir acquis une sérieuse expérience de collaboration et de mise en œuvre des mécanismes de coopération transnationale.

Les autres secteurs industriels de l'armement, en particulier terrestre et naval, qui ne représentent que 20 % du total, ne disposent malheureusement pas des mêmes atouts. Eux aussi pourtant possèdent de bonnes équipes de direction et d'études ainsi que des personnels de haute qualification. Il leur faudra entreprendre et faire preuve d'ingéniosité, de hardiesse et de dynamisme pour tirer parti des occasions qu'une situation de détente internationale ne manquera pas de créer, en particulier en Europe, dans les pays sous-développés et dans le commerce avec l'Est. Qu'il suffise de souligner que les industries allemandes des technologies de l'environnement emploient, en 1989, 300 000 personnes — c'est-à-dire autant que tout le secteur de l'armement français.

Le deuxième domaine d'actions préparatoires concerne les restructurations industrielles permettant de créer, au plan européen et français, des unités plus larges et plus puissantes susceptibles d'atteindre des tailles mieux adaptées au marché mondial. Dans le domaine des maîtres-d'œuvre, le processus est déjà engagé. La République fédérale allemande (Daimler-Benz et MBB) et l'Angleterre (British Aerospace et Rover) ont déjà procédé à des regroupements qui ont créé des géants industriels au chiffre d'affaires trois ou quatre fois supérieur aux groupes français. Aérospatiale a déjà racheté ses activités laser à la CGE. Thomson et Aérospatiale ont décidé de regrouper leur électronique de vol. Matra recherche des accords avec des sociétés anglaises. Mais il faut certainement aller beaucoup plus loin si l'on veut disposer d'ensembles de taille compétitive. Le cas le plus difficile concerne Dassault, qui a pris le risque de miser sa réussite sur le seul marché militaire (à l'exception des Falcon qui ne représentent que 20 % de son activité). Il en a retiré des profits considérables mais il se trouve maintenant dans une situation critique du fait des réductions de programmes français et étrangers d'avions de combat. La fusion avec l'Aérospatiale constitue une sortie pour Dassault, dont le potentiel technique et industriel pourrait contribuer à la production de programmes civils, en particulier d'Airbus. En persistant dans une voie qui semble maintenant singulièrement suicidaire, l'industriel prendrait une lourde responsabilité, tant vis-à-vis de la communauté nationale que de son personnel.

La nécessité des restructurations intéresse aussi le tissu des sous-traitants, des équipementiers et des fournisseurs de l'armement. Ces sociétés se trouvent dans une situation de grande vulnérabilité du fait de l'émiettement en petites unités, en particulier dans les secteurs électronique, électrique, instrumentation de bord. Il est particulièrement urgent que cette situation soit corrigée par des regroupements. Certains ont été réalisés en 1989 mais il faut, là aussi, aller plus loin.

Les politiques de reconversion et de restructuration industrielles devaient faire partie intégrante du plan quinquennal de défense. Les investissements qu'elles exigent en hommes, en équipements collectifs et en installations industrielles pourraient être financés par les économies sur les budgets de défense.

Les complexes militaro-industriels doivent affronter la réalité. Aux États-Unis, le ministre de la Défense, prenant acte d'une diminution de la menace soviétique, annonce une réduction de 180 milliards de dollars du budget militaire sur les cinq prochaines années, avec l'objectif de diminuer de près de moitié sa part dans le PIB. Le gouvernement semble décidé à surmonter les oppositions par une action concertée de l'exécutif et du législatif : les actions judiciaires engagées contre de puissantes firmes en constituent une indiscutable manifestation. En Union soviétique, les démarches concernant les réductions de forces armées et de l'appareil industriel semblent fermement engagées : les changements de personnel dirigeant, notamment dans le haut état-major, soulignent la volonté de Gorbatchev de mettre en place les structures nécessaires. Les principaux États européens disposent de mécanismes efficaces pour mener à bien les mesures qui s'imposent. La RFA envisage de réduire ses forces terrestres de 50 %.

La France semble à nouveau vouloir se singulariser. Le ministre de la Défense oppose encore, en décembre 1989, un refus belliqueux au premier secrétaire du Parti socialiste Pierre Mauroy, qui demandait, au vu de la situation internationale, un réexamen du budget militaire. La puissance multiforme du complexe constitue un lourd handicap. Les réactions de défense corporatistes des militaires vont tenter de faire obstacle à la réduction des dépenses et des effectifs. On entend déjà tous les poncifs sur les risques de « baisser la garde« , qui oublient que le meilleur moyen de prendre cette voie consiste à dépenser dans des programmes et des organisations coûteux, mais inadéquats ou obsolètes.

On verra les politiciens mobilisés pour défendre les implantations de leur circonscription. Il y aura aussi le refus des syndicats des industries d'armement, justement préoccupés du maintien de l'emploi. La meilleure réponse à leur donner est de les associer étroitement à l'élaboration des mesures de conversion dont ils doivent devenir les artisans et sur lesquelles ils peuvent apporter de sérieuses suggestions. D'autant que nombre de responsables syndicaux et d'ouvriers éprouvent quelques états d'âme à contribuer à la fabrication d'engins de mort...

Les intérêts privés ne se laisseront pas si facilement déposséder. On pense à Dassault ou Matra dont les bénéfices exorbitants sont liés aux mécanismes spécifiques de l'activité d'armement. On pense aussi aux nombreuses sociétés de sous-traitance ou de fournitures qui réussissent à maintenir des profits injustifiés. On ne se laisse pas aisément frustrer de ces mannes qui procurent une force de frappe financière pour s'opposer à toute modification du *statu quo*.

Le corps de l'armement enfin ne manquera pas de voir dans cette nouvelle politique une remise en cause de sa raison d'être et de sa justification. Les hommes qui le constituent, les meilleurs d'entre eux, sont certainement capables de contribuer puissamment au succès de nouvelles orientations. Leur formation scientifique et technique les y prépare, surtout lorsqu'il s'agit de passer de l'aéronautique militaire à l'aéronautique civile, du nucléaire militaire au nucléaire civil, de l'électronique militaire à l'électronique civile. Certains ont déjà fait le chemin lorsqu'il s'est agi de concevoir Airbus ou Ariane. S'ils dominent et dépassent la crispation qui risque d'être leur premier réflexe, ils peuvent devenir les meilleurs artisans d'une nouvelle donne. La suite dira si c'est bien le choix qu'ils font.

Mais il s'agit dans tout cela de combats en retraite. Tout ce que la France risque, c'est de subir de nouvelles hypothèques à sa compétitivité, de voir son rang en Europe et dans le monde affecté, de manquer son rendez-vous avec l'Histoire.

CHAPITRE 10

LA DIPLOMATIE SOUS INFLUENCE

Noël 1968. Deux vedettes rapides quittent subrepticement le port de Cherbourg pour être convoyées jusqu'à Tel-Aviv par des équipages israéliens. Elles seront suivies de six autres en 1969. Le gouvernement, mis devant le fait accompli, renonce à les faire intercepter. Pourtant, après le coup de force de Tsahal contre l'aéroport de Beyrouth en 1967, le général de Gaulle avait lui-même décidé de soumettre à embargo toute arme à destination d'Israël. Les huit vedettes fabriquées par le chantier naval Amiot pour la marine israélienne avaient donc été bloquées dans le port de Cherbourg. L'enquête fait ressortir qu'une exportation factice vers la Norvège — décidée sur la foi d'un rapport truqué à la CIEEMG — n'a pas été utilisée. Elle révèle de nombreuses complicités parmi les fonctionnaires, en particulier militaires, chargés de faire appliquer la décision d'embargo, ainsi que chez les industriels intéressés. Il s'agit du contournement d'une décision de politique étrangère prise au plus haut niveau, par des membres du complexe militaro-industriel hostiles à la politique gouvernementale.

Mai 1970. Le gouvernement Chaban-Delmas annonce la vente à la Libye de 110 Mirage III. Cet énorme contrat vient fort opportunément augmenter le chiffre d'affaires de la firme Dassault, conforter le programme Mirage, et renforcer sa commercialisation. Si le lobby pro-libyen du Quai d'Orsay a bien facilité l'opération, il n'aurait certainement pas, en l'absence d'une poussée des industriels, forcé ses fantasmes jusqu'à proposer d'armer jusqu'aux dents le colonel Kadhafi. L'opération fait l'objet des autorisations nécessaires obtenues grâce à des interventions auprès de hauts personnages de l'État.

Pourtant, la livraison d'une flotte aussi importante d'avions de combat les plus modernes soulève de redoutables problèmes. Elle met entre les mains d'un dictateur mégalomane une force aérienne d'une puissance incomparable qui pourrait contribuer à déstabiliser des alliés de la France, en particulier la Tunisie, le Tchad, le Niger, et la République centrafricaine. Cette flotte lui permettrait, s'il s'avérait capable de l'exploiter efficacement, de faire peser une menace grave sur de larges régions d'Afrique et de la Méditerranée. Elle pourrait affecter les intérêts français et même affronter l'armée française si celle-ci avait à intervenir dans la zone, comme elle le fera dix ans plus tard au Tchad. Elle pourrait être employée contre des alliés de la France en Afrique et au Proche-Orient, ou contre les forces navales de l'Alliance atlantique en Méditerranée. C'est ce qui se passera lorsque ces dernières subiront plusieurs assauts des forces aériennes libyennes dans les années 1980.

On se trouve ici devant une démarche extraordinaire tournant le dos à la politique étrangère tant au plan général que régional, une démarche de nature à affecter certains intérêts français considérés comme vitaux. Il s'agit d'un autre cas de dévoiement diplomatique dont la motivation essentielle concerne les intérêts particuliers de Dassault, sous couleur du développement des exportations.

1978. Le gouvernement de Raymond Barre autorise la vente à l'Argentine d'équipements militaires particulièrement sophistiqués, parmi lesquels des avions de combat Mirage, des missiles Exocet et des hélicoptères. Peu importe qu'il s'agisse d'un régime dictatorial, se livrant sur le peuple argentin à une sauvage répression et maintenu en place par la force des armes et les exactions de sa police. Peu importe qu'il soit en conflit larvé avec la Grande-Bretagne, partenaire de la France dans la construction européenne, à propos du contrôle des îles Malouines. Pendant la guerre de 1982 on verra des bâtiments anglais détruits par des missiles français. Mais il s'agit d'un contrat commercial important, confortant le chiffre d'affaires de Dassault et d'Aérospatiale qui n'ont pas ménagé leur peine pour obtenir les autorisations indispensables. Il s'agit d'une opération qui, bien que disposant des bénédictions nécessaires, n'en constitue pas moins une perversion de la politique traditionnelle, sous l'influence d'intérêts industriels.

Nous avons déjà rencontré les affaires Luchaire et SNPE, du nom des sociétés qui ont livré à l'Iran, de 1982 à 1986 et sans doute au-delà, des quantités importantes de munitions d'artillerie et d'explosifs. Ces exportations, qui n'ont pu s'effectuer qu'avec la complicité de dizaines de hauts fonctionnaires civils et militaires étaient en contravention formelle avec la politique du gouvernement, réaffirmée à plusieurs reprises y compris par le chef de l'État. Ces deux dernières affaires sont motivées par l'intérêt particulier des firmes d'armement. Elles ont été rendues possibles par des détournements de procédures, facilités par les canaux d'influences du complexe. Elles illustrent un autre mode de contournement de la diplomatie par des acteurs de la défense.

Ainsi la Ve République s'est-elle singularisée, sous chacun de ses présidents successifs, par des perversions de la diplomatie sous l'influence du complexe. On pourrait multiplier les exemples, tant sont nombreux les cas où les exportations d'armes ne présentent qu'une cohérence fort lâche avec la politique étrangère. Ces dévoiements, qui offrent l'intérêt de mettre à nu devant l'opinion les processus de contournement, n'ont pas de conséquences dramatiques pour la sécurité nationale. Ils peuvent paraître mineurs et ancillaires, bien qu'ils ne le soient pas pour les intérêts particuliers en cause. Depuis 1962, en l'absence de conflit ou d'application significative de la force armée, les initiatives visibles de défense se concentrent pour l'essentiel dans les ventes d'armes. Le champ d'action sensible s'est déplacé du domaine militaire vers le commerce. Il n'en a pas toujours été ainsi.

Il est inutile de se référer ici à la longue reflexion à laquelle se livre Raymond Aron dans son livre *Paix et Guerre entre les nations* [1], sur les interactions entre stratégie et diplomatie. Il part de la formule célèbre de Clausewitz : « La guerre est la continuation de la politique par d'autres moyens », souvent mal interprétée lorsqu'elle n'est pas accompagné de la phrase qui la complète :

> La guerre doit correspondre entièrement aux intentions politiques et la politique doit s'adapter aux moyens de guerre disponibles.

1. Éditions Calmann-Lévy. Voir notamment les chapitres I et III.

Raymond Aron détermine à partir de cette formule quel fut le degré de cohérence atteint au niveau le plus élevé entre politique étrangère et politique de défense au cours des trois conflits majeurs du XXe siècle, les Première et Deuxième Guerres mondiales et la guerre de Corée.

S'agissant de la guerre de 1914-1918, il rappelle combien le déclenchement des hostilités devait à la mécanique des plans de mobilisation générale. Celui de la Russie, qui ne disposait pas de programme de mobilisation partielle, a entraîné celui des empires centraux, qui a provoqué à son tour celui de la France. Ainsi, dans les jours critiques de juillet 1914, la diplomatie fut-elle prise de vitesse par le déroulement implacable de la logique et des mécanismes militaro-industriels. Ce qui ne veut pas dire que la guerre aurait été évitée si les chancelleries avaient pu continuer à dialoguer... Analysant la conduite de la guerre du côté Alliés, Aron souligne que « la politique [...] n'a cessé d'être activée entre 1914 et 1918 [...] mais semble n'avoir eu d'autre fin que de nourrir la guerre elle-même ». Il note que « les Alliés avaient cherché d'abord l'emploi d'une stratégie d'anéantissement », puis « avaient tenté de la remporter [la victoire] grâce à une guerre d'usure », mais qu'à aucun moment « ils ne s'interrogèrent sérieusement sur les objectifs... ». Il conclut que la guerre « se rapprocha de sa forme absolue dans la mesure même où les hommes d'État abdiquaient au profit des chefs d'armée et substituaient aux buts politiques, qu'ils étaient incapables de déterminer, un but strictement militaire, la destruction des armées ennemies ».

Pour la Deuxième Guerre Mondiale, Raymond Aron observe que « la stratégie se donnant comme seul objectif la destruction des forces armées allemandes et la capitulation inconditionnelle du Reich prêtait à trois critiques » : elle « incitait le peuple allemand à une résistance désespérée » ; elle « influait inévitablement sur le cours des événements », en particulier par le choix des axes d'offensives — est, sud ou ouest — ce que Roosevelt et ses conseillers considéraient à tort comme une intrusion illégitime de la politique dans la stratégie, « elle ne tenait pas compte de la distinction radicale [...] entre alliés permanents (la Grande-Bretagne et la France) et allié occasionnel (l'Union soviétique) ». Il constate que « les stratégies ne savaient pas quelle Europe et quelle Asie répondraient à l'intérêt américain », et que dans de telles conditions « le triomphe des armes ne sera que par accident une victoire authentique, c'est-à-dire politique ».

Raymond Aron souligne combien la situation géopolitique issue des deux guerres mondiales rend compte des impasses auxquelles peut conduire une influence excessive de la stratégie au détriment de la diplomatie : pour la Première Guerre mondiale, faillite de la paix de Versailles et déchaînement de forces totalitaires ; pour la Deuxième Guerre mondiale, bénéfices tirées par l'Union soviétique en Europe de l'Est et en Extrême-Orient, grâce à une politique « dictée par la considération des conséquences lointaines des hostilités et de la victoire », qui contraste avec celle choisie par les démocraties.

Il conclut en observant que la guerre de Corée a au contraire « été conduite à chaque instant en fonction de la politique et jamais en vue de la seule victoire militaire ». Le président Truman, choisissant la limitation du conflit, refusa les options stratégiques proposées par le général MacArthur qu'il ira jusqu'à relever de son commandement alors que le militaire est au sommet de sa gloire et de sa popularité.

Mais c'est incontestablement en France que l'histoire des cinquante dernières années révèle de grandes incohérences entre politique étrangère et de défense, les plus sérieuses influences de la stratégie sur la diplomatie.

Le cas le plus caricatural concerne la période des années 1930. La politique étrangère s'emploie à tisser un réseau d'alliances avec les pays de l'Est menacés par l'expansionnisme nazi. La France leur accorde sa protection par les traités passés en 1934 et créant la Petite Entente. La politique militaire tourne, elle, carrément le dos à la stratégie offensive qu'exigerait l'assistance accordée par les traités. A l'instigation de la haute hiérarchie, sous la caution majestueuse du maréchal Pétain, vice-président du Conseil de guerre, c'est une option purement défensive qui est choisie. Elle est symbolisée par l'édification de la ligne Maginot sur une partie du front franco-allemand ; elle contredit toute intention ou capacité d'intervention au secours des pays d'Europe centrale.

Les sanctions de cette incohérence seront sévères. D'abord à Munich, en septembre 1938, la France et la Grande-Bretagne, trahissant leur garantie, abandonnent à Hitler le corps démembré de la Tchécoslovaquie. Munich est resté dans la mémoire collective et le vocabulaire un symbole de lâcheté politique, de faiblesse et d'abandon, c'est un exemple du prix que paie une nation souveraine pour l'incohérence de sa diplomatie et de sa stratégie.

Ensuite, en mars 1939, l'occupation entière de la Tchécoslovaquie assure à l'armée allemande sa base de départ pour ses ambitions à l'Est. Puis en août 1939, c'est la volte-face de Staline qui, interprétant Munich comme le signe inéquivoque de l'infiabilité occidentale, conclut le fameux pacte germano-soviétique avec Hitler. Cet accord déclenche la Deuxième Guerre mondiale et amorce le cinquième partage de la Pologne, vis-à-vis de laquelle la garantie diplomatique franco-anglaise est militairement inopérante. Enfin la défaite de 1940 écarte la France des premiers rôles mondiaux.

La IVe République connaît, tout au long de son existence, la même incohérence dans la conduite de son problème extérieur le plus redoutable : la décolonisation. Cette absence de stratégie sera sa perte. L'on verra s'y exercer des influences et des interférences de la haute hiérarchie militaire dans les moments les plus critiques.

Le premier acte se joue en Indochine dès 1946. L'année précédente, le général Leclerc, envoyé en mission par de Gaulle, a mesuré l'intensité du sentiment national vietnamien et l'insurmontable difficulté, pour ne pas dire l'impossibilité, de conduire une guerre à 12000 kilomètres de la France. L'ancien capitaine de 1940, étranger aux arcanes de la haute hiérarchie, propose une diplomatie de négociation. Il reprend l'évaluation faite en 1881 par le premier gouverneur civil de l'Indochine qui déclarait : « Évitons les coups de fusil, ils ne serviront qu'à nous créer des embarras ; le gouvernement ne veut à aucun prix faire, à quatre mille lieux de la France, une guerre de conquête. »

Les amiraux de l'époque ne l'entendaient pas de cette oreille. En 1864 déjà Napoléon III, qui avait pourtant pris quelques années plus tôt le risque de la première expédition, décide d'un retrait négocié avec la cour de Hué. Il se heurte à l'état-major de la marine qui n'hésite pas à mener une action publique où se distinguent plusieurs amiraux et qui culmine dans la diffusion d'une brochure : *La Question de Cochinchine du point de vue des intérêts français* (signée par un certain Abel, en réalité le lieutenant de vaisseau Rienner). Jusqu'en 1879, l'Indochine devient le fief de la marine, vit sous ce qu'on appelle à l'époque « le gouvernement des amiraux ». Puis, après un court interrègne civil, les pressions de la haute hiérarchie aidant, Jules Ferry décide en 1883, à la suite d'incidents sanglants, une intervention musclée et l'envoi d'un corps expéditionnaire qui, sous l'autorité de l'amiral Courbet, mènera une campagne dure (ce qui l'accréditera un temps comme porte-parole de l'opposition de droite, une sorte de Boulanger naval). Dès lors, la marine entretiendra en France une vigoureuse action de conditionnement de l'opinion publique à travers un certain nombre de relais, dont l'un des premiers groupes de pression modernes, la Ligue maritime et coloniale.

L'histoire se répète en 1946. Le gouvernement, suivant les propositions de Leclerc, mène avec Hô Chi Minh des négociations qui aboutissent en mai à un accord reconnaissant l'indépendance du Vietnam dans le cadre de l'Union française. Mais le haut-commissaire français, l'amiral d'Argenlieu, renouant avec la tradition de la marine de la fin du XIXe siècle, fait proclamer en juin, en violation de cet accord, la république de Cochinchine. Le gouvernement, mis devant le fait accompli, couvre l'opération. Puis le même d'Argenlieu fait bombarder Haiphong en novembre. Bilan : 6000 victimes civiles. Moins d'un mois plus tard, le Vietminh riposte par l'attaque des quartiers européens de Hanoï. Le gouvernement Hô Chi Minh disparaît dans la nature. La guerre d'Indochine commence.

Évidemment, la conduite des affaires, tant civiles que militaires, est alors confiée à l'armée. Divers trafics fleurissent dans l'atmosphère délétère du conflit. Celui des piastres va empoisonner la vie politique française. On connaît la suite. Après un redressement momentané réalisé par le maréchal de Lattre de Tassigny, la combativité des Vietnamiens, le puissant soutien que leur apporte, à partir de 1949, Mao Tsé-toung, et l'impossibilité où se trouve la France de conduire une lutte difficile dans un pays si éloigné, se conjuguent pour que le combat tourne contre nos armes. Et comme le fait remarquer Raymond Aron, l'incohérence s'ajoute aux influences multiples : le commandement militaire décide malencontreusement d'implanter dans la cuvette de Diên Biên Phu un camp retranché. Il ne prend pas en compte la perspective d'une conférence à Genève, laquelle ne peut qu'amener le Vietminh à produire un effort considérable pour obtenir un succès qui renforcera sa main dans la négociation. La France subit en mai 1954 une nouvelle humiliation militaire — dont elle se serait bien passée — par la capitulation de 12 000 hommes du corps expéditionnaire submergés par les vagues vietminh après avoir été soumis aux coups directs de son artillerie.

Les accords de Genève, signés en juillet 1954 par Mendès France, mettent fin à la présence française en Indochine. C'est la conclusion douloureuse d'une occupation coloniale qui n'a jamais correspondu aux intérêts vitaux de la France, ni à des objectifs économiques nationaux. Elle était le fruit de la conjonction entre certains intérêts privés — qui en ont bien profité — et la haute hiérarchie militaire dont l'influence, au nom de l'idée qu'elle se faisait de l' « Empire », fut un facteur déterminant.

Le même processus se reproduit en Afrique du Nord. Cela commence par le Maroc où le maréchal Juin, résident général de 1947 à 1952, prend l'initiative d'une politique autoritaire qui renforce le nationalisme indigène et provoque à Casablanca un soulèvement écrasé dans le sang. Son successeur, le général Guillaume, décide en 1953 de faire enlever et déporter le sultan à Madagascar ; le gouvernement se borne à couvrir l'opération. Il faudra attendre la dégradation de la situation et 1956 pour qu'Edgar Faure reconnaisse l'indépendance du Maroc et signe des accords de coopération. En Tunisie, le général Boyer de la Tour choisit d'abord la manière forte. Ce n'est qu'en 1954 que Mendès France accorde l'autonomie interne, transformée en 1956 en la fameuse « indépendance dans l'interdépendance », de courte vie. Les proconsuls militaires sont, dans la tradition de Lyautey et Gallieni, promoteurs d'une politique autoritaire qui se cache sous le masque du « rôle social de l'officier ». Ces deux généraux avaient, au début du siècle, pris publiquement position contre la politique gouvernementale de centralisation de l'administration coloniale.

C'est en Algérie que se joue le drame le plus tragique. La situation est particulièrement critique du fait de la présence sur le sol algérien de plus d'un million de colons français. La guerre, qui dure de 1954 aux accords d'Évian de 1962, domine alors la politique tant intérieure qu'étrangère de la IVe République, dont elle va sonner le glas. Le commandement militaire mène des opérations dites de pacification, dans la tradition de la guerre d'occupation du maréchal Bugeaud dans les années 1840. Il exerce une influence considérable sur la conduite des affaires, et devient même peu à peu le pouvoir en Algérie. Il obtient en 1956 la décision de l'expédition de Suez, dont on connaît les conséquences. Il prend l'initiative d'incidents avec la Tunisie et le Maroc qui culminent début 1958 dans le bombardement, à l'insu du gouvernement, de Sakhiet en Tunisie. Cette action constitue le détonateur des événements à l'origine de la chute de la IVe République. L'influence militaire atteint son zénith en mai 1958, lorsque plusieurs membres de la haute hiérarchie en appellent au général de Gaulle et qu'est brandie la menace d'une intervention de parachutistes sur Paris. Arrivé aux affaires, ce dernier s'emploie de 1958 à 1962 à résoudre le problème algérien qu'il considère comme anachronique, et qui d'après lui empêche la France de jouer son rôle sur la scène mondiale. Il doit alterner des jeux d'autorité et de cache-cache avec la haute hiérarchie solidaire des colons d'Alger, qui s'arroge le droit d'une appréciation politique différente de la sienne. C'est la journée des Barricades de 1960. Ce sont les déclarations publiques en 1961 du maréchal Juin et de sept généraux. C'est, la même année, la tentative de putsch à prétention politique d'un « quarteron de généraux ». C'est enfin, en 1962, l'OAS, fondée et commandée par les généraux Salan et Jouhaud, qui tente, en ensanglantant l'Algérie et la France, d'opposer une logique « militaire » à la décision politique.

Seules l'Afrique noire et Madagascar (non sans que cette dernière ait connu dans les années 1950 de sévères répressions militaires) accèdent pacifiquement à l'indépendance dans les années 1960, à l'initiative du général de Gaulle que sa carrière et son tempérament ont largement tenu à l'écart des cercles de la haute hiérarchie. Cette indépendance ne vient pas, comme on le laisse entendre, en application de son discours de Brazzaville (texte subtil, susceptible de deux lectures parfaitement antithétiques) mais de la loi-cadre Deferre, élaborée par un des derniers gouvernements de la IVe République et votée en mai 1957. Pourtant, ces pays ont connu, à l'origine de leur colonisation, les mêmes initiatives militaires. Au milieu du XIXe siècle, c'est le capitaine de vaisseau Protet, poussé et appuyé par des négociants bordelais, qui entreprend sans instruction la pénétration et l'établissement de postes le long du fleuve Sénégal. Il inaugure ainsi la présence française en Afrique occidentale, élargie par le général Faidherbe, qui s'appuie sur des actions navales. C'est en 1875 un officier de marine, Savorgnan de Brazza, qui prend sur lui d'occuper les territoires situés sur la rive droite du Congo. Il est suivi en 1883 par les flottilles de Niger qui occupent Tombouctou, et en 1896, le fleuve est descendu par la mission Houri. Ils préparent la création de l'Afrique équatoriale française. C'est le général Gallieni et le colonel Lyautey qui procèdent en 1896 à la pacification musclée avec de pseudo-mesures sociales, initiant une nouvelle politique coloniale de leur cru. Si l'Afrique noire échappe finalement, dans les années 1960, au destin tragique de l'Indochine et de l'Afrique du Nord, c'est que le général de Gaulle a bénéficié du fait que la IVe République avait épargné à ces régions le règne des proconsuls militaires.

Il est intéressant de s'arrêter sur la comparaison des politiques de la Grande-Bretagne et de la France. La première construit, sous la conduite ferme du gouvernement civil et du Colonial Office, un empire qui lui assure des positions stratégiques et contribue à la force de son économie. La seconde laisse largement à ses généraux et à ses amiraux les initiatives pour occuper des régions sans véritable intérêt stratégique, à l'exception de Dakar. Initiatives qui répondent à des objectifs commerciaux, dissimulent souvent des intérêts privés mais n'apportent pas de véritable contribution à l'économie nationale pour laquelle elles constitueront au contraire un fardeau. Et alors que la Grande-Bretagne, par l'intermédiaire du Colonial Office, conduit une politique d'administration sans interférence sérieuse des militaires, la France abandonne à ces derniers, non seulement la gestion des populations, mais la définition des politiques à appliquer.

Dans la phase de décolonisation qui suit la Deuxième Guerre mondiale, et qui correspond à un mouvement général des sociétés, les deux États réagissent de manière également fort contrastée. La Grande-Bretagne affronte une situation difficile aux Indes où sévit de 1942 à 1944, pendant la guerre, une atmosphère insurrectionnelle, suivie d'un mouvement d'opposition non violente. Dès 1947, elle prend l'initiative de la création des deux États de l'Inde et du Pakistan, engagés dès l'origine dans des affrontements sanglants entre musulmans et hindous. Fait très significatif, l'armée britannique, encore présente, n'intervient pas dans ce conflit. L'indépendance sera ensuite accordée pacifiquement à toutes les colonies anglaises d'Afrique entre 1957 (Ghana) et 1965 (Zambie). La conduite de cette politique est dans la ligne des actions engagées après la Première Guerre mondiale avec la création du Commonwealth, et la mise en place de la formule des Dominions. Il est frappant de constater combien la haute hiérarchie militaire anglaise est absente de la conduite politique des affaires. La France laisse au contraire exécuter par sa haute hiérarchie militaire, souvent aux moyens d'initiatives qui mettent le pouvoir civil devant le fait accompli, des politiques réactionnaires et répressives. Elle est ainsi acculée à mener deux longues guerres meurtrières et coûteuses en hommes, en argent et en prestige, avant d'être contrainte de concéder leur indépendance à deux de ses principales colonies et à deux protectorats.

Tant dans la phase de colonisation que de décolonisation, les militaires ont pesé d'un poids déterminant, et dans la conduite des opérations — ce qui est leur rôle — et dans les initiatives d'intervention et dans les orientations politiques. La politique étrangère et la diplomatie ont ainsi été largement soumises à l'influence de la haute hiérarchie. Les conséquences en ont été particulièrement négatives et meurtrières, non seulement dans les régions colonisées mais aussi dans la conduite des combats en Europe — surtout en 1914 — de par les distortions dans les tactiques et les doctrines d'emploi que leur effet boomerang y a induites.

En 1962, la France entre dans une nouvelle phase de son histoire. Elle n'est plus confrontée à des conflits, à l'exception d'interventions secondaires, comme à Kolwezi, au Sahara Occidental, au Tchad ou au Liban, qui ne sont que des bluettes comparées à de réels affrontements. Aucun test de cohérence n'existe plus entre politique étrangère et politique de défense, sauf sur le plan du commerce des armes où fleurissent les jeux d'influence. Pour autant, les démarches de la diplomatie restent marquées par de nombreuses interférences militaires.

Il ne peut être question dans le cadre de cet essai de procéder à une analyse exhaustive et rigoureuse des relations entre diplomatie et politique étrangère de défense. Je me bornerai à évoquer certains événements qui illustrent les effets de la seconde.

Il y a d'abord les séquelles de la décolonisation. En Asie, la colonisation de l'Indochine et la guerre que nous y avons menée de 1945 à 1954 ont laissé des traces négatives qui affectent notre présence et notre action. Nous sommes largement absents de l'Asie de l'Est qui est en passe de devenir, avec le Japon et les quatre nouveaux pays industrialisés (NIC), la région économique la plus dynamique du monde.

En Chine, nous avons mal capitalisé l'initiative de reconnaître cet État prise par de Gaulle en 1964. Et nous sommes en passe de nous l'aliéner par l'absence de nuances dans la dénonciation des événements, certes regrettables, de juin 1989. C'est pourtant une des futures grandes puissances du XXIe siècle, qui présente pour l'Europe et la France l'intérêt de peser lourdement sur le Pacifique et la frontière orientale de l'URSS.

Dans le Pacifique, il faudra attendre la visite de Michel Rocard, en août 1989, pour que soient enfin engagées des conversations politiques jusque-là inhibées par la conduite des essais nucléaires à Mururoa et par la situation en Nouvelle-Calédonie.

En Afrique du Nord, les séquelles de la guerre d'Algérie affectent, pendant les deux décades qui suivent, nos relations avec le Maroc et la Tunisie ; les incidents militaires de Bizerte en 1961 contribuent à l'affaiblissement de notre influence.

En Afrique francophone, notre présence et notre action s'appuient encore en 1989, pour l'essentiel, sur une combinaison, variable suivant les pays, de stationnement de troupes, de détachement de conseillers militaires, de noyautage des gardes présidentielles, de direction des services secrets locaux, d'action des réseaux Foccart-SAC. Ces moyens influencent les initiatives économiques des firmes françaises, et participent aux trafics d'armes, auxquels contribuent aussi des personnalités proches du pouvoir en France. Autant dire qu'il s'agit d'une présence à forte coloration militariste prolongeant les attitudes qui ont marqué la phase coloniale. Cela ne nous empêche pas de flirter avec le régime d'apartheid de l'Afrique du Sud pour les ventes d'armes et de technologie nucléaire, ou de livrer à la Libye la flotte aérienne de Mirage dont j'ai déjà parlé.

L'exportation de matériels militaires constitue le deuxième domaine d'influence de la défense sur la politique étrangère.

Au Proche-Orient, notre diplomatie est particulièrement active pour faciliter les ventes d'armes à tous les pays de la région. Nous jouons un rôle clé dans l'approvisionnement en armes de la guerre Iran-Irak, après avoir, en 1975, pris l'initiative particulièrement irresponsable de fournir à ce dernier la technologie nucléaire. Les opérations Eurodif avec l'Iran débouchent sur un contentieux persistant qui empoisonne nos relations et entraîne de nombreuses prises d'otages.

Au Liban même, nous avons hypothéqué notre crédit et notre influence en soutenant, pendant la plus grande partie de son mandat, le président Gemayel, entouré d'affairistes décidés à profiter par des trafics d'armes des malheurs du peuple libanais ; on se souvient aussi du fiasco des gesticulations aéronavales auxquelles nous nous sommes livrés en 1984 et 1989.

Dans le sous-continent indien, nous sommes présents par des contrats de vente d'avions de combat aux Indes et par des affaires nucléaires au Pakistan. En Amérique du Sud, l'essentiel de nos actions concerne les ventes d'armes à la quasi-totalité des pays, y compris ceux qui sont dominés par les régimes les moins démocratiques.

Il faut aussi rappeler que nos initiatives militaro-industrielles ont fortement indisposé un certain nombre de pays et affecté nos capacités d'influence et d'intervention, tant au niveau mondial que régional. Je pense à nos tentatives de dissémination nucléaire, à notre activisme dans l'exportation des armes ou au soutien de fait que nous apportons à des régimes répressifs.

Mais c'est dans un troisième domaine — celui de la formulation même de notre politique étrangère — qu'existent les plus sérieuses ambiguïtés, si ce n'est les plus graves contradictions. La politique d'indépendance voulue dès 1958 par le Général de Gaulle, et poursuivie sans altération majeure par ses trois successeurs, s'appuie pour l'essentiel sur le principe d'une défense autonome construite autour de la dissuasion nucléaire ; elle doit permettre la sauvegarde du sanctuaire national et de nos intérêts outre-mer.

Pourtant, la Charte de l'Alliance atlantique, dont la France reste membre malgré son retrait des organes intégrés militaires, souligne « le rôle irremplaçable des forces américaines (donc nucléaires)... et canadiennes pour la défense de l'Europe ». A l'inverse, nos alliés atlantiques sont fondés à considérer que les forces atomiques françaises et britanniques contribuent à la discussion globale de l'Occident, comme l'a encore affirmé la déclaration faite par les dirigeants politiques de l'alliance au sommet de Montréal en 1983.

La France est également liée par le traité de Paris de 1955, prévoyant l'obligation de chacun des six pays signataires d'intervenir militairement lorsqu'une des parties fait l'objet d'une agression. Cette clause ne comporte pas de distinction entre types d'armes et n'exclut donc pas la force atomique. Cette obligation s'est trouvée renforcée par le protocole additionnel, signé en 1983 entre la France et la République fédérale d'Allemagne, qui prévoit le principe de la défense commune des États à leurs frontières.

Que peut signifier dans ces conditions « l'indépendance française » ? A quoi correspond la notion de sanctuaire national ? Que voulait dire François Mitterrand lorsqu'il déclarait, en 1983, devant l'Assemblée générale de l'ONU que « la France possède les armes de sa propre défense, ni plus, ni moins » ? Ne réussissait-il, pas dans le minimum de mots, à exprimer deux contrevérités ? C'est plus que sa propre défense, car elle est engagée par traités à contribuer à la défense atlantique ; c'est moins, car elle n'en réalise pas la plénitude puisque l'ensemble des forces de l'Alliance participe, y compris les troupes américaines stationnées en Europe. Et que dire des déclarations, en 1989, de Jean-Pierre Chevènement, parlant du concept d'incertitude, non pour désigner celle que l'on maintient dans l'esprit de l'ennemi potentiel, mais comme s'appliquant à la solidarité entre nations alliées ?

Et puis, nous n'avons jamais résolu cette formidable ambiguïté qui veut que notre feu atomique affecterait d'abord, et peut-être seulement, le territoire des deux Allemagnes. A-t-on bien conscience de la violente réaction de rejet existant de l'autre côté du Rhin de la part de l'opinion publique et de la plupart de ses dirigeants, y compris les plus modérés comme Helmut Schmidt ? Peut-on cacher à l'opinion française la violente opposition allemande, qui condamne de fait l'emploi des fusées pré-stratégiques ? Peut-on durablement fonder la politique de défense sur des éléments que rejette si violemment notre principal allié européen ? Pourra-t-on longtemps poursuivre cette politique sans avoir avec lui une discussion sérieuse ? Sans aboutir à un consensus dont une brigade franco-allemande ne peut certainement pas tenir lieu ? Comment pourra-t-on entrer significativement dans un système européen de défense conventionnelle sans dévaloriser notre force atomique... et sans jouer les deuxièmes rôles après l'Allemagne ?

Notre politique de défense comporte aussi de sérieuses incohérences au regard de l'indispensable construction européenne. Ne doit-on pas donner priorité à la sécurité solidaire entre pays européens en dépassant le cadre de l'État-nation ? Que deviendrait notre sécurité si l'Allemagne était envahie, les troupes russes campant sur le Rhin ? De quelle indépendance disposerions-nous si le sanctuaire national était préservé par la bombe atomique dans une Europe soumise à la domination de l'Union soviétique... ou de l'Allemagne ?

J'ai souligné l'incapacité où se trouvait la France de supporter seule le poids des armes qu'implique la sécurité moderne et la défense d'intérêts vitaux. La dimension européenne le permettrait. J'ai indiqué comment une défense réaliste de l'Europe contre une agression soviétique devrait s'appuyer sur des moyens dont l'intégration européenne constitue une condition d'efficacité. J'ai attiré l'attention sur les dommages que pouvait causer à l'entente européenne (voir les Malouines) une politique d'exportation d'armes qui ne tient pas compte de la solidarité européenne. J'ai dénoncé, enfin, les intérêts particuliers qui ont jusqu'ici fait largement échec, sur le plan européen, aux développements de programmes d'armement en coopération, aux concrétisations, aux restructurations industrielles, à un effort coordonné de recherche et à un niveau suffisant d'interopérabilité entre forces armées.

Enfin, la politique arrêtée à la fin des années 1950 par De Gaulle et poursuivie par ses successeurs malgré l'évolution des données géopolitiques, se trouve maintenant sérieusement ébranlée par les bouleversements survenus en 1989 à l'Est. Elle ne fournit pas de réponse à la montée en puissance de l'Allemagne et à sa probable réunification. Elle n'a pas de prise sur l'évolution des pays décommunisés d'Europe Centrale. Elle est gravement compromise par une détente internationale qui modifie profondément les règles du jeu. Elle est sans pertinence pour la défense de nos intérêts dans différentes parties du monde, en particulier dans les zones stratégiques comme le Proche-Orient. Elle prépare mal les réponses aux menaces venant à travers la Méditerranée. Elle ne contribue pas à répondre aux défis économiques de la dernière décade du siècle et du XXIe siècle, qui ne peuvent trouver de parades que dans une intégration européenne récusant le concept d'indépendance. Elle affaiblit par son caractère atomique le rayonnement culturel et moral de la France.

En fait, la nécessaire dialectique entre diplomatie et stratégie se trouve faussée, ou pour reprendre la formule de Clauswitz, la guerre ne correspond pas pleinement aux intentions politiques et la politique est devenue trop dépendante des moyens et de buts militaires. Une dose excessive d'influence et de pesée de la stratocratie tend à inhiber, et même à figer, une conception active de la politique étrangère. Ceci est particulièrement vrai lorsque la défense est construite autour de la force atomique qui introduit un caractère de tout ou rien. Cette situation est particulièrement sensible au plan européen et dans nos relations avec l'Allemagne.

La politique extérieure de la France est bien soumise à une dose excessive d'influence de la part du système militaro-industriel en cette fin du XXe siècle, comme cela a été le cas au cours des deux derniers siècles. Il en résulte l'inhibition d'une conception active de la diplomatie, un handicap grave face à des mouvements internationaux exceptionnels qui appellent imagination et initiative pour lesquelles l'arsenal militaire est de peu de secours.

CHAPITRE 11

LA DÉMOCRATIE EN QUESTION

Les réactions populaires, les élections et les sondages montrent une désaffection croissante à l'égard du fonctionnement des mécanismes politiques en France. Certains parlent de déficit démocratique. On souligne la multiplication et l'étouffement des affaires, l'illusion de la séparation des pouvoirs, l'abaissement de la justice, la confusion de l'argent public et de l'argent privé, la corruption, les financements occultes. Le complexe militaro-industriel constitue un champ d'observation susceptible d'apporter d'utiles éclairages sur ce sujet.

Nous avons déjà observé ses relations avec le pouvoir exécutif, sa capacité à contourner les processus de décision et à en ignorer les contraintes, son aptitude à manipuler les responsables politiques. Nous avons mesuré combien les effets de connivence et d'influence dévoyaient le jeu des mécanismes de décision en matière de stratégie, de plans, d'équipements ou de programmes d'armement. Nous avons noté comment les choix sont confisqués par les ingénieurs de la DGA, mais aussi par les firmes industrielles. Nous avons vu à l'œuvre le lobby nucléaire et les méthodes qu'il utilise pour imposer ses vues et ses orientations. Nous avons vu combien la politique étrangère est soumise aux influences des acteurs de la défense, hier dans les politiques de colonisation et de décolonisation, aujourd'hui dans le commerce des armes. Nous avons mesuré combien l'absence de concurrence et la généralisation des situations de monopole faussent le jeu des mécanismes économiques, remplacés par des cheminements feutrés qui échappent à l'observation de la démocratie économique, mais aussi politique. Nous avons pris conscience des capacités de corruption engendrées par les énormes profits des industriels ou des intermédiaires. Nous avons souligné les insuffisances de l'information du citoyen par une presse relevant du statut de l'accréditation, et soumise aux sollicitations des acteurs du complexe.

La branche législative ne remplit pas, de son côté, son rôle de contre-pouvoir dans le domaine de la défense. Elle ne soumet pas les propositions de la stratocratie au test des débats réels, ni à l'épreuve des contre projets. Il en va ainsi de l'examen des plans, des budgets et des programmes.

On se souvient des conditions dans lesquelles le Parlement a accepté, à la fin de la IVe République, le choix de Dassault pour les avions de combat, puis la suppression de toute concurrence, enfin le choix du Mirage III début 1958. Il n'a posé aucune question sur les valses-hésitations relatives aux programmes aéronautiques tout au long de la période 1962-1978, n'a pas demandé de comptes sérieux sur les développements très coûteux qui étaient restés mort-nés. Il a aussi accepté, sans discussion, les niveaux exceptionnellement élevés des budgets affectés aux Mirage III, puis F-1, puis 2000. On ne se souvient pas d'un débat significatif sur le maintien des trois vecteurs de la force nucléaire, ni sur la justification des missiles préstratégiques Pluton et Hadès. On ne se souvient pas non plus de discussions sérieuses sur des programmes plus récents, tels le porte-avions à propulsion nucléaire ou le char Leclerc, dont le prix ou la pertinence stratégique auraient pourtant justifié des examens approfondis.

Le dernier exemple caricatural de cette absence de confrontation avec l'exécutif est fourni par le rapport à l'Assemblée nationale du président de la commission de défense sur la loi de programmation 1990-1993. Si ce beau document sur papier glacé de 757 pages comporte quelques timides interrogations, il ne contient aucune contre proposition, aucun point sur lequel il propose à la représentation populaire de s'opposer au plan du gouvernement, ou de formuler les éléments d'un contre projet.

Même dans le domaine des exportations d'armes, dont nous avons noté le développement très rapide au cours des décades 1960 et 1970, aucun débat n'a eu lieu. Certes, le groupe socialiste a déposé en 1978 un projet de loi qui visait à les moraliser. Mais il ne s'est jamais matérialisé et ses auteurs, Hernu en particulier, n'ont pas eu de plus grande hâte, une fois au gouvernement, que d'adopter des positions diamétralement opposées. Il y aurait pourtant eu matière à discussion, non seulement sur la politique générale de ces ventes, mais aussi sur les pays qui en étaient les destinataires, ou sur les firmes françaises qui en tiraient des profits exorbitants.

Dans le domaine du contrôle des actions de l'exécutif et du complexe, le Parlement ne remplit pas son rôle d'examen et de sanction. Nous avons déjà observé le fiasco de la commission Limouzy en 1977. La désinvolture de Dassault devant cette commission d'enquête en dit long sur le cas qu'il faisait de la représentation populaire. N'a-t'on pas été jusqu'à dire qu'il aurait eu coutume de recevoir dans son bureau ses représentants, parfois hauts responsables, lorsqu'il contribuait au financement des partis ou des campagnes électorales. Ceux-ci repartaient lestés parai-t-il, d'un nombre respectable de billets de banque, traditionnellement enveloppés dans du papier marron ? Il n'avait d'ailleurs pas plus de considération pour les ministres, à qui il arrachait des décisions importantes de programme ou de financement au détour d'une conversation anodine sur la santé de leur famille. Et il s'agit là non d'une caricature, mais d'une illustration, certes à traits appuyés, comme tout ce qui concerne Dassault.

Les ventes d'armes à l'Iran révèlent la même absence de la représentation populaire. Alors que l'affaire est dévoilée par un quotidien régional en 1985, ni l'Assemblée nationale ni le Sénat ne s'en saisissent pour conduire une enquête indépendante. Dès l'origine, on ne cherche à aucun moment à établir les responsabilités des hommes du complexe, les parlementaires se bornant à s'intéresser à l'argent du trafic pour savoir s'il a servi ou non au financement des partis politiques. Aucune question n'est posée aux ministres suivants, Giraud et Chevènement, sur les suites disciplinaires données à l'affaire, aucune intervention n'est enregistrée lorsque l'instruction judiciaire se heurte à l'obstruction que leur oppose le ministère. Quand finalement, début 1989, l'affaire fait l'objet d'un non-lieu du procureur, l'opposition parlementaire se borne à une vague protestation qu'elle mêle à la question de l'amnistie sur le financement des partis politiques. Quel manque de curiosité de la part de la branche législative supposée contrôler les actions de l'exécutif ! Quelle connivence de la part de ses membres qui suivent les questions de défense, tant dans la majorité que dans l'opposition ! Quelle volonté d'étouffer l'affaire dans laquelle pouvaient être impliqués des politiques ou des fonctionnaires !

L'affaire a aussi une dimension politicienne. Mitterrand connaît bien Dubos ; ils habitaient à quelques mètres l'un de l'autre rue de Bièvres dans les années 1970. C'est lui qui l'a présenté à Hernu. Sa protection explique la toute-puissance du conseiller du ministre de la Défense pendant quatre ans (son mariage avec un membre influent du cabinet du ministre de l'Intérieur fera même penser un moment au couple qu'il dispose d'un pouvoir occulte dans la République). C'est Mitterrand qui le nommera en 1985 au Conseil d'État, lorsque Dubos quittera Hernu pour des motifs ménagers. C'est encore lui qui l'invitera, bien qu'il soit alors inculpé, à une réception intime à la Maison de l'Amérique latine en mai 1988 pour fêter sa réélection.

Quant à Dewavrin, il est le fils de celui qui, sous le nom de colonel Passy, fut à Londres le premier chef des services secrets de de Gaulle. Tout en profitant de son appartenance au corps de l'armement, il est constamment resté proche du parti gaulliste. La cohabitation entre Mitterrand et Chirac ayant dans ce cas bien fonctionné, la majorité et l'opposition — et vice versa — se sont donné la main pour empêcher le cours normal de la justice.

Si la représentation populaire ne joue pas de rôle critique significatif vis-à-vis de projets du gouvernement, ni ne remplit de fonction de contrôle sur les actions du complexe militaro-industriel, on constate à l'inverse qu'elle a une propension marquée au jeu des influences en sa faveur. Cela va du silence sur des questions qui devraient soulever critiques et remises en cause à l'intervention pour soutenir ses intérêts.

La défense d'intérêts corporatifs mobilisent immanquablement les élus, qu'il s'agisse de la fermeture d'établissements pourtant inefficaces ou obsolètes, du déplacement ou de la réduction d'installations militaires, du plan de charge des firmes. On ne compte plus les interventions des parlementaires, ou des élus régionaux et locaux, en faveur d'entreprises de leur circonscription au nom de l'emploi lorsque ce n'est pas sous l'incantation de la nécessité de « ne pas baisser la garde ». Et toutes les restructurations font l'objet de dosages minutieux, tenant compte du poids relatif des élus, comme celle de 1989 qui opposait Metz à Strasbourg.

Le soutien des programmes de Dassault mobilise, dès les années 1950, l'activité fébrile d'un certain nombre de députés aidés par l'industriel pour leur élection ou leur renouvellement. Lui-même siège à l'Assemblée sans interruption de 1951 à sa mort. Il représente une circonscription de l'Oise dotée de nombreux équipements collectifs grâce à ses largesses répétées. Et il y utilise sa position pour ses intérêts. Le Parlement sera même le théâtre, en 1974, de l'affrontement avec Stehlin, dont nous avons déjà parlé.

Ainsi les interventions du Parlement, comme dans les assemblées régionales ou locales, ne visent presque jamais à une amélioration de l'efficacité ou du coût de la défense. Elles y introduisent au contraire des pesanteurs supplémentaires. Elles constituent un réseau diffus mais omniprésent, privilégiant les intérêts particuliers du complexe, souvent au détriment de l'intérêt général. Elles ne servent pas la démocratie, bien au contraire.

Très caractéristique est la composition de la commission de défense de l'Assemblée nationale. A quelques rares exceptions, ses membres sont choisis en fonction de leur représentativité dans le domaine des intérêts corporatifs. On aboutit à ce que ses présidents successifs soient les représentants de circonscriptions électorales où sont implantés les établissements industriels et les bases militaires menacés, qui se trouvent ainsi miraculeusement préservés.

La branche législative n'exerce ni initiative ni contrôle effectif dans le domaine de la défense. Bien plus, elle est souvent complice de la stratocratie, dont elle défend les actions les plus discutables. Quel fossé nous sépare du jeu démocratique aux États-Unis, en Grande-Bretagne ou en République fédérale allemande, où le Parlement joue un rôle effectif de contre-pouvoir !

Aux États-Unis par exemple, un pouvoir législatif ferme et un pouvoir juridique indépendant font contrepoids à un pouvoir exécutif fort, en particulier dans le domaine militaro-industriel. Le Congrès procède à un examen rigoureux et approfondi des projets du gouvernement, et intervient vigoureusement dans les processus de décision. La commission de défense du Sénat est même appelée à donner son accord sur la désignation des hauts responsables de défense, y compris la haute hiérarchie militaire. Si la pratique de lobby est reconnue (elle fait même partie du système d'équilibre des pouvoirs), elle est strictement réglementée, et distinguée du trafic d'influences (« *influence-peddling* »), qui est sévèrement sanctionné par la loi. Les débats pléniers et de commission sont télévisés.

Les commissions de défense sont des organes forts et efficaces. Elles veillent particulièrement à écarter toute intervention de leurs travaux. Tous leurs membres, en particulier le président, disposent d'une indépendance totale vis-à-vis du gouvernement et de l'administration. Le cas de celui en exercice au Sénat depuis une dizaine d'années, Sam Nunn, est exemplaire sur le plan de l'autorité, de la compétence, de l'indépendance et du sens moral. Quelle différence avec le Parlement français !

Le Congrès intervient vigoureusement dans le contrôle des actions de la stratocratie par des enquêtes longues, approfondies et publiques. Qu'on se souvienne des auditions télévisées auxquelles furent soumis les plus hauts fonctionnaires impliqués dans l'Irangate, qui s'apparente à l'affaire Luchaire. Qu'on se souvienne aussi des enquêtes diligentées en 1988 sur les contrats passés par le Pentagone.

Et la justice suit. Le colonel North, premier inculpé de l'Irangate, est condamné ainsi que l'amiral Poindexter, ancien conseiller du président Reagan pour la sécurité nationale, et les autres inculpés. Sur les contrats d'armements, les plus grands noms de l'industrie sont mis en cause. Les deux premières condamnations tombent en octobre 1989 : Murdoch, intime de l'ancien ministre de la Justice Ed Meese, est condamné à cinq ans de prison ferme et 500 000 dollars pour avoir influencé des achats d'armes ; Boeing écope d'une amende de 50 millions de dollars pour prix excessif de ses livraisons au Pentagone. Il n'y a aucun doute que d'autres suivront. On imagine le sourire des Dubos, Dewavrin ou autres dont la « diligence » à ne pas aider la justice ne constitue pas le délit d'obstruction puni aux États-Unis de peines de prison ferme.

Car le troisième pilier de la démocratie, la justice, est en France empêché de remplir son rôle dans le domaine de la défense. On ne se souvient pas d'actions qui aient été diligentées sous la Ve République contre des acteurs du complexe.

Du moins jusqu'à l'affaire Luchaire. Lorsque le ministre Quilès porte plainte, il s'agit de désamorcer un embarras susceptible de peser sur les élections législatives quelques jours plus tard. Le juge d'instruction inculpe l'ancien chargé de mission du ministre, Jean-François Dubos, et deux dirigeants de Luchaire, dont le président Dewavrin. Puis l'enquête piétine jusqu'à un communiqué laconique de la chancellerie, en juin 1989, annonçant un non-lieu généralisé. Le juge Legrand mettra publiquement en cause « le complexe militaro-industriel » qu'il accuse d'obstruction à la justice. Il dira dans une interview que la DAI et la DGA forment un véritable « bunker », qu'un dossier transmis à la justice a été « caviardé », qu'il existe « des liens étroits, fonctionnels entre la hiérarchie militaire et l'industrie [...] et que cela a sans doute facilité ces ventes d'obus... ». On ne peut pas être plus explicite.

Les stratocrates ont utilisé contre le juge le « secret défense ». J'ai pu mesurer, pour l'avoir vécu à la DGSE, le caractère souvent exorbitant de cette notion et de l'usage qui en est fait. Pourtant, la DGSE est considérée sur ce point comme un organisme particulièrement sensible, mais j'y ai constaté que les questions relevant du « secret défense » sont limitées. Mon appréciation de l'usage du « secret défense » n'est pas limitée au cas de la DGSE. J'ai pu également avoir accès à de nombreux documents qualifiés de secrets et intéressant d'autres départements ministériels, ou des deux deuxièmes bureaux militaires. Je n'exagère pas en disant que les critères employés relèvent souvent d'une grande fantaisie, pour ne pas dire de la farce.

Opposer le « secret défense » pour refuser à un juge d'instruction — tenu par ailleurs au devoir de réserve — l'accès à des pièces intéressant une affaire comme celle des ventes d'armes à l'Iran relève de la pure et simple obstruction à la justice. Il est clair que la manœuvre ne visait qu'à protéger quelques dizaines de fonctionnaires civils et militaires qui avaient trempé dans l'octroi d'autorisations avec fausses destinations, ou avaient fermé les yeux sur la poursuite du trafic. D'ailleurs, l'usage fait par la presse des renseignements refusés au magistrat dans l'affaire Luchaire n'a entraîné à ma connaissance aucune poursuite à l'encontre des médias ou des journalistes qui les avaient diffusés.

Quelle différence avec l'attitude du gouvernement dans l'affaire Greenpeace ! Le Premier ministre n'a-t-il pas alors commandité le rapport Tricot pour lequel toutes facilités ont été données, à l'intérieur même de la DGSE ? Et ce rapport, n'a-t-il pas rendu public des renseignements particulièrement sensibles comme la nature de la mission et les noms des agents secrets ? Il est vrai qu'il s'agissait alors de tenter d'innocenter certains responsables politiques.

En fait, l'affaire Luchaire est exemplaire des dévoiements dans les processus démocratiques. Le pouvoir exécutif n'a ni contrôlé, ni sanctionné les agissements de la stratocratie. La branche législative — il serait, sous la Vᵉ République, exagéré de parler de pouvoir — n'a rien fait pour censurer et redresser les actions du pouvoir exécutif. Devant le mur opposé par la bureaucratie avec la complicité silencieuse du gouvernement, l'organe judiciaire, ravalé de fait au rang d'un service du gouvernement, a été impuissant à mener son enquête, déclenchée pourtant par une plainte du ministre de la Défense. Qu'en est-il de la séparation des pouvoirs, chère à Montesquieu ? L'égalité devant la loi existe-t-elle ? Les agents du complexe seraient-ils plus égaux que les autres citoyens ? Bénéficieraient-ils d'un nouveau type de privilège ?

Et c'est bien de privilège qu'il s'agit dans cette autre altération de la démocratie en France, que met en lumière le complexe militaro-industriel : la toute-puissance des corps. Les actions de celui de l'armement dans le domaine de la défense, ou de celui des Mines dans le nucléaire, en fournissent une saisissante illustration. Groupes élitistes, fermés et monoculturels, ils règnent en maîtres sur un secteur d'activité. Ils contournent le pouvoir exécutif par des cheminements occultes et feutrés. L'influence et la connivence de leurs membres leur procurent le contrôle des systèmes de décision à travers la frontière entre secteur public et intérêts particuliers.

Leur intégration au corps à un très jeune âge les met à l'abri des remises en cause, des accidents de carrière ou des sanctions économiques. La pratique de l'autopromotion et de l'autocontrôle les protège de la sanction de l'échec, même lorsqu'ils sont responsables de lourdes impasses, comme des programmes sans lendemain ou la poursuite d'activités obsolètes. La solidarité du corps leur évite non seulement le contrôle des citoyens et du Parlement, mais aussi, comme dans l'affaire Luchaire, le bras de la justice.

Les corps — et je ne pense pas aux seuls corps « techniques » : ceux issus de l'ENA pratiquent de même — constituent ainsi par leur toute-puissance un mal bien français. Ils composent une mosaïque de nouveaux privilégiés, qui, à l'instar des anciens, minent la démocratie.

La France républicaine a payé cher au cours de son histoire pour les insuffisances du contrôle démocratique de la stratocratie. Elle est atteinte d'un mal chronique, la « schrizophrénie militaire », qui se manifeste par de longues périodes où les politiciens, au nom du « républicanisme », s'évertuent à émasculer la haute hiérarchie. Puis lorsque survient la crise grave qu'ils ont ainsi contribué à préparer, ils n'ont rien de plus pressé à faire que d'en appeler au soldat providentiel. C'est ainsi que les quatre premières Républiques sont mortes dans les bras d'un général ou assimilé. La Ire, après avoir dégénéré en régime terroriste, a été confisquée par Bonaparte à partir de 1799. La IIe a sombré en 1852 après quatre ans d'existence sous les coups du neveu du précédent, soutenu par une coterie militaire. La IIIe, dont les politiciens et les militaires partageaient la responsabilité de l'incapacité à faire face aux périls totalitaires, s'est réfugiée dans les bras séniles du maréchal Pétain, investi en juillet 1940 des pleins pouvoirs par un Parlement pourtant élu sur un programme de front populaire.

Quant à la IVe, elle a été « ramassée », suivant son propre terme, par le général de Gaulle, les principaux hiérarques modérés, radicaux et socialistes étant allés le supplier dans sa retraite. Le changement s'est effectué au prix d'un abandon, par la représentation élue en 1956 sur un programme d'alliance « front républicain », de toutes ses prérogatives, puisqu'elle est allée jusqu'à déléguer à de Gaulle le soin d'élaborer une nouvelle Constitution.

La Ve République est caractérisée par un régime déséquilibré, avec une concentration excessive du pouvoir entre les mains de l'exécutif, sans contrôle ni contrepoids de la branche législative, accompagnée d'un abaissement de la fonction judiciaire. Ce régime a été aggravé par l'élection du président au suffrage universel, procédure adoptée par référendum contre l'avis de hautes consciences républicaines comme Mendès France... et François Mitterrand, qui parlera de « coup d'État permanent ». Il a désormais pris la forme d'un État où l'affirmation de l'autorité prend le pas sur le souci d'équilibrer les pouvoirs. La Ve République connaît dès lors une dérive monarchique croissante, le souverain retrouvant l'autorité centralisatrice, les obligations d'étiquette, les entourages de courtisans se déchirant d'ailleurs entre eux... et les mignons, les bouffons et les grands travaux du Prince. Inévitablement, la démagogie, la corruption et la désaffection populaire sont au rendez-vous. Et la démocratie n'y trouve plus son compte. Mais le complexe militaro-industriel voit ses entreprises facilitées.

Quelle différence avec la Grande-Bretagne, qui n'a jamais connu d'interférence militaire dans le fonctionnement de ses institutions. Quelle différence aussi avec les États-Unis, dont les généraux portés aux plus hautes responsabilités gouvernementales — Washington, Grant, Eisenhower — rangent leur uniforme dans la naphtaline avant d'entrer à la Maison-Blanche. Ils suivent la tradition créée par Washington, qui mourut dans sa propriété de Mount Vernon où il s'était retiré en 1799 une fois accomplis ses deux mandats l'année même où un autre général, Bonaparte, entamait sa marche vers l'empire.

C'est Eisenhower qui lançait à ses concitoyens cet appel solennel :

> Dans les conseils de gouvernement, nous devons nous prémunir contre l'influence injustifiée, qu'elle soit ou non délibérée, du complexe militaro-industriel. La possibilité de l'émergence désastreuse d'un pouvoir illégitime existe et perdurera.
> Nous ne devrons jamais laisser le poids de ce complexe mettre en danger nos libertés et nos mécanismes démocratiques. Nous ne devons rien considérer comme acquis. Seuls des citoyens vigilants et bien informés peuvent assurer la coexistence de cette immense machinerie industrielle et militaire de défense avec nos méthodes et nos objectifs pacifiques, de façon que sécurité et liberté puissent s'épanouir de concert.

N'a-t-on pas en France encore plus de raisons d'inquiétude lorsqu'on constate cette absence d'équilibre des pouvoirs ? N'a-t-on pas plus de motifs d'alarme lorsqu'on observe cette propension historique du recours au soldat providentiel avec une fréquence et une régularité qui nous distinguent de toutes les autres grandes démocraties modernes ?

CHAPITRE 12

ORDRE INTERNATIONAL, MILITARISME ET DÉSARMEMENT

A l'heure des grands bouleversements politiques, idéologiques et stratégiques que connaît le monde en cette fin de décade, la question se pose avec acuité de la pertinence d'un effort d'armement dans la ligne d'une politique décidée, il y a plus de trente ans, dans un environnement profondément différent de guerre froide. La France ne peut ni faire l'économie de ce réexamen, ni se dérober à une participation constructive à l'action engagée au plan international.

Il n'est pas, encore une fois, question de remettre en cause la sécurité de la France et de l'Europe occidentale, ni la nécessité de l'institution militaire. Mais les considérations que j'ai développées montrent bien qu'il existe un large espace d'appréciation. Une réduction sensible des charges militaires, sans doute jusqu'à 30 % ou 40 %, peut, en se plaçant dans le contexte du mouvement vers l'intégration européenne, n'hypothéquer en rien nos capacités de défense. Elle peut déboucher sur un outil plus efficace, plus performant, avec moins de poids et plus de muscle.

Elle nécessite une recomposition du système de défense dans le cadre d'une réflexion stratégique, prenant en compte les données nouvelles créées par les événements des dernières années, et en particulier en 1989. Elle doit procéder d'une optimisation de son coût-efficacité obtenue par un réexamen de l'adaptation des programmes d'armes, par une refonte des organisations pour assurer plus d'efficience, par l'introduction d'une gestion plus rigoureuse des moyens. Il s'agit d'une réforme en profondeur, d'une *perestroika* militaire, s'appuyant sur la qualité du tissu humain de l'ensemble militaro-industriel. C'est ce que j'appellerai un désarmement qualitatif et sélectif.

Cette démarche nécessite une grande fermeté vis-à-vis de la stratocratie, si différente dans ses intérêts et ses motivations des autres acteurs de la défense. Celle-ci relève du critère de militarisme, un caractère qui touche à l'essence de son rôle, qui lui est pour ainsi dire consubstantiel. Nous avons noté comment elle a influencé, dans le sens des voies militaires, les actions de politique extérieure dans les cent dernières années, tant dans la colonisation et la décolonisation, que dans les affrontements en Europe. Nous voyons aujourd'hui combien elle agit pour que soit privilégié le commerce des armes. Nous avons observé les nombreux canaux qu'elle met en œuvre, à tous les niveaux de l'État, pour faire pévaloir ses choix et aboutir ses entreprises.

Le militarisme ne se manifeste pas seulement dans le domaine international. Il provoque immanquablement dans le corps de la nation des effets qui lui sont inhérents. Ceux-ci altèrent les mécanismes de société, principalement politiques et démocratiques. Ils affectent l'économie et la vie des citoyens par les détournements de ressources au détriment des secteurs civils. Ils se traduisent en pressions pour la réalisation d'armements nombreux et sophistiqués. Ils entraînent des conséquences d'ampleur très variable, suivant la résilience politique et l'efficacité économique des Nations. Mais toutes sont affectées en cette fin du xxe siècle, à l'exception du Japon et de l'Allemagne qui ont accédé, sans recours à la force, au statut de superpuissance économique.

Le monde a connu dans le siècle qui se termine des situations où les armes jouaient un rôle prépondérant. L'Europe en a particulièrement souffert au cours des deux guerres mondiales. Si elle a été épargnée par les conflits depuis 1945, elle a vécu dans une situation de grande tension et, pour sa partie centrale, sous une occupation coloniale. Certaines de ses nations ont été engagées dans des affrontements périphériques. Les charges militaires qui en résultaient tant à l'Est qu'à l'Ouest entraînaient de très lourdes conséquences pour les mécanismes de société et les économies.

Dans les autres régions, des conflits militaires se développaient, alimentés par les ventes d'armes des États industrialisés. Ils provoquaient pour les pays concernés de lourdes pertes en vies humaines, de grandes destructions et des dépenses militaires disproportionnées. Mais aucun d'entre eux n'apportait de solution durable aux problèmes qui les avaient fait naître. On observait même ce paradoxe de guerres se retournant presque toujours contre ceux qui les avaient déclenchées : la France au Viet Nam, les États arabes en Israël, et les pays communistes en Corée dans les années 1950, jusqu'à l'Argentine aux Malouines, l'Irak en Iran et l'Union soviétique en Afghanistan dans les années 1980.

La mondialisation des communications et des échanges, ainsi que le rapprochement des valeurs par l'effondrement du dogme et du modèle communistes ont préparé les voies à un nouveau type de relations internationales. Leur révision radicale est amorcée par la prise de conscience, par les peuples et les dirigeants des principales puissances, de l'impasse que constitue la voie militaire dans les conditions du monde moderne, mais aussi des sacrifices et des risques insupportables qu'elle impose aux sociétés, aux économies et surtout aux hommes qui ont tellement souffert dans le passé de décisions militaires sur lesquelles ils n'avaient aucune prise.

Des perspectives nouvelles s'ouvrent qui peuvent déboucher sur la résolution de différends par dialogue et négociation, sur le concept de sécurité coopérative et interdépendante, sur la notion de suffisance de défense. Des négociations sérieuses et approfondies sont engagées pour rechercher des accords de réduction d'armements tant nucléaires que conventionnels entre l'Alliance atlantique et le Pacte de Varsovie. La démarche qui a conduit au traité d'Helsinki en 1975 et aux négociations CSCE est susceptible de s'étendre pour la recherche de solutions en Europe. Les pays industriels ne peuvent plus différer la prise en charge des problèmes de sous-développement du tiers monde et de l'Europe de l'Est qui portent en germe de graves menaces. Les risques que recèle la dégradation de l'environnement ne peuvent plus être ignorés et la coopération internationale apparaît indispensable pour y apporter des solutions. Le commerce international de paix se prépare à connaître de nouveaux développements accélérés par les avancées technologiques.

Nous entrons en 1989 dans une nouvelle phase de l'histoire. Ce mouvement véritablement révolutionnaire entraîne certes de sérieux déséquilibres, inévitables lorsqu'il s'agit de passer d'un ordre à l'autre. La décolonisation de l'Europe Centrale en fait pour plusieurs années une zone d'instabilité. L'Union soviétique est ébranlée par des mouvements ethniques centrifuges et par les énormes difficultés rencontrées par l'équipe dirigeante pour surmonter les problèmes économiques, encore que la vision politique, le courage et l'habileté de Mikhaïl Gorbatchev constitue un sérieux atout. La Chine poursuit une trajectoire en dents de scie, qui a toujours été la caractéristique de son histoire et qui reste la marque de la difficulté à gouverner une telle multitude vivant sur une pareille étendue. Le réveil des nationalismes, les oppositions éthniques et les affrontements religieux constituent des germes de tensions régionales, susceptibles de conséquences sérieuses. Le sous-développement et la démographie galopante du tiers monde recèlent à terme de sérieuses menaces pour les pays industrialisés.

Mais ce qui est en tout état de cause irréversible dans ce mouvement, c'est la réponse qu'il apporte aux forces profondes en cette fin du xxe siècle, celles des aspirations des hommes à plus de liberté, de démocratie et de progrès. Ce qui en fait la puissance, c'est qu'il procède de la prise de conscience que la complexité des mécanismes de société et la fragilité de l'environnement ne pourraient plus désormais supporter le choc des potentiels de destruction et d'anéantissement des armes modernes. Ce qui en assure la poursuite, c'est le rapprochement amorcé des hommes et des économies qui constitue en lui-même un facteur de stabilité et de sécurité. La dynamique enclenchée a maintenant atteint un point de non-retour et le monde ne sera désormais plus le même.

Nous sommes ainsi engagés dans la voie d'un nouvel ordre qui règlera les relations internationales et la vie des nations pour une période dont la durée dépendra principalement des solutions apportées aux problèmes de sécurité et de développement. Un de ses principaux déterminants concerne l'architecture de puissances qui de bipolaire devient multipolaire. Les États-Unis conservent une dimension globale ; ils renforcent leur contrôle de l'hémisphère américain, restent un élément de poids pour l'équilibre européen, et disposent de capacités d'intervention aussi bien pacifiques que militaires partout dans le monde. Le Japon renforce son leadership en Asie, et prétend à un rôle économique et politique sur l'ensemble de la planète, y compris en Europe. La Russie reste une superpuissance militaire, mais elle est maintenant engagée dans un processus de réforme qui promet d'être long et difficile ; son influence mondiale s'en trouve affectée, son caractère menaçant sérieusement érodé, son empire sur les pays de l'Est perdu sauf à engager une guerre qu'elle ne peut désormais plus mener, son modèle de société étant déconsidéré.

En Europe, la puissance et la position géographique de l'Allemagne constituent un facteur clé. Elle s'est déjà assurée de fortes positions économiques, en particulier en Europe. Rien ne l'empêche de conforter pacifiquement sa position à l'Est, tout en restant un partenaire à l'Ouest ; la synergie de cette double démarche est évidente et la réunification accompagnera le processus. Elle peut contribuer à l'ordre, à la stabilité et au développement des pays décommunisés qui composent sa zone de prédilection historique. Elle peut aussi se laisser tenter par une dérive expansionniste et impérialiste comme au cours du xxe siècle. Son évolution et l'avenir de l'Europe dépendent de la nature et de la solidité de ses liens avec les autres Pays surtout occidentaux, au premier rang desquels les États-Unis et la France.

C'est là que le sort des français va se jouer, avant d'être affecté par le cours des relations Nord-Sud, en particulier à travers la Méditerranée. On peut regretter que l'intégration européenne n'ait pas avancé plus vite et plus loin. Il faut maintenant chercher à rattraper, s'il en est encore temps, le retard pris dans la construction de l'Europe politique. Il faut aussi s'engager dans la voie d'une réduction qualitative des armements auxquels les forces militaristes tenteront de s'opposer car elle contribuera à leur dépérissement.

Il faut surtout que les Français acceptent de regarder la vérité en face, d'abandonner leurs illusions. La possession d'une panoplie militaire, en particulier de l'arme atomique, n'assure pas à la France, comme on tente de le faire croire, un rang particulier dans le monde. C'est à une autre aune que sont désormais mesurées la puissance et la place d'une Nation : la créativité technologique, la compétitivité économique, la cohésion sociale, et non un complexe qui n'a plus de pertinence ni militaire, ni industrielle, et dont le pouvoir sans visage n'a jamais eu de légitimité.

ANNEXES

I. Extrait du *Farewell Address* du président Eisenhower

II. Liste des entreprises françaises d'armements

III. Répartition régionale des fabrications d'armements

IV. Extrait de l'article 175 du Code pénal

V. Exportations d'armements

VI. Financement du programme d'armements

VII. Dépenses militaires mondiales en 1987

ANNEXE I

Extrait
du Farewell Address to the American People
du président Eisenhower *

A vital element in keeping the peace is our military establishment. Our arms must be mighty, ready for instant action, so that no potential aggressor may be tempted to risk his own destruction.

Our military organization today bears little relation to that known by any of my predecessors in peacetime, or indeed by the fighting men of World War II or Korea.

Until the latest of our world conflicts, the United States had no armaments industry. American makers of plowshares could, with time and as required, make swords as well. But now we can no longer risk emergency improvisation of national defense; we have been compelled to create a permanent armaments industry of vast proportions. Added to this, three and a half million men and women are directly engaged in the defense establishment. We annually spend on military security more than the net income of all United States corporations.

This conjunction of an immense military establishment and a large arms industry is new in the American experience. The total influence— economic, political, even spiritual—is felt in every city, every State house, every office of the Federal government. We recognize the imperative need for this development. Yet we must not fail to comprehend its grave implications. Our toil, resources and livelihood are all involved; so is the very structure of our society.

In the councils of government, we must guard against the acquisition of unwarranted influence, whether sought or unsought, by the *military-industrial complex*. The potential for the disastrous rise of misplaced power exists and will persist.

We must never let the weight of this combination endanger our liberties or democratic processes. We should take nothing for granted. Only an alert and knowledgeable citizenry can compel the proper meshing of the huge industrial and military machinery of defense with our peaceful methods and goals, so that security and liberty may prosper together.

* January 17, 1961, Public Papers of the Presidents of the United States, U.S. Government Printing Office, Washington, D.C.

ANNEXE II

*Les douze premières sociétés d'armements en France et la Société Luchaire (17e) **

	Chiffre d'affaires en milliards de FF	*Part de l'armement dans le CA total en %*
Thomson-CSF	16,71	76,8
Aérospatiale (sans filiales)	15,82	62,3
Dassault-Breguet (AMD-BA)	13,38	85,8
SNECMA	4,62	45,1
Matra	3,04	52,1
Électronique Serge Dassault	2,40	75,7
SNPE (Société nationale des poudres et explosifs)	1,84	63,5
Sagem	1,59	35,6
Turbomeca	1,24	61,1
SEP (Société européenne de propulsion)	0,98	37,3
Matra-Manhurin-défense	0,97	100,0
Hispano-Suiza	0,94	59,5
Luchaire (1986) (chiffres arrondis)	0,50	41,7
Luchaire (1985) (chiffres arrondis)	1,40	73,7

* Pour 1986, dernière année non perturbée par la chute des exportations.

ANNEXE III

Répartition régionale des fabrications d'armements en 1986

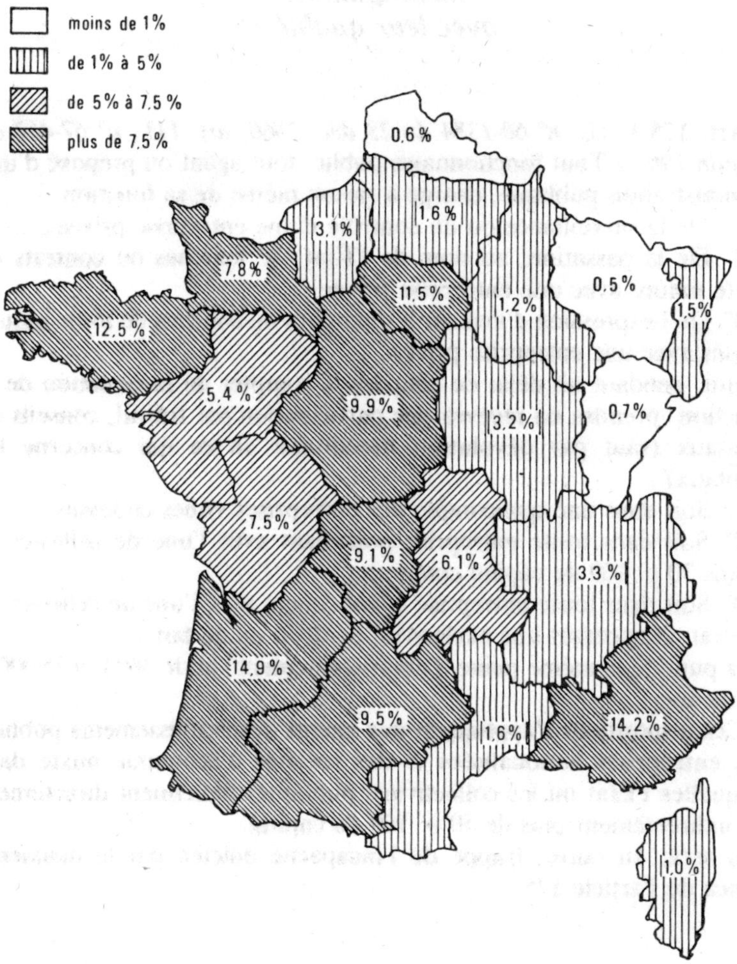

En effectifs employés par rapport aux emplois industriels

ANNEXE IV

Extrait du Code pénal concernant « des délits de fonctionnaires qui se seront ingérés dans des affaires ou commerces incompatibles avec leur qualité »

Art. 175-1. *(L. n° 60-1384 du 23 déc. 1960, art. 111; n° 67-467 du 17 juin 1967.)* Tout fonctionnaire public, tout agent ou préposé d'une administration publique, chargé à raison même de sa fonction :

1° De la surveillance ou du contrôle d'une entreprise privée;

2° De la passation, au nom de l'État, de marchés ou contrats de toute nature avec une entreprise privée;

3° De l'expression d'avis sur les marchés ou contrats de toute nature passés avec une entreprise privée,

et qui, pendant un délai de cinq ans à compter de la cessation de la fonction, prendra ou recevra une participation par travail, conseils ou capitaux (sauf par dévolution héréditaire en ce qui concerne les capitaux) :

1° Soit dans une quelconque des entreprises visées ci-dessus;

2° Soit dans toute entreprise possédant avec l'une de celles-ci au moins 30 p. 100 de capital commun;

3° Soit dans toute entreprise ayant conclu avec l'une de celles-ci un contrat comportant une exclusivité de droit ou de fait,

sera puni de la même peine d'emprisonnement[1] et de 360 F à 15 000 F d'amende.

Ces dispositions s'appliquent aux agents des établissements publics, des entreprises nationalisées et des sociétés d'économie mixte dans lesquelles l'État ou les collectivités publiques détiennent directement ou indirectement plus de 50 p. 100 du capital.

Il sera, en outre, frappé de l'incapacité édictée par le deuxième alinéa de l'article 175.

1. Six mois au moins, et deux ans au plus.

ANNEXE V

Production et exportations d'armements de la France

DESTINATION DES EXPORTATIONS D'ARMES

(Période 1981-1986)

Moyen-Orient	43 %
Maghreb	17 %
Europe de l'Ouest et Amérique du Nord	17 %
Extrême-Orient	10 %
Amérique centrale et du Sud	8 %
Afrique noire	4 %
Divers	1 %

LA PRODUCTION D'ARMEMENTS DE LA FRANCE

(en milliards FF courants
les chiffres entre parenthèses sont en milliards FF constants 1986)

	Chiffres d'affaires (CA)				*Part exportée en % du CA total*	*Commandes enregistrées à l'exportation*	
	France	*Exportations* 1	2	*Total*			
1970	11,6	2,7	(11,3)	14,3	19		
1971	12,0	3,0	(11,9)	15,0	20		
1972	12,7	4,0	(15,0)	16,7	24		
1973	14,9	5,2	(18,4)	20,1	26		
1974	15,8	6,7	(22,1)	22,5	30	18,3	(60,4)
1975	17,5	8,3	(24,1)	25,8	32	16,5	(47,9)
1976	19,5	11,6	(30,2)	31,1	37	18,9	(49,1)
1977	21,1	14,7	(34,8)	35,8	41	27,4	(64,9)
1978	25,4	17,3	(37,5)	42,7	40	21,7	(47,0)
1979	30,1	20,5	(40,8)	50,6	40	25,1	(50,0)
1980	35,3	23,4	(41,9)	58,7	40	37,4	(67,0)
1981	41,3	28,5	(45,0)	69,8	41	33,8	(53,4)
1982	46,6	28,9	(40,2)	75,5	38	41,6	(57,8)
1983	53,0	33,1	(41,3)	86,1	38	29,1	(36,4)
1984	56,4	41,9	(46,5)	98,3	42	61,8	(70,5)
1985	60,6	43,9	(46,5)	104,5	42	44,5	(47,1)
1986	64,9	43,1	(43,1)	108,0	40	25,3	(25,3)
1987	72,9	34,1		107,0	32	28,9	

1. En francs courants.
2. En francs constants 1986.

Source : Ministère de la Défense nationale.

RÉPARTITION DES EXPORTATIONS

	1981	*1982*	*1983*	*1984*	*1985*	*1986*
Matériels aériens	51,6	51,6	51	45,6	50,3	54,2
Matériels terrestres	34,4	34,3	35,3	36,8	31	25,3
Matériels navals	14	14,1	13,6	17,6	18,7	18,7

ANNEXE VI

Financement des équipements militaires futurs

Programmes majeurs	*Coût estimé en F 1986 (milliards)*	*Part estimée des programmes majeurs dans le budget d'équipement en 1991*	*Total du financement nécessaire en milliards de F 1986 (Programmes majeurs + autres équipements*
Nucléaires			
FNS			
Missile M5	73		
Missile M4	36,8		
Refonte SNLE-M4	14,5		
SNLE nlle génér.	65		
Missile S4	30		
ANP			
Mirage 2000-N	30,3		
Missile ASMP	6,7		
Missile Hadès	13,7		
Sous-total	270,0	50 %	540
Aéronautique			
250 avions de combat tactique	142		
225 Mirage 2000-DA	63		
3 systèmes de détection avancée	7,6		
Sous-total	212,6	39,2 %	542,3
Marine			
Atlantiques II	26,3		
1 porte-avions nucléaire	13,9		
Sous-marins nucléaires d'attaque	14		
Frégates légères	16		
Sous-total	70,2	32,6 %	215,3
Terre			
Char Leclerc	45		
AMX 30 B2	12		
Lance-roquette mult.	16,4		
Canon de 155	19		
Radar orchidée	6		
Sous-total	98,4	21,7 %	453,4
Total général sans la Gendarmerie et l'Espace	651,2		1751

Nota : Ces chiffres, relatifs au financement du plan 1988-1993, sont repris du rapport de 1987 de M. François Fillon au nom de la commission de défense de l'Assemblée nationale. Les chiffres du plan 1990-1993 ne sont pas significativement différents.

ANNEXE VII

Dépenses militaires mondiales en 1987

	Ensemble de dollars (chiffres arrondis)
Ensemble Monde	
Amérique du Nord	290
Europe	120
Pacte de Varsovie	300 *
Tiers monde	130
Divers (dont Japon 20)	*30*
Total	870
Tiers monde	
Moyen-Orient	*65*
Asie + Océanie (sauf Japon)	*36*
Afrique	*13*
Amérique centrale et Sud	*17*
Total	130

* Ordre de grandeur vraisemblable.

Source : SIPRI Yearbook 1988.

BIBLIOGRAPHIE

AGANBEGYAN, Abel, *Inside Perestroika,* Harper & Row, New York, 1989.

ANGELIER, Jean-Pierre, *Le Nucléaire,* La Découverte/Maspero, Paris, 1983.

ARENDT, Hannah, *Penser l'événement,* Belin, Paris, 1989.

ARON, Raymond, *Dimensions de la conscience historique,* Plon, Paris, 1961.

- *L'Âge des empires et l'avenir de la France.*
- *La Société industrielle et la Guerre.*
- *Paix et Guerre entre les nations,* Calmann-Lévy, Paris, 1982.
- *La République impériale,* Calmann-Lévy, Paris, 1973.

ASSOULINE Pierre, *Monsieur Dassault,* Balland, 1982.

BAKER, David ; FRIEDMAN, Richard ; MILLER, David ; RICHARDSON, Doug ; SUVOROV, Victor, *The Intelligence War,* Salamander Books Ltd, Londres, 1986.

BALL, George, *Diplomacy for a Crowded World,* Little Brown, Boston, 1976.

BASSO, Jacques A., *Les Groupes de pression,* Presses Universitaires de France, Paris, 1983.

BAUCHARD, Philippe, *Les Technocrates et le pouvoir,* Arthaud, 1966.

BOUVIER, Jean, GIRAULT, René, THOBIE, Jacques, *Impérialisme à la française : 1914-1960,* La Découverte, Paris, 1986.

BOUVIER, Jean et GIRAULT, René, *L'Impérialisme français d'avant 1914,* Menton, Paris, 1976.

BOUYSSONNIE, Jean-Pierre, *Au cœur de la bataille électronique,* Éd. Jean Picollec, 1982.

BRANDEL, Fernand, *L'Identité de la France,* Arthaud-Flammarion. Paris, 1986.

BRANDT, Willy, *De la guerre froide à la détente,* Gallimard, 1976.

Business Week, « The Decline of U.S. Power », New York, 1980.
BREDIN, Jean-Denis, *L'Affaire,* Julliard, Paris, 1983.
CARLIER, Claude, *L'Aéronautique française : 1945-1975,* Lavauzelle, 1983.
CASSIRER, Ernst, *L'Idée de l'Histoire,* CERF, Paris, 1988.
CASTENET, Jacques, *Déclin de la Troisième : 1931-1938,* Librairie Hachette, 1962.
COHEN, Samy, *La Monarchie nucléaire,* Hachette, Paris, 1986.
COHEN-TANUGI, Laurent, *La Métamorphose de la démocratie,* Éd. Odile Jacob, Paris, 1989.
COLARD, Daniel, FONTANEL, Jacques ; GUILHAUDIS, Jean-François, *Le Désarmement pour le développement ; dossier d'un pari difficile,* Les Cahiers de la Fondation pour les Études de Défense nationale, Paris, 1981.
COURRIÈRE, Yves, *La Guerre d'Algérie : l'heure des colonels,* Fayard, Paris, 1970.
COUVE DE MURVILLE, Maurice, *Le Monde en face,* Plon, Paris, 1989.
CRAIG, Gordon A. et GEORGE, Alexander L., *Force and Statecraft,* Oxford University Press, New York, 1983.
DEBRAY, Régis, *Tous azimuts,* Éd. Odile Jacob, Paris, 1989.
DEROGY, Jacques et PONTAUT, Jean-Marie, *Enquête sur trois secrets d'État,* Éd. Robert Laffont, Paris, 1986.
DOISE, Jean et VAISSE, Maurice, *Diplomatie et Outil militaire : 1871-1969,* Imprimerie nationale, Paris, 1987.
DUROSELLE, Jean-Baptiste, *L'Abîme : 1939-1945,* Imprimerie nationale, Paris.
– *La Décadence : 1932-1939,* Publications de la Sorbonne, Paris, 1985.
– *Enjeux et Puissances,* Publications de la Sorbonne, Paris, 1986.
– *Tout empire périra,* Publications de la Sorbonne, série internationale, Paris, 1981.
DUVERGER, Maurice, *La Démocratie sans le peuple,* Éd. du Seuil, Paris, 1967.
EVANGELISTA, Matthew, *Innovation and the Arms Race,* Cornell University Press, Ithaca, New York, 1988.
FONTANEL, Jacques, *L'Économie des armes,* Éd. La Découverte, Paris, 1984.
FONTANEL, Jacques, *L'Effort économique de défense,* Ares, Paris, 1985.
FOSSEDAL, Gregory A., *The Democratic Imperative,* Basic Books, New York, 1989.
FULBRIGHT, J. William, *The Price of Empire,* Random House, New York, 1989.
GALBRAITH, John Kenneth, *Anatomie du pouvoir,* Le Seuil, Paris, 1985.

GANSLER, Jacques S., *Affording Defense,* MIT Press, Cambridge, Massachusetts, 1989.

GARTON-ASH, Timothy, *The Uses of Adversity : Essays on the Fate of Central Europe,* Random House, New York, 1989.

GAULOIS, Jean, *Notre défense en mal d'une politique,* Éd. Economica, Paris, 1988.

GEORGE, Susan, *Jusqu'au cou,* La Découverte, Paris, 1988.

GERVASI, Tom, *Soviet Military Power,* Vintage Books, New York, 1987.

GIRARDET, Raoul, *Problèmes militaires et stratégiques contemporains,* Dalloz, 1989.

GODSON, Roy, ed., *Comparing Foreign Intelligence,* Pergamon-Brassey's, Washington, D. C., 1988.

GOLDSCHMIDT, Bertrand, *Le Complexe atomique,* Fayard, Paris, 1980.

— *Pionniers de l'atome,* Éd. Stock, Paris, 1987.

GROUSSET, René, *Bilan de l'Histoire,* Libraire Académique Perrin, Paris, 1974.

GUERIN, Alain, *Les Gens de la CIA,* Éd. Sociales, 1980.

HEARNSHAW, F. J. C., *Democracy at the Crossways,* Macmillan, New York, 1919.

HEBERT, Jean-Paul, *Les Ventes d'armes,* Syros/Alternatives, Paris, 1988.

HOFFMANN, Stanley, *La Nouvelle Guerre froide,* Berger-Levrault, Paris, 1983.

HORNE, Alistair : livres sur les campagnes de 1870, 1916 et 1940, Penguin Books, London, 1962, 1965, 1969.

JARDIN, André, *Histoire du libéralisme politique,* Hachette, Paris, 1985.

JOHNSON, Loch K., *America's Secret Power,* Oxford University Press, New York, 1989.

JOXE, A. ; PATRY, R. ; PEREZ, Y. ; SANTOS, A. ; SAPIR, J., « Fleuve noir », *CIRPES,* n° 10, 1986.

JOYAUX, François, *La Nouvelle Question d'Extrême-Orient,* Payot, Paris, 1985.

JULIEN, Claude, *Le Suicide des démocraties,* Grasset, Paris, 1972.

KAHN, Jean-François, *Complot contre la démocratie,* Flammarion, Paris 1977.

KENNAN, George F., *Le Mirage nucléaire,* La Découverte, Paris, 1984.

KENNEDY, Paul, *The Rise and Fall of the Great Powers,* Random House, New York, 1987.

KISSINGER, Henry, *A la Maison-Blanche : 1968-1973,* Fayard, Paris, 1979.

KNAPP, Wilfrid F., *A History of War and Peace; 1939-1965,* Oxford University Press, New York, 1967.

LÉONTIEF, Wassily et DUCHIN, Faye, *Military Spending,* Oxford University Press, New York, 1983.

LUARD, Evan, *War and International Society,* I, B, Tauris & Company, London, 1986.

LUTTWAK, Edward N., *Le Paradoxe de la stratégie,* Éd. Odile Jacob, Paris, 1989.

LUTTWAK, Edward N., *The Pentagon and the Art of War,* Simon and Schuster, New York 1984.

MAMENT, Pierre, *Tocqueville et la nature de la démocratie,* Julliard, Paris, 1982.

MARTIN, David C., *KGB contre CIA,* Presses de la Renaissance, Paris, 1981.

MASSIP, Roger et DESCOLA, Jean, *Il y a quarante ans Munich,* Plon, Paris, 1978.

MASSON, Philippe, *Histoire de la Marine,* Éd. Lavauzelle, 1981.

MARSEILLE, Jacques, *Empire colonial et capitalisme français,* Albin Michel, Paris, 1984.

McNAMARA, Robert S., *Out of the Cold,* Simon and Schuster, New York, 1989.

MELMAN, Seymour, *Pentagon Capitalism : The Political Economy of War,* McGraw-Hill, New York, 1970.

MELNIK, Constantin, *Mille Jours à Matignon,* Grasset, Paris, 1988.

MELNIK, Constantin, « *Des Services " très " secrets* », Éd. de Fallois, Paris, 1989.

MINC, Alain, *La Grande Illusion,* Grasset, Paris, 1989.

MOULTON, Harold G. et MARILO, Louis, *Le Désarmement de l'Allemagne et du Japon,* Brentano's, New York, 1945.

NADOULEK, Bernard, *L'Intelligence stratégique,* CPE Étude, 1988.

NERLICH, Uwe et THOMSON, James A., eds., *Conventional Arms Control and the Security of Europe,* Westview Press, Boulder, Colorado, 1988.

NICOLSON, Sir Harold, *Diplomacy,* Home University Library, Londres, 1939.

NIXON, Richard M., *1999 : la victoire sans la guerre,* Ergo Press, Paris, 1988.

O'CONNELL, Robert L., *Of Arms and Men,* Oxford University Press, New York, 1989.

OLSON, William C., *The Theory and Practice of International Relations,* Prentice Hall, Englewood Cliffs, New Jersey, 1987.

PAILLAT, Claude, *1919 : les illusions de la gloire,* Robert Laffont, Paris 1979.

PARET, Peter, ed., *Makers of Modern Strategy,* Princeton University Press, Princeton, New Jersey, 1986

PÉAN, Pierre, *L'Argent noir,* Fayard, Paris, 1988.
– *Les Deux Bombes,* Fayard, Paris, 1982.
PRINGLE, Peter et SPIGELMAN, James, *Les Barons de l'atome,* Le Seuil, Paris, 1982.
ROUANET, Pierre, *Mendès France au Pouvoir,* Robert Laffont, Paris, 1965.
SAPIR, Jacques, *Le Système militaire soviétique,* La Découverte, Paris, 1988.
SAUTTER, Christian, *Les Dents du géant,* Éd. Olivier Orban, 1987.
SCHLESINGER, Arthur M. Jr., *The Imperial Presidency,* Houghton-Mifflin, New York, 1973.
SCHMIDT, Helmut, *Des puissances et des hommes,* Plon, Paris, 1987.
SHACKLEY, Theodore, *The Third Option,* McGraw-Hill, New York, 1981.
SHARP, Gene, *Making Europe Unconquerable,* Ballinger Publishing Company, Cambridge, Massachusetts, 1985.
SIMONNOT, Philippe, *Les Nucléocrates,* Presses Universitaires de Grenoble, 1978.
SPARTACUS, colonel, *Opération Manta,* Plon, Paris, 1985.
STEHLIN, Paul, *La France désarmée,* Calmann-Lévy, Paris, 1974.
STOCKHOLM INTERNATIONAL PEACE RESEARCH INSTITUTE (SIPRI), *SIPRI Yearbook 1988 : World Armaments and Disarmament,* Oxford University Press, 1988.
TASKER, Peter, *The Japanese,* E.P. Dutton, New York, 1987.
TATU, Michel, *Gorbatchev ; l'URSS va-t-elle changer ?,* Le Centurion, 1987.
TENNESSON, Stein, *1946 ; déclenchement de la guerre d'Indochine,* L'Harmattan, 1987.
THOMPSON, Edward, *L'Exterminisme,* Presses Universitaires de France, Paris, 1982.
TOCQUEVILLE, Alexis de, *De la démocratie en Amérique.*
TOYNBEE, Arnold J., *A Study of History,* Oxford University Press, New York, 1957.
TZU, Sun, *The Art of War,* Oxford University Press, 1963.
WINTERBOTHAM, F. W., *The Ultra Secret,* Harper & Row, New York, 1974.

SOURCES SPÉCIALES

L'Europe des armes ; trafics et exportations vers le tiers monde, Paris-Grip Informations, 1989.
Institut international d'études stratégiques, *Faits stratégiques ; 1988,* Éd. Bosquet, 1988.

Defense Withouth the Bomb, Report of the Alternative Defence Commission, London, 1983.
Smithsonian Book of Invention, W. W. Norton, 1978.
Les Droits de l'Homme, Imprimerie nationale, Paris.
L'Administration des armées, n° 46 de la *Revue française d'administration publique,* avril-juin 1988.
La Paix indésirable ?, Calmann-Lévy, 1967.
Assemblée nationale : Rapport n° 897 fait au nom de la Commission de la Défense nationale et des forces armées sur le projet de loi de programmation (n° 733) relatif à l'équipement militaire pour les années 1990-1993.

Achevé d'imprimer en avril 1990
sur presse CAMERON
dans les ateliers de la S.E.P.C.
à Saint-Amand-Montrond (Cher)
pour le compte des Editions Calmann-Lévy
3, rue Auber, Paris 9e
N° d'éditeur : 11610/03
N° d'imprimeur : 979
Dépôt légal : avril 1990

Rivista mensile n. 6/2017 (giugno)
ISSN 2465-1494

Direttore responsabile *Lucio Caracciolo*

Prezzo *15,00*

Distribuzione nelle librerie: *Messaggerie Libri SpA, via Giuseppe Verdi 8, Assago (MI), tel. 02 45774.1 r.a. fax 02 45701032*
Responsabile del trattamento dati (dlgs 30 giugno 2003 n. 196) *Lucio Caracciolo*
Pubblicità *Ludovica Carrara, lcarrara@manzoni.it*
Informazione sugli abbonamenti: *Somedia spa - GEDI, Gruppo Editoriale, Divisione abbonamenti Limes, casella postale 10642, 20110 Milano, tel. 199.78.72.78 (0864.256266 per chi chiama da telefoni cellulari il costo massimo della telefonata da rete fissa è di 14,26 cent di euro al minuto più 6,19 cent di euro alla risposta iva inclusa), fax 02.26681986, e-mail: abbonamenti@somedia.it*
Abbonamenti esteri: *tel. 0864.256266; arretrati: 199.78.72.78 (0864.256266 per chi chiama da telefoni cellulari; il costo massimo della telefonata da rete fissa è di 14,26 cent di euro al minuto più 6,19 cent di euro alla risposta Iva inclusa). Non si effettuano spedizioni in contrassegno.*
La corrispondenza va indirizzata a *Limes - Rivista Italiana di Geopolitica, via Cristoforo Colombo 90, 00147 Roma, tel. 06 49827110; fax 06 49827125*

www.limesonline.com - limes@limesonline.com

Registrazione al Tribunale di Roma n. 178 del 27/4/1993

Stampa e legatura Puntoweb s.r.l., stabilimento di Ariccia (Roma), giugno 2017